THE DREAM BIBLE

JN295223

夢バイブル

あらゆる夢のシンボルを解き明かす決定的ガイド

ブレンダ・マロン 著
鈴木 宏子 訳

First published in Great Britain in 2003
by Godsfield Press Ltd,
Laurel House, Station Approach, Alresford,
Hampshire SO24 9JH, UK

Copyright © 2003 Godsfield Press
Text copyright © 2003 Brenda Mallon

Designed and produced for Godsfield Press by
The Bridgewater Book Company

Illustrators: Kim Glass and Ivan Hissey
Picture researcher: Lynda Marshall

All rights reserved. No part of this publication may be reproduced,
stored in a retrieval system, or transmitted in any form or by any means,
electronic, mechanical, photocopying, recording, or otherwise.

Brenda Mallon asserts the moral right to be identified as the author
of this work.

Printed and bound in China

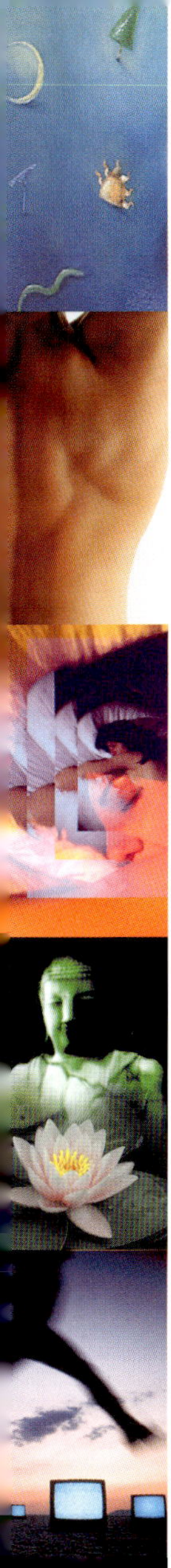

目次

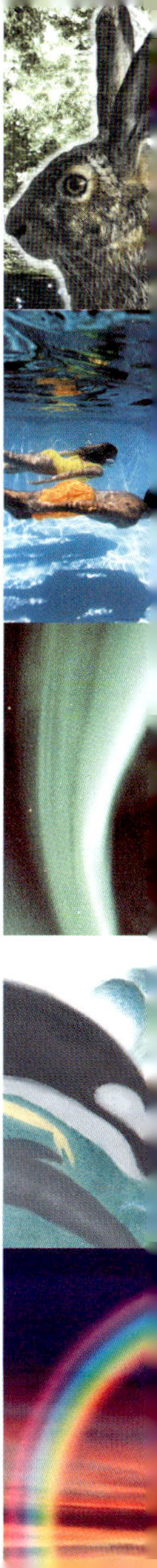

はじめに：夢を見るわけ

夢も実生活のひとつ

私たちは毎夜夢でイメージを見て、首を傾げたり驚いたりします。一晩に2〜3時間、日常生活の決まりが通じない光景の中を旅しているのです。そこではありとあらゆることが起こります。人間が空を飛び、魚が歩き、去っていった愛する相手が戻ってきて再び語りかけてきます。

人生の3分の1を眠って過ごし、そのうち夢を見ている時間がかなりを占めている事実には、実は理由があります。夢は生活の大切な要素ですし、睡眠は、からだにどうしても必要なくつろぎや休息、回復の時間を得ることだけが目的ではありません。明らかに、私たちは夢を見るために眠るのです。

『夢バイブル』は、夢というドラマが生じる理由と、夢の言葉を知ることが大切な理由を解説していきます。これから、夢が携える深い意味に踏み込み、内なる叡智を見い出す方法を学んでいきましょう。

夢には多くの意味があります。

- 問題を明確にする。
- 誰かに対する本当の気持ちを浮き彫りにする。
- 抑圧した感情を解放するカタルシスの役目をする。
- 行動を起こさせる動機の根底にあるものを理解する。
- 様々な行動を体験させる。
- つらい時に苦痛を取り除く。
- 創造性を養う。
- 未来の成功のリハーサルを行う。

夢について記した最も古い本

何千年もの昔から、人々は夢に強く心引かれてきました。世界最古の「本」の中には、4000年もの昔に編まれた夢の事典が含まれています。紀元前7世紀には広く知られるようになっていた『ギルガメシュ叙事詩』には、私たちが今なお遭遇する、死や争いなどの普遍的なテーマを反映した注目すべき夢がいくつも語られています。つまり夢を検討する時、私たちは古代の伝統を受け継いでいるといえるのです。

はるか昔から夢は病気の診断や問題解決に用いられ、また警告として扱われてもいます。科学者であるアルバート・アインシュタインや作家のロバート・ルイス・スティーブンソン、芸術家のサルヴァドール・ダリやウィリアム・ブレイクなど多くの偉大な思想家も夢からインスピレーションを得ていました。

眠りに落ちると、私たちは覚醒時の世界と、自身の一部でありながらほとんど認識することのない無意識の世界との境界を踏み越えます。日中は足を向けない場所へ行くこともあります。夢の闇の中で怪物や魔術師、耳元にささやきかける異形の生きもの、恐ろしげに迫る見知らぬ相手に遭遇したりもします。しかし相手がどんな存在であっても、それは真実に対する洞察と心身の充足感をもたらすために現れているのです。ただし、光に至るにはまず深い闇を抜けなければならないものですし、千々に崩壊してこそ本当の統一感を得られるのもまた事実でしょう。

左　夢の世界に住む生きものは、奇妙なうえに不安をかきたてることも。

体と心の関係

夢を見るのは、体の健康はもちろん、精神的な健康を促進するためでもあります。夢には体の状態が微妙な形で様々に反映されます。偏頭痛や喘息の持病がある人は、発作の前に特定のパターンの夢を見ることが調査でわかっています。患者がその夢に気づけば、事前に薬を飲んで発作の程度を緩和することができます。古代ギリシャ人はこういう夢を前駆（プロドロミック）夢と呼びました。これは「前を走る」という意味で、病気の兆候が実際に現れる前に見る夢を指しています。つまり夢の言葉を理解しておけば、夢は初期警告システムにもなりうるわけです。

現代医学の父であるギリシャの哲学者ヒポクラテスは、夢に病気を診断する能力が秘められている事実を認識していました。彼は、体に明確な症状が現れるはるか前から夢に心身の不調が示唆され、夢の当事者に警告を与えていることに気づいたのです。『Love, Medicine, and Miracles』の著者バーニー・シーゲルは、それまでの治療が功を奏しなかった何人かのガン患者を扱った自著で夢の重要性を強調しています。全ての希望が断たれたかに見える時でも、こういう夢が情報をもたらし、アドバイスを与え、心を癒すのだそうです。

夢を記録すれば、ストレスと不調の恐れを警告したり、また、自身をうまくケアできていることを示したりするパターンが見つかるはずです。

夢の言葉を学ぶ

夢が支配する世界では、もうひとつの言語を学ばねばなりません。イメージ・シンボル・神話・比喩という言語です。夢を見ている時、私たちは夢を構成する要素になっています。自分自身が焼け落ちる家になることもあれば、空を飛ぶ天使になることもあります。また壊れた機械になったり、消防自動車を運転していることもあります。夢の要素はそれぞれが生活の一部、すなわち人間関係や不安、成功などを表しています。

夢の中の言葉はドラマティックな形で語られますが、実は共通したボキャブラリーも備えています。このボキャブラリーは「落ちる」「追いかけられる」「歯が抜ける」などのほか、様々な普遍的テーマの姿を取って現れます。これらについては後で検討していきましょう。夢の言葉を学んでいくと、精神・感情・直観的成長には、集合無意識と元型《アーキタイプ》(参照→P.17)についての知識が非常に有用であることもわかります。

脳と心は未だ深い謎に包まれ、それらが持つパワーの全容は不明です。それでも、悪夢が実生活上のできごとへの警鐘となり、夢から問題解決の糸口が得られるという一般的な認識が「一晩寝て考える《sleep on it》」といういい習わしに反映されているのは紛れもない事実です。ぜひ本書を役立てて、あなたに向けられた夢の言葉を自ら解釈するエキスパートになって下さい。

右　「落ちる」などの普遍的なテーマは、夢のドラマチックなボキャブラリーの一部。

第1章

地球上のどんな場所にいても、人類は必ずシンボルを使ってきました。まるでシンボルはなくてはならないもののごとく、心身に深く組み込まれているようです。シンボルは言葉以上のパワーを持ち、魂や精神、感情に語りかける数多くの意味を携えています。そして、目の前にある事実や表面に見えるものを超え、さらに奥へ分け入るよう求めてきます。シンボルとサインは違います。サインは方向を示しますが、シンボルは例外なく直接的な意味以上のものを表しています。容易に言葉にしがたい漠然とした概念を表す、それがシンボルなのです。わかりやすい例としては平和のシンボル、白ハトがあげられます。キリスト教の十字架は世界の広範囲で守護のシンボルになっています。

夢に出てくるシンボルは、必ずその性質のいくつかが「もの」の特徴として出てきます。形・色・感情的な状態・機能・場面の背景などの形を取ることもあるでしょう。

無意識の言葉はシンボルの言葉です。シンボルはセラピーやセルフヘルプ行為にも用いられ、ヒーリングを促したり、嘘偽りのない本当の自分になる能力を引き出したりします。シンボルが表現するのは、普段は意識することのない内的な本質です。しかし、人類ははるか昔からこの本質とコンタクトし続けているのです。

夢の叡智

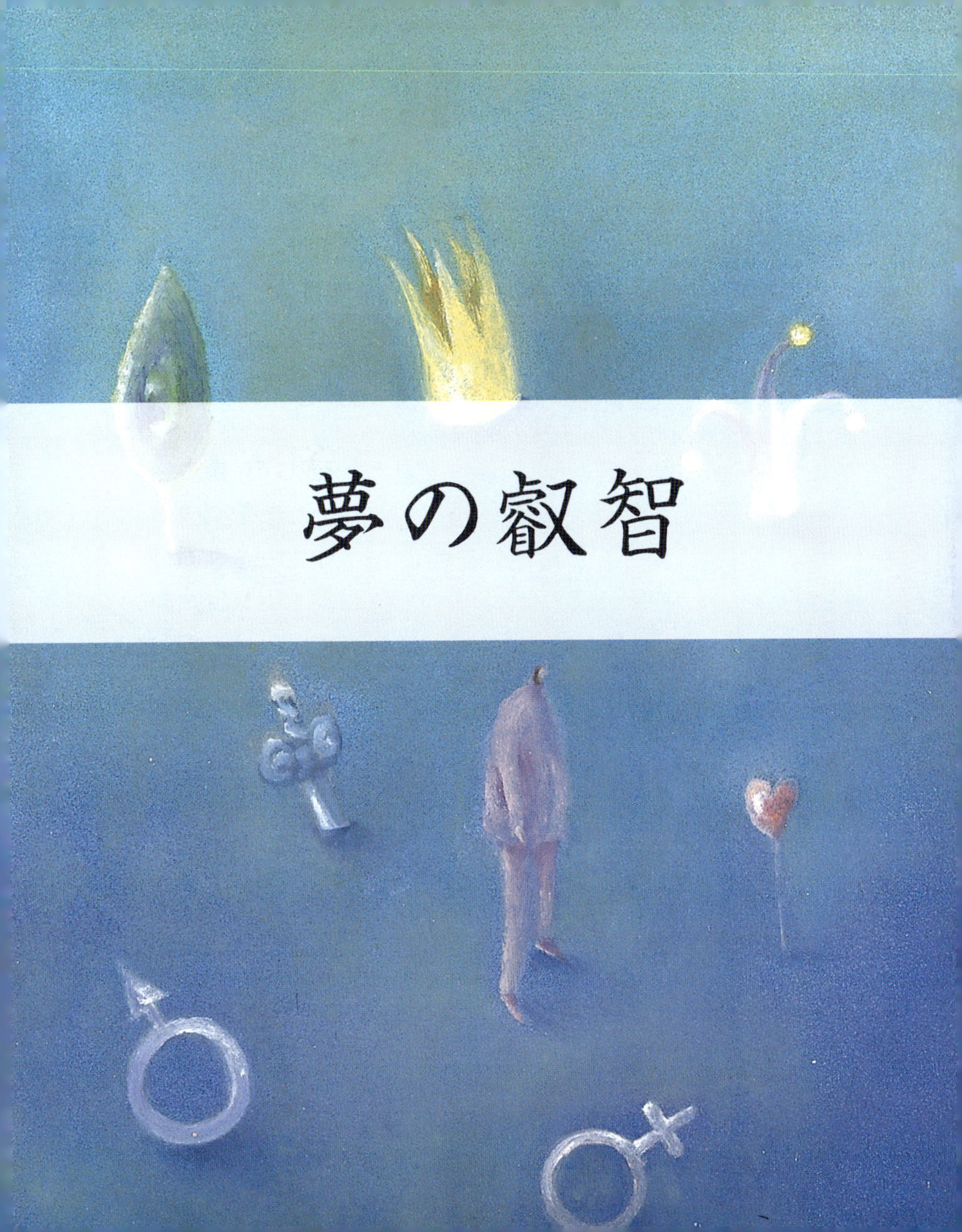

中国の夢占い師

中国で編まれた夢に関する一番古い本のひとつに、紀元前600年に作られた『詩経』があります。これは歌謡の本ですが、もっぱら様々な夢の意味が解釈されています。後の書籍には、人・動物・もの・儀式や儀礼・神と女神・花・草木・感覚と感情など、現代でも通用する普遍的な夢の分類がなされています。中国文化では、まず夢占い師が本人から夢の内容を聞き、その意味を述べていました。

夢占い師は特定のカテゴリーに分類されているシンボルを利用して夢の解釈を行うのが普通です。また、夢占いは香港などの都市でも行われています。

普遍的な夢のテーマに似通っている中国伝統の夢の種類

直接的な夢——すぐにそれとわかり、意味も明白なもの。

象徴的な夢——夢に含まれる神話・文化的シンボルによって解釈できます。

インキュベーション夢——心から真剣に問いかけた質問に答えてくれます。

反対夢——覚醒時の本人の考えや行動と反対の夢。

思考の夢——覚醒時の本人の思考を反映している夢。

季節や環境に関する夢——季節の移り変わりや周囲でのできごとに対応する夢。

医学的な夢——体や心の不調・病気を示します。

夢と イニシエーション儀式

多くの宗教伝統では、今も昔も夢を新しい始まり、またはイニシエーション（秘儀参入）が起こりつつあるサインととらえています。

道教でも、夢によって修行者が道士になる準備が整ったかどうかを判断していました。また儀式の一部として、体の奥に潜む「三尸虫《さんしちゅう》」というネガティブな力を破壊するため、薬物を使いました。薬物を飲むと、本人の両親が死ぬ、墓が壊される、住まいが焼け落ちる、四肢を切られる罰を受けるなどの鮮明な夢を見ます。これらの悪夢はそれまでの人生の破壊の印であるとともに、道士という新しい役目を担う準備が整ったことを意味していたのです。

修行者と僧が同じ夜に同じ夢を見ることをイニシエーションを進めてよい印であるとするシャーマニズムのシステムも数多くあります。古代エジプトのイシス女神を崇拝する宗派は、神官と秘儀参入者が同時に女神の夢を見ると、それをもってイニシエーション儀式を始めてよい知らせであるとしました。

イニシエーション儀式ではよく髪を切ったり髪型を変えたりしますし、イニシエーション時の夢にも断髪や髪型を変える光景が現れることがあります。

右　イニシエーション儀式では激しい作法が行われ、鮮明な夢をもたらすことも。

シンボラ

アラン・フレッチャーは著作『The Art of Looking Sideways』の中で、古代ギリシャ人は契約を結ぶと、何か（皿など）を半分に割り、合致するかけらを持っているかどうかで双方の身元を確認したと記しています。この割ったかけらはシンボラ（*symbola*）と呼ばれました。これは「接合する」という意味の「*symballien*」に由来する言葉です。こうして「シンボル」はもう1つの何かを示すものを意味するようになりました。シンボルには例外なくそのもの以上の含みがあります。

硬貨を例に取ってみましょう。金属自体にさほどの価値はありませんが、国家元首の頭像などが刻まれて価値が付与されると、必要なものを買うことができます。ドル紙幣は紙でできていますが、米国財務省の資金力を象徴し、通商を成り立たせています。夢のシンボルも同様のパワーを秘めていて、直接見えないものを象徴し、隠れているものを読み取ることを可能にしてくれます。

シンボルとは：

隠れた意味が見える形で現れたもの

アラン・フレッチャー：『The Art of Looking Sideways』

夢の解消

イエズス会宣教師は、北米に住むネィティブアメリカンのイロコイ族が高度に発達した「夢の信仰」を持っていると述べています。イロコイ族にとって夢は魂の望みで、耳を傾け、行動の基盤とすべきものでした。夢はそのとおり演じたりダンスで表現したりするか、または他の方法によって実生活中に取り込まねばなりませんでした。さもないと、夢の中の不吉な部分が現実になるとされたのです。

恐れを感じて敵前から逃亡する夢を見た場合、戦士は部族に夢で見た筋通りに劇で再現してくれるよう頼み、そのあいだしばらくは隠れ場に姿を消します。このカタルシス行為によって本人は夢の恐怖心を払拭し、部族全体が彼の感情を確実に理解します。こうして安全な形で夢を演ずることで無意識の恐怖心を取り除いたのでした。

この再現テクニックは、嫌な夢の後に残る不快な気分をうち消すのにも応用できます。絵に描くか、夢の登場人物を象徴するものを使うなどして好ましい結末に再構成してもかまわないでしょう。たとえば助けの手を差し伸べてくれる人を登場させたり、抜け道を作って脱出できるようにすればよいのです。覚醒時に夢を演じ直す過程を経ることで、自信が湧いて夢の恐怖をうち消すことができます。

右　覚醒時に夢を再現すると、ネガティブな影響を払いのけることができる。

明晰夢

変幻自在の神モルペウスは眠りの父と呼ばれます。モルペウスによって私たちは夢の世界へいざなわれ、そこでインスピレーション《inspire》をもたらす夢を見るのです。英語の「inspire」は「命を吹き込む」という意味であり、もともとは生まれて初めて息を吸うと魂が宿るという意味でした。インスピレーションをもたらす夢の中では、新しい生きかたや本人の人生を大きく変えるような新鮮なアイディアが見つかります。こういう夢の多くは明晰夢という夢です。

明晰夢を見ている本人は、それが夢であることを自覚しています。目を覚まし、改めて思い出すような回り道をするまでもありません。明晰夢の重要な要素は、夢を見ながら内容を変えられることです。そこでは何もかもが自由自在です。新しい恋人と交際することも、実際には試したことのないスリル満点のスポーツに挑戦することもできます。しかも同時に、気に入らない点があればいつでも変更が可能です。

明晰夢は、私たちが持つ創造性がいかに幅広く豊かであるかを示しています。空中を飛ぶことも、宇宙に乗り出すことも、問題を解決したり自分や他の人を癒したりすることも、住みたい世界を作り出すこともできます。明晰夢の中では、境界を消して意識の高みへと上っていけるのです。

元型

元型（アーキタイプ）という用語を初めて使ったのは著名な精神分析学者のカール・ユングです。これは無意識の奥底からくるイメージを指し、古今のあらゆる文化に顔を出すシンボルのもとになっています。元型は、人生を変える力を持つヌミノースな夢（参照→P.29）によく登場します。あなたの夢にも以下の元型が現れるかもしれません。

ペルソナ

これは、異なる社会的状況で様々な役割を演ずる際につける仮面のことです。夢の中でも、批判されたり拒否されたりして傷つき、理解されないと感じるかもしれません。「役割」と、仮面の下の本当の人格を混同しないよう注意すべきでしょう。

シャドウ

できれば隠しておきたい自分の性質の一面がシャドウです。攻撃的で悪意を持ち、苦しみや不和を起こします。本人が自分の持つ影の側面をまだ認識していないと、シャドウはよく黒く恐ろしい人影や顔のない侵入者として現れます。

アニムスとアニマ

夢の中で、私たちは異性の元型と出会います。女性の場合はアニムスという男性的エネルギーと遭遇するわけです。男性の女性的エネルギーを象徴するのはアニマです。人間は誰でも男性的な側面と女性的な側面を持っています。自身が持つ両面を受け入れてバランスの取れた人間になるのも、人生という道程の一部なのです。

癒しの夢

ヒポクラテスは、覚醒時に本人が気づいていない肉体的・精神的な心配を夢が教えてくれる事実に気づきました。彼は、癒しの過程を促す力が夢にあることを知っていたのです。

毎年、私はガンとの戦いに携わる人を対象にしたワークショップを開きます。介護者や健康専門家が参加されることも、患者さん本人や既往歴のあるかたがいらっしゃることもあります。ある年、アイリーンという名の女性がワークショップに参加しました。ところが彼女が思い出せる夢は全て真っ暗闇で、極度の絶望に満ちたものでした。うち明けてくれたところによると、2年前に夫がガンで亡くなり、次いで悲嘆に追い打ちをかけるように19歳になる息子が自殺したというのです。アイリーンは1人残され、一日一日をようやくやり過ごしている状態でした。そこで夢の絵を描くよう勧め、グループでその絵について話し合いました。

アイリーンは翌年ワークショップに戻ってきて語りました。「また来なくてはと思ったの。夢が私を救うのに手を貸してくれたとようやくわかったから。この夢を見てほしかったのよ」アイリーンは光り輝く虹の絵を示しました。左側にはアイリーンが、虹の右側の根元には2人の人物がいました。夫と息子でした。「今は夢で会えるのよ。まだ話してはいないけれど、できるようになると思うわ」彼女は天と地をつなぐ象徴的な橋によって再び夫や息子と会えたのです。この時、アイリーンは喜びの涙を流していました。家族との死別を受け入れる手段を見つけ、生きていこうとする意欲を取り戻したのでした。

サイキックな夢

未来を予言する夢は世界中の記録に残っています。人類学者により、プリミティブな部族のあいだでは、夢で何かを知る超自然的な方法が広く信じられていることが明らかになっています。古代ギリシャでも夢は未来への入り口であると考えられていましたし、古代ローマでは、夢は神や精霊から送られたメッセージであるという考えが一般的でした。

古代ローマ人は予知夢の記録を数多く残しています。ジュリアス・シーザーの暗殺の夢もその例です。シーザーの妻カルプルニアは邸宅の屋根が崩れ落ち、刺されたシーザーが自分の腕の中で息絶えている夢を見ました。目を覚ました彼女は夫に注意を促しました。シーザーは元老院での会合を延期しようとしましたが、暗殺の共謀者からそのまま予定を守るよういいくるめられました。その数時間後、シーザーは刺殺されたのです。

現代でも予知夢はあります。私自身が見た夢や、自らの体験を語ってくれた人が数多くいることからも、それは事実です。

夢の中には神秘体験に似たものもあると思います。私は何度も体を抜け出たことがあります——とても自由で身軽な感じでした。この手の夢の中では誰かと出会うこともありますし、1度も行ったことがない場所にいることもあります。ただ、なぜか既視感を覚えるケースも多いのですが。私が未来や過去のできごとを見るのはこういう夢の中です。

サリー：『A GUIDE TO WOMEN'S DREAMS AND NIGHTMARES』中、VENUS DREAMINGより。

第2章

私たちの心には、夢の意味を理解したいと強く願う気持ちがあります。何千年もの昔から人間は夢を記録し、夢を解釈する方法を様々に作り上げてきました。

現在、私自身も含め、多くの心理療法士が夢を用いて不安の根源を探り出し、困難に打ち勝つ精神力を引き出しています。ただし、セラピストや夢の専門家は意味を明らかにはできますが、夢を理解するのは本人です。そのためのテクニックのひとつが、夢に出てきた象徴的イメージと実生活の結びつきを見抜く能力を磨くことです。哲学者アリストテレスの「夢解釈の技術には『類似性を見つける』能力が必要とされる」という言葉はまさにこれを指しています。夢の言葉を学んでいく過程で、次第に自分自身の解釈を信じられるようになるはずです。あなた自身の「夢のデータベース」を作れば、夢の分析に役立つ他にない参考資料となるでしょう。

古代ギリシャの夢占い師アールテミドーラスが記した『*Onierocritica*』には、日々の些事を処理する（こまごましたことをふるい分ける）夢と、魂が震えるような夢について述べられています。何のことかと考えざるを得ない、首を傾げたくなるような夢を、彼は*Allegorikon*と呼びました。また、夢は本人の生活や感情状態、その時に置かれている状況、性格などと照らし合わせて検討すべきだとも語っています。

夢の解釈法

夢の記録

夢を書き留めておく日記は、スケッチブックでも、きれいな装丁のノートでも、リング式バインダーでもかまいません。好きなものを選んで下さい。私自身が採用して重宝しているのは、いったんノートにつけておき、後で夢の詳細を加えながら永久保存用に書き改める方式です。右ページには夢を記し、左のページには思いついた関連事項を書いて解釈に役立てています。

- ベッドのそばにノートを常備しておき、日付も書き込んでおきます。
- 起きたらすぐ夢を書き留めます。
  特に鮮烈、または変わったイメージは絵にしましょう。
- 夢の内容について取捨選択しないこと。馬鹿げていたり、無関係と思えることも詳細に記します。
- 名前や会話の断片もできるだけ書き留めます。
- 時間がない時はキーワードを書き留めます。
- 夢を書いている時は、夢の意味を理解しようとしないようにします。
- 夢にタイトルをつけます。

夢を思い出す

- なかなか夢を思い出せない時は、起きた時の気分と、思い出せる限りの夢の断片を書き留めます。
- 眠る前に「今夜は夢を覚えていよう」と自分にいい聞かせましょう。
- いつもの習慣と異なる行動を取った時の夢を思い出すようにして下さい。

上　夢の意味を理解することで、内なる叡智へと導かれる。

自分を一番知っているのは自分

夢の意味を一番よく理解できるのはあなた自身です。自分が見た夢の鍵は自らが持っています。あなたの夢は、あなたの生活を反映しているからです。私のようなセラピストが解釈のお手伝いをすることはできますが、夢の叡智の錠を開けるのはあなたです。関連性を見つけだすガイドとして以下の囲みの質問を使ってみて下さい。正直に質問に答え（最初に浮かんだ答えをうち消すのは禁物）、書き記した内容を見返します。こうして全体像をながめると、何が見えてきますか？

夢を解釈する際は先入観を持たないようにします。本当の意味にたどり着く妨げとなりかねないからです。

関連事項

- 夢の中ではどんな感情を持ちましたか？　不安、喜び、それとも恐怖ですか？
- 起きた時の気分はどうでしたか？　不快感、安心感、それともいら立ち？
- 夢の場面はどこでしたか？　現在の住まい、以前にいた住まい、それとも別の場所ですか？
- 夢に登場したのは誰ですか？　家族、同僚、友人ですか？
- 自分自身が夢に登場していた場合、どんな行動を取りましたか？　積極的、攻撃的、それとも消極的でしたか？
- 色はどうでしたか？　明るかったでしょうか、それとも暗かったでしょうか？　鮮やかでしたか、不鮮明でしたか？
- 夢のきっかけはわかりますか？　テレビ番組、それとも誰かとの会話でしたか？
- 夢は何を伝えたいのだと思いますか？

解釈のテクニック

以下に夢を理解し解釈しやすくするテクニックをいくつかあげます。

空の椅子法

ゲシュタルト心理療法は、「全体像」すなわち自身のゲシュタルト（統一的全体）を見い出すには、心の中の抑圧された無意識の領域を認めねばならないという理論に基づくものです。精神分析医のフリッツ・パールズは、私たち自身の退けられ抑圧された部分が夢となって現れることを発見しました。夢を構成する要素一つひとつが本人の一部であり、それぞれの意味に目を向けることで夢の総合的な意味が理解できると考えたのです。つまり、車とハイウェイ、強盗が出てくる夢を見たとします。すると、ここには各要素によって象徴される本人の側面が含まれているわけです。以下に紹介する方法は、夢の要素の意味を大変効果的に余すところなく解明し、自分自身の抑圧されていた部分を浮かび上がらせることができるものです。

一人二役で会話をし、自分自身が答えた内容を検討していきます。

- あなたが座った椅子の向かいに空の椅子を置きます。
- 夢に出てきた要素が空の椅子に座っているとイメージします。
- 質問を投げかけ、答えを想像します。

　なぜ私を悩ませるのか？
　何を望むのか？
　どこから来たのか？
　夢の中で私を困らせないようにするにはどうすればよいのか？

これに対するあなたの答えが鍵となります。実生活では意識していない、心の奥に潜む懸念が明らかになることがあります。できれば問答を録音し、終わってから全体を通して聞き返してみて下さい。

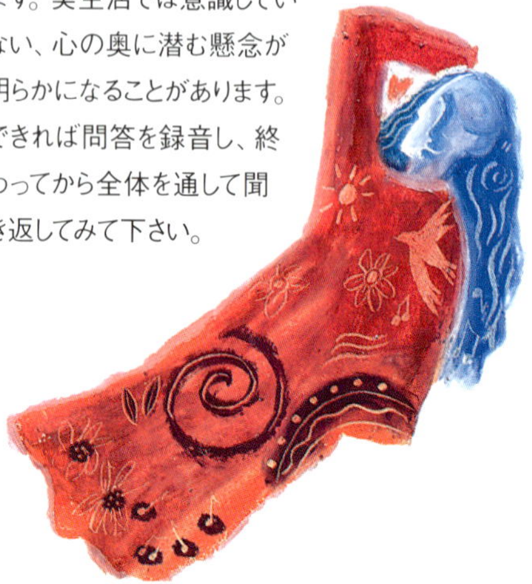

夢のインキュベーション

インキュベーション（参籠）は「聖所で眠る」という意味のラテン語「*incubatio*」に由来します。夢のインキュベーションは多くの古代文化で行われていました。聖所は特別な洞窟や聖堂、寺院のこともあれば、特に定められたパワースポットを使うこともあります。そこで大地の神か癒しの神を招致し、助言を授かっていたのです。その際浄化儀式や瞑想も行われ、決められた場所で眠るのが常でした。

夢のインキュベーションを実際に行うには

家庭で夢のインキュベーションを行うには、リラックスして、質問や願いに応えてくれる夢をいざなう準備をする必要があります。

- シャワーを浴びるか入浴して体を清め、一日の気疲れなどを洗い流すさまをイメージします。
- 清潔なパジャマなどを着ます。
- 横になり、夢から得たいことがらを思い浮かべます。なるべく具体的に。
- 願いごとや質問を書き記します。
- 願いごとや質問を思い浮かべながら眠りにつきます。
- 翌朝になったら夢を書き出して、願いごとの関連を検討します。

下　夢のインキュベーションの信奉者は、神が夢に働きかけるという聖堂で眠った。

夢の埋没した言葉

夢には、毎日の生活の中で用いる比喩とシンボルが含まれています。英語で比喩を意味する「metaphor」はギリシャ語の「meta(「超す」の意)」と「pherein(「伝える」の意)」に由来します。つまり、「あることを向こう側へ伝える」のが比喩なのです。比喩的表現の例としては「彼女の目は輝く星だった」「彼はたくましく恐れを知らぬライオンだった」などがあります。夢を分析する際は比喩が含まれていないか注意しましょう。比喩はイメージの意味を明らかにするからです。

名前

「夢で1人の男性に会いました。彼の名前はライト《Wright》で、私の勤める会社の求人に応募してきたのです」「ライト《Wright》」と「理想の男性＝ミスター・ライト《Mr. Right》」の結びつきを見出すのは難しいことではありません。この夢を見た際、本人は理想のパートナーに出会いたいと願っていたのです。

ごろ合わせ

ごろ合わせがユーモアを添えることもあります。たとえば、アン・ファラデーは著書『The Dream Game』で飲酒癖の問題を抱える女性について記しています。彼女は夢の中で「かみつく《nip》」子犬に遭遇しました。そして、「アルコールをちびちび飲む《nip》癖」に苦痛を感じていることに気づいたのでした。

同音異義語

同音異義語(音が同じで意味が違う言葉)も夢の意味を解釈する手がかりとして役立ちます。「バケツ＝ペイル《pail》」の夢は、実は「顔色が悪い＝ペイル《pale》」すなわち具合が悪いことを指しているのかもしれません。

右　夢に現れる視覚的イメージは、比喩的な表現の可能性が。

繰り返し見る夢

同じ夢を繰り返し見るのはよくあることで、これには生活のパターンが現れています。このタイプの夢は、個人の無意識すなわちその人独自の世界認識を表すとともに、何が私たちの行動を妨げ、または促しているのかに気づくよう促す力も持っています。

ノートに2〜3ヶ月間夢を記録したら、通して読み返して下さい。繰り返し現れるテーマがないかどうか調べ、ストレス時に決まって見る夢などのパターンを見つけてみましょう。女性の場合、生理の時によく見る夢があるかもしれません。特に印象に残るイメージがあればあなたが好きなものと嫌いなもの、両方をピックアップします。全く覚えていない夢がいかに多いか、きっと驚くことでしょう。夢の日記を読むと、まるで冒険小説を読んでいる気分になるはずです。

あなた自身の「夢のデータベース」を作るのもお勧めです。たとえば「動物」という項目を作り、夢に動物が現れたらそこに書き留めます。日付と、その時にその動物が出てきた意味をどうとらえたかも記します。本書の後半では、「ほ乳類」など項目を細かく分類して詳しい知識を紹介しています。これにより、より巧みに解釈ができるようになるでしょう。繰り返し出てくるテーマを見つけたら、ぜひとも十二分にその意味を検討して下さい。あなたがメッセージを受け取るまで、夢は何度でも繰り返し現れるからです。

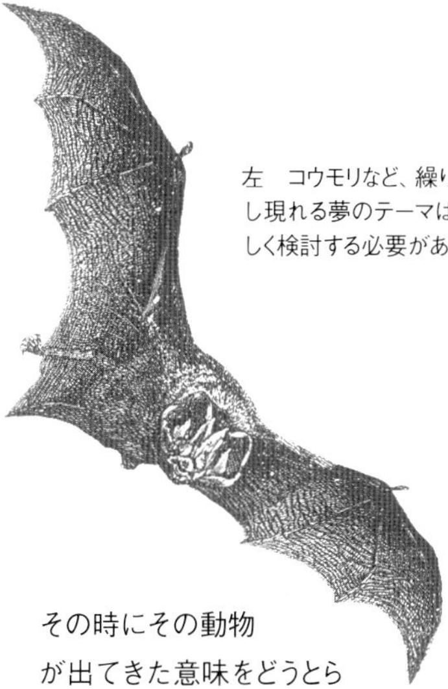

左　コウモリなど、繰り返し現れる夢のテーマは詳しく検討する必要がある。

悪夢の必要性

1回限りでも、繰り返し見る場合でも、悪夢は何らかの警鐘です。苦痛をもたらしている何かに注意を払うよう求め、潜在的な問題を警告し、覚醒時は目を背けている問題に直面するよう促しているのです。外傷後ストレスの結果として現れることもあります。この場合、心が悲惨な事件を処理しようと煩悶しているのです。

悪夢を見たときは、その内容を問わずマレーシアのセノイ族が用いる以下のテクニックを試してみましょう。目を覚ましたら、恐怖を与えたものに向き直って直面するさまをイメージします。どうしてほしいかを相手に伝えるか、相手のおかげでどんな気持ちになったかを説明します。こうすると真正面から恐怖心に取り組むきっかけができますし、不安を払拭するのに役立ちます。恐怖を与えたものの視点からも話してみましょう。立場を交換し、相手の立場から悪夢を語るとどんな感じがしますか？しばらく検討しても悪夢の意味がわからなければ、そこでストップしましょう。あせらないことです。長いプロセスの一部をなす夢もありますし、他の夢が現れて謎を解く手がかりとなるかもしれません。長い時間をかけて明確な形を取る夢もあるのです。

左　悪夢は、苦痛の原因に注意を払うよう促す。

ヌミノースな、または「スケールの大きい」夢

上　ヌミノースな夢はあなたを無限の世界に結びつけ、畏敬の念で満たす。

息をのむほど鮮明で力強い夢を見ることがあります。畏怖の念に打たれて目を覚まし、何か深遠なことが起きたと気づくような、決して忘れられない夢です。

精神分析学者のカール・ユングはこういう夢を「ヌミノース（「荘厳な」の意。説明できない神秘的なもので、印象的なメッセージをもたらすもの）」と表現しました。神聖さが感じられ、従うべき指示のような要素を持っているからです。こういう夢を見ると、行動を起こさずにいられないように感じる人が多いようです。ユングは、このタイプの夢を「魂の宝庫にある最も貴重な宝石」と称しました。本書でも随所にその例をあげてあります。

あなた自身のヌミノースで変革を促す夢を見分けるのに役立つガイドラインを、いくつか以下に示します。

- 忘れがたい形で崇高な気づきをもたらす。
- 普段見る夢の範疇を超えている。
- 新しい視点から人生を見直すよう駆り立てる。
- 極度のストレスや危機にある際に力づけてくれる。
- くじけそうになったときに、進み続ける自信をもたらす。
- さらに努力を積み重ねるよう鼓舞激励する。
- 死や喪失を受け入れられるようにしてくれる。
- 崇高な霊的意識をもたらし、生きることの意味を模索するよう促す。
- 自分自身が持つ大きな潜在力に気づくのを助ける。

あなたの体はあなたの家であり、夢においてはとても重要な位置を占めています。目・腕・心臓・脳が現れる夢は、体のコンディションと直接結びついている可能性が大です。その夢は象徴的ですか？　それとも他のトピックに結びついていますか？　たとえば心臓は感情を象徴しますし、口はコミュニケーションやキス、食事に関連しています。

夢は健康を保つのを助け、危機に対して注意を呼びかけます。私は著作『Dreams, Counseling and Healing』に、頭部のレントゲン写真を撮られた夢を見た女性の話を記しました。その写真の頭蓋骨の基部には黒い穴が写っていたのです。夢の印象があまりに強かったため、彼女は医師の診察を受け、レントゲン写真を撮ってほしいと強く要求しました。実際にレントゲンを撮ると、果たして黒い円形が現れました――腫瘍でした。後にその腫瘍は無事に除去されました。また、夢は治療法を示唆し、病気の予後を示し、治癒過程を促し、妊娠を教えるなど、医療的な情報とサポートのソースをもう1つ加えてくれます。

体をむしばむ病気にかかった時も、夢が行路を示すかもしれません。私たちは誰もいない平原を渡り、危機に直面し、絶望の淵に沈みながらも歩き続けなければなりません。神話学者のジョセフ・キャンベルがいう、そんな「英雄の旅」は、人としての成長過程の一部でもあります。カール・ユングはこれを「個性化」と呼んでいます。夢は、私たちが感情・肉体・霊的な自我の高みに至るのを後押ししてくれるのです。

体についての解釈

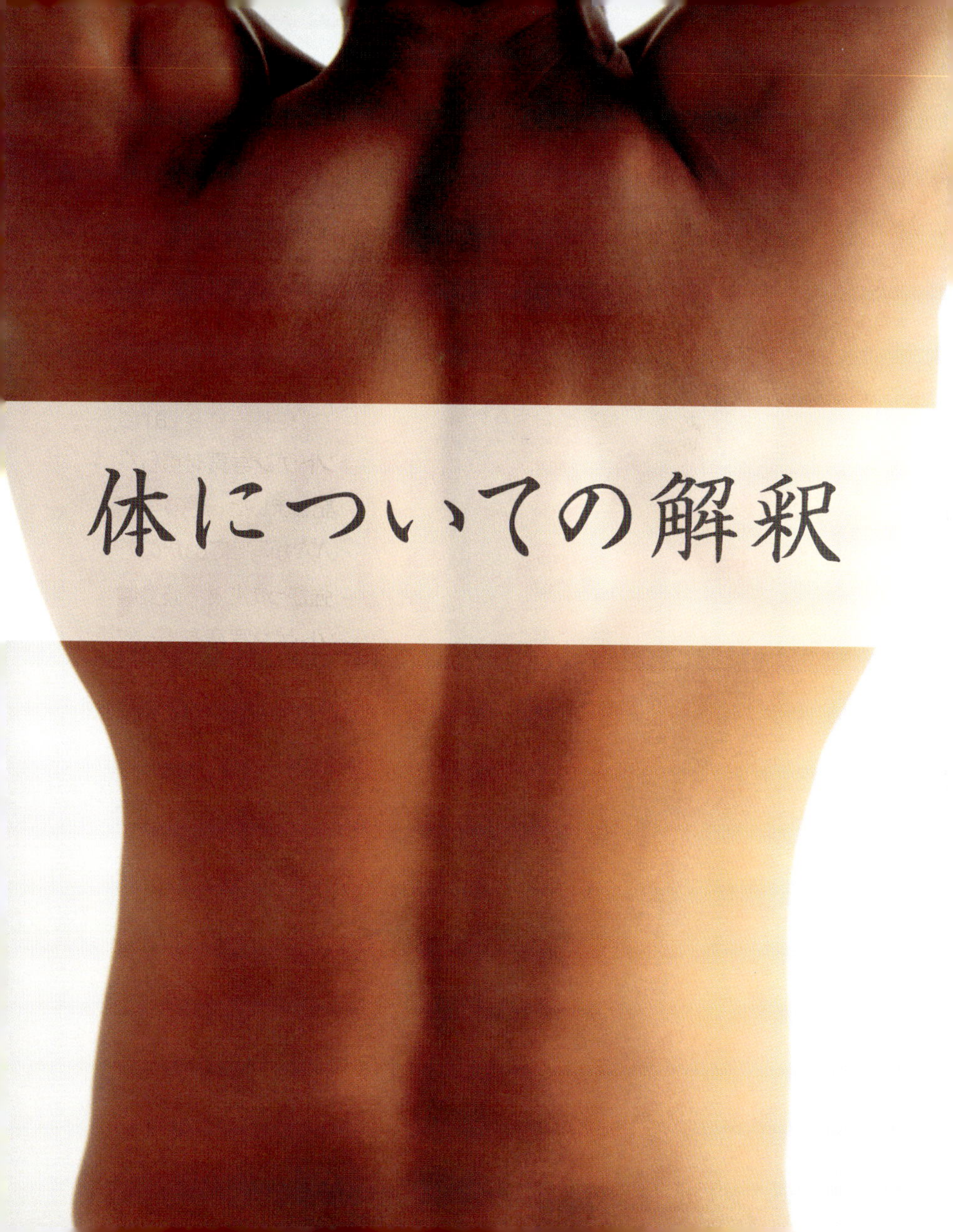

体についての解釈

ステッキや木の幹、傘(傘が開いた様子は勃起になぞらえられる)など、全て細長いものは男性器を表していると思われる…男性の夢の中では、ネクタイがペニスのシンボルとして現れることが多い…

シグムンド・フロイト:『夢判断』

今となるとフロイトの見解はいかにも単純に思えますが、当時の精神分析学者によって、世間の関心が夢に現れる性的シンボリズムの力に引きつけられたのは間違いありません。現在、身の回りにあふれている商品にも性的シンボルの力を見て取れますし、生命が継承されるかどうかは全て性交が握っていますから、性には死活的な重要性があります。だからこそ私たちは性的な夢を見るのです。

セックスに関する夢を見て驚くこともあるでしょう。しかし、夢という拘束されない世界ではどんなことも起こります。同性または異性と関係を持つ夢でも、パートナーを交換する夢を見ても、心配は無用です。夢を見ているあなたの自我がセクシュアリティのあらゆる面を探っているのにすぎません。

創造のサイクルには、その一部として卵の受精と誕生が含まれています。ここから、夢に登場する卵はとても重要な意味を持つことになります。キリスト教のイースター祭では装飾を施した卵を飾りますが、この卵は新しい命を象徴します。これは先立つ古代

私は鮮明な色つきの夢を見ます。しかも音やにおい、味、全てがそろっています。自分は白黒の夢や無音の夢を見ると話してくれた人もいますが、これには驚きました。私の夢はその場にいるように鮮やかなのです。

ベバリー　夢のワークショップの参加者

上　性的シンボリズムは、重要でごく自然な夢の要素。直立した傘はペニスを象徴することも。

多神教の伝統を受け継いだものです。

人体がほかの生物と融合する夢を見ることもあるでしょう。たとえば、頭がワシで体が人間という相手が夢に登場したとします。このワシに関連する性質について考えてみましょう。ワシの頭は支配力と強さを象徴しているのかもしれません。フクロウの頭部であれば、知恵と結びつくことも考えられます。

スピリットのヒーラーは、夢で身体的な癒しももたらします。具合が悪い状態で床につき、誰かがやってきて患部に触れたり光を当てたりして全身を癒す夢を見て起きたところ、気分がよくなっていた――そんな例が数多くあります。夢のヒーリングパワーは人類の歴史と同じくらい古くから認められているのです。

頭部(Head)

体の一番上にある頭から始めましょう《head start》。頭は心臓とともに全身をコントロールしているため、脳（参照→P.37）はきわめて大切な意味を持っています。

頭部は知恵・知識・覚醒・学習・力のシンボルです。はるか昔から、頭部は戦利品《トロフィー》として収集されていました。ケルト人が集めた人間の頭や、クマやライオン、キツネといった動物の頭部など、対象は人畜を問いません。これらは他者に勝る力を象徴しています。夢の大きな要素として頭が出てきたら、コントロールおよび判断に関して関連がないか、良否両方の面から検討し、また認識・思考力との結びつきについても吟味してみましょう。

屋根や柱に彫刻された魔物の頭像や歯をむき出すガーゴイル像は、建物を守護するとともに、攻撃を企てる者を威圧するためのものです。古代ケルト人は石製の頭像を刻んで魔除けとしていました。

偏頭痛の患者のうち、かなりの人が発作に先立って夢を見ています。典型的なテーマとしては、頭をなぐられる、頭を撃たれるなどがあります。

関連事項

- 「ヘッドハンティング」される。
- 「トップの座《head honcho》」
- 「家長(head of the household)」
- 「校長（headmasterもしくはheadmistress)」
- 「精神病患者《head case》」
  「正気を失って《out of one's head》」など、コントロールを失うこと。
- 「首ったけ」

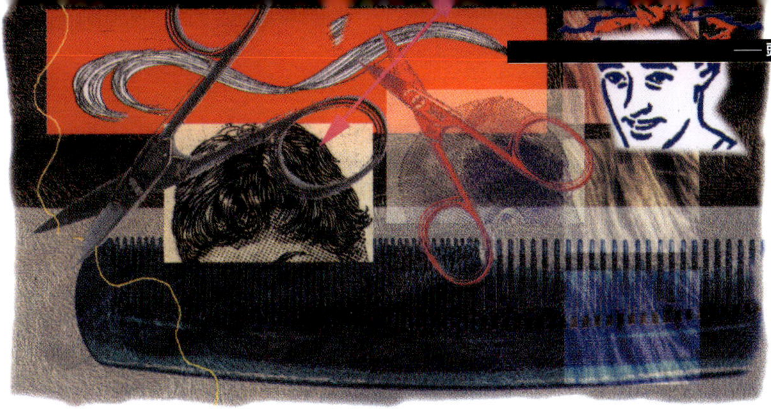

髪(Hair)

シンボルとしての髪は、エネルギー・繁殖力・自然な成長・無上の光栄を表します。多くの宗教の聖職者は、世俗的な欲望を捨てた印として髪をそり落としていました。仏陀像の頭頂にある髪の房は知恵と光を象徴しています。シーク教の信仰を表す5つのシンボルの1つはケシュですが、これは「切らない髪」を意味します。ヒンドゥー教の伝統では、髪が魂のシンボルです。意識のある場所、すなわち頭部から伸びるからです。それに髪は切っても再び伸びますし、息を引き取ってもしばらくは伸び続けます。

軍隊の新兵や右翼の過激派の例にならい、剃髪した頭が力を表すこともあります。マサイ族の母親は、戦士である息子が若者に成長して少年から成年になる成人儀式を受ける際、その頭を剃ります。

ひげを剃るのは西欧の習慣で、父親から息子に初めてのシェービングセットを贈る習わしがあります。ユダヤ教徒は近親者の死後7日間喪に服するあいだ、ひげを剃りません。

関連事項

- 美容院に行く夢はイメージチェンジをしたいという願望の表れでは？
- 髪が抜ける夢は、権威を失う恐れを抱いている可能性も。

頭蓋骨(Skull)

頭蓋骨は死の比喩的表現であり、絵画では時間の経過や死の運命のシンボルとして用いられます。海賊は頭蓋骨と大腿骨を組み合わせた「髑髏《どくろ》印」を掲げて襲いかかる相手を恐れおののかせました。髑髏印は今も毒薬の瓶の表示に使われています。ヘルズエンジェルズという暴走族も頭蓋骨と大腿骨のマークを使っています。

頭蓋骨は脳の入れものであり、顔や目、口の土台でもあるため、シンボルとして非常に重要視されてきました。祖霊信仰では、人間の頭部のミイラが崇敬されていました。古代スカンジナビアの戦士は殺した相手の頭蓋骨を手元に残し、杯にしていました。山と積まれた頭蓋骨は集団殺害を示唆するほか、ユダヤ人大虐殺を象徴することがあります。

イエス・キリストはゴルゴタという丘で磔刑にされましたが、ゴルゴタとは「頭蓋骨の地」という意味です。頭蓋骨が地面に置かれていれば、背徳行為がほのめかされています。殺人者は被害者を浅く埋める場合が多いため、すぐに頭蓋骨が露出してしまうからです。

> 鮮明な頭蓋骨の夢を見ました。白くきれいで、輝いていました。ほお骨の形から中国人の骨であると察しがつきました。この頭蓋骨は素晴らしい贈りものであり、受け取ることは大変な名誉だとわかりました。

この夢を見たのは仏教徒で、これは新たな知識を象徴すると考えました。彼女は、祖先の墓を訪れて骨壺から骨を取り出し、きれいにして磨いてから再び墓に納める中国の清明節の行事と結びつけたのです。

関連事項

◎頭蓋骨の夢を見たら、事故で危うく命を落とすところだったなど、過去に経験した死の不安について検討を。

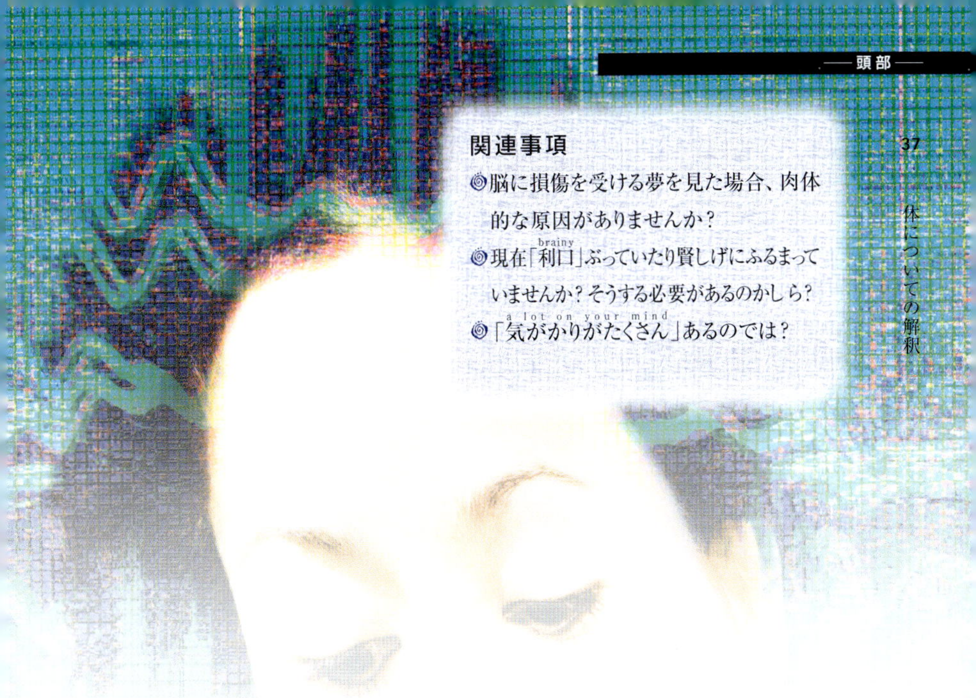

関連事項

- 脳に損傷を受ける夢を見た場合、肉体的な原因がありませんか？
- 現在「利口《brainy》」ぶっていたり賢しげにふるまっていませんか？そうする必要があるのかしら？
- 「気がかりがたくさん《a lot on your mind》」あるのでは？

脳(Brain)

脳はしっかりした固体ではありません。液体が詰まった回廊の迷路のようなネットワークです。脳と心臓の2つは、体の中で一番重要な器官です。脳の夢を見たら、夢のメッセージについて考えるべきでしょう。実際の負傷に関連していませんか？　頭痛に悩まされていて、医師の治療を受ける必要があるのでは？

「ブレインストーム《brainstorm》」は、不意にひらめくインスピレーションを意味します。

インカ帝国の遺跡からは穴のあいた頭蓋骨が多量に出土しました。戦いで頭部に傷を負った人や神経疾患を患っていた人の頭蓋骨に「脳外科手術」が施され、穴が開けられていたのです。この処置は「穿孔術」または「頭蓋開口術」と呼ばれ、脳にかかる圧力を減らすと信じられていました。穴のあいた頭蓋骨の状態からは、患者が危険な手術後も生きながらえ、回復したことがわかっています。

顔(Face)

夢に出てきた顔の表情からは、一言も話さなくても極めて多くを読み取ることができます。相手に目や鼻や口の造作がなくのっぺらぼうであるときは、「個性がない《faceless》」または考えていることがわからないという意味かもしれません。仕事上の役割を盾に取る非人間的な人を「顔のない官僚《faceless bureaucrat》」と呼ぶこともあります。身の回りで当てはまる人がいませんか？

言葉との関連にも注目しましょう。難問に「直面」せざるを得ないのでは？　誰かを称して「鉄面皮」と呼ぶのは、恥知らずで、おかまいなしに気まずい振る舞いをするという意味です。

顔が2つある人や、劇的に顔が変わる人が夢に登場したならば、「裏表のある《two-faced》」行動や振る舞いを指すのかもしれません。場合により行動が変わって反対のことをするため、信用できないということです。こういう二面性は誰にでもあるものですから、夢の登場人物――または実生活での自分にそんな点がないかどうか考えてみて下さい。

関連事項

- 顔のない人が夢に出てきたら、「本当の人格」をあなたに知られたくない誰かが身の回りにいるのかもしれません。

頬(Cheek)

バラ色の頬は良好な健康状態を示し、ピエロの赤く塗った頬はユーモアとドタバタ喜劇を象徴しています。こけた頬は栄養状態の悪さや悲しみを示します。戦いの後や逆境にあって頬の肉がそげた人を見ることもあります。夢の中で頬が強調されていたら、あなたの健康との関連を考えてみて下さい。

夢の中の誰かが「厚顔《cheeky》」ならば、その人はぶしつけで厚かましいのでは？頬が目立っていたら、この手の振る舞いを指しているのかもしれません。「面の皮が厚い《give cheek》」は横柄なことを意味します。また、この表現は「厚顔無恥《bare-faced cheek》」とも関連があります。これは自信たっぷりな上に尊大で、他人がどう思うかを考慮に入れないという意味です。

頬とあご《jowl》が重要な要素ならば、誰かと「頬を寄せ合うくらい親密な《cheek by jowl》」状態を示している可能性も。裏で親しくしすぎると、第3者が迷惑をこうむる場合があります。

「頬」はお尻の頬を示すこともあります。夢の中に二重の意味が含まれていないかどうか注意してみましょう。

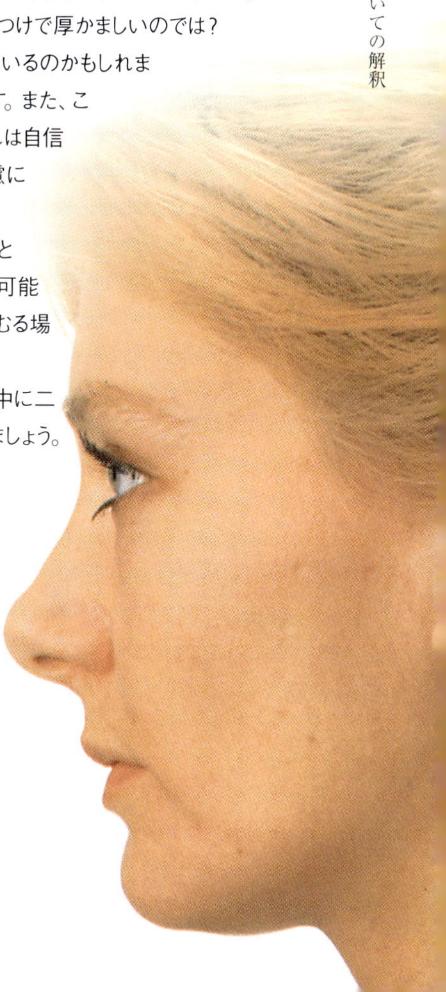

関連事項

- 頬が赤いなら、最近赤面したり、きまり悪く感じたことがあるのでは？
- 笑顔に隠してぶしつけな振る舞いをする誰かに対し、攻撃的というよりは失礼《cheeky》な印象を感じていませんか？

鼻(Nose)

私たちは鼻を通して呼吸し、香りを吸い込みます。嗅覚によって環境が好ましいか不快かを判断しますし、食べるのに適さない食物を見分けるのにも嗅覚を役立てています。ニュースに関して「鼻が利く」といえば、面白そうな話やビッグニュースをかぎつける能力を指します。

夢に現れた鼻の形と大きさについて検討してみて下さい。知っている人と結びつけられませんか？　ワインマスターは、ワインの質と微妙な味を鑑定する能力の一助となる、人一倍発達した「鼻」を持っていることがあります。鼻が大きい男性はペニスも大きいという俗説もあります。

夢で自分の鼻が傷ついた場合、花粉症や鼻炎など実際の体の不調を反映しているのでは？　または、腹立ち紛れに行動し、短気を起こしてかえって「鼻柱を折られる」ことを象徴していませんか？　つまり、何かを鼻にかけて強情な態度を取り、自分自身が傷ついてはいないでしょうか？

関連事項

- 「鼻面を引き回される」は、鼻輪を引かれる牛のように、誰かに思うまま操られること。
- 「話がくさいと思う」とは、何かがあやしいと直感するの意。
- 「詮索好き《nosy》」「他人のことに鼻をつっこむ」とは、よけいな干渉のこと。

口 (Mouth)

私たちは口を使って話し、食べ、口笛を吹き、キスをします。時には口がすべり、意志に反してよけいなことを漏らしたりもします。イスカリオテのユダの場合、イエス・キリストの頬にキスをした時に彼の運命が決まりました。キリストは十字架に架けられ、ユダは我が身を恥じて自ら命を絶ちました。

女性の口をベールでおおう文化もあります。口が「*vagina dentate*」、すなわち「歯のある膣（性に対して男性が持つ根元的な恐怖心をあらわす）」というシンボルと同一視されるからです。膣口のひだも「陰唇」と称されます。口は広く性的なことがらと関連し、口と陰門を一緒にするシンボリズムは世界中に見い出されます。この性的側面を明確に表すのが、口紅で唇に注意を引く行為です。かのクレオパトラ女王も口紅を用いていました。

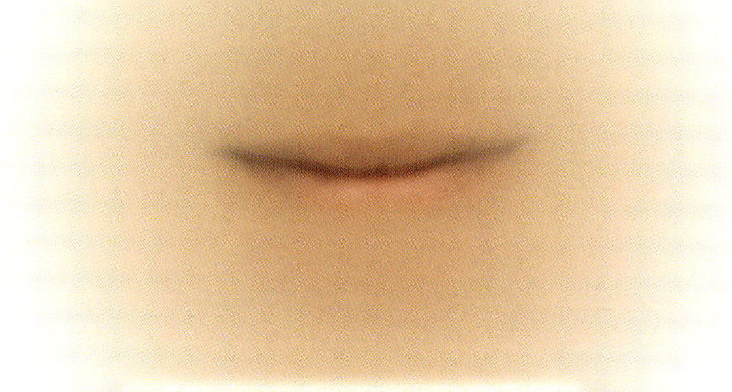

関連事項

- 青い唇は血行の悪さを示します。また、死を象徴することも。
- 夢に登場した誰かが「大口をたたいて」いたら、強気に話すことで怒りを発散させているのでは？

歯(Teeth)

自分の歯に関する夢を見るか、歯医者に行く夢を見たら、単に歯の状態に不安を抱いている表れかもしれません。それならば歯の検診を勧める夢からの警告でしょう。しかし、歯が抜ける夢を見るのは、初めて実家を出る、または人間関係や愛着関係が終わったなど、変化の時期が多いのです。

最後に生える4本の臼歯、すなわち親知らず(知恵歯)は、成長して知識を蓄えてから顔を出します。親知らずが夢に登場したら、「もっと賢くなり」、何らかの状況について聡明な対処をすべきなのでは?または、何かに気づくことを表しているのかもしれません。以下はその例です。

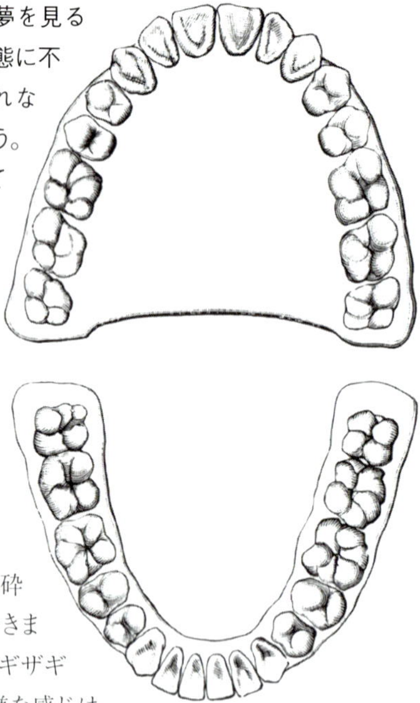

夢の中で、私は自分の歯がぐらつき、砕け、口から抜け落ち始めたのに気がつきました。口の奥に手を入れると、根元がギザギザした臼歯が痛みもなく抜けました。嫌な感じはしませんでしたが、面白いと思ったので母親に夢の話をしました。すると、母は妊娠すると必ず最初の数週のうちに全く同じ夢を見たと話し、あなた妊娠しているんじゃない、と冗談をいいました。母は知りませんでしたが、その時私は本当に妊娠7週だったのです。

関連事項

「食いつくように辛辣な部分《bite》」、つまり積極的な面を伸ばす助けがいるのでは?

舌(Tongue)

語り、食べる時に役立つのみならず、舌には健康状態も現れます。西欧と中国の医学では、病気になると舌を見て診断の一助とします。舌の夢を見たら、鏡で舌が健康的かどうか確かめておいて損はないでしょう。

舌は性的なことと多くの点で結びついています。中世では舌がペニスを象徴しており、舌を突き出すのは中指を立ててみせる(参照→P.51)のと同様の意味でした。悪魔や貪欲な人は、よく下品に舌を突き出している姿で描かれますが、ここにはこの男根との結びつきが受け継がれています。

話す能力や、本当にいいたいことと舌との関連も考えてみて下さい。ヒンドゥー教には、嘘をついた者は地獄へ落とされ、舌がとてつもなく長くのびるという古い話があります。自分の舌が長く伸びる夢を見たら、実生活で何かを偽っているのかもしれません。

関連事項

- 「舌足らず」とは、うまく言葉を伝えられないということ。コミュニケーションに難があるのでは?
- 意見が合わなかった際、「口をつぐむ《hold one's tongue》」よう余儀なくされているのでは?
- 「舌をふるって厳しい叱責」を浴びせたいのでは?

目(Eyes)

神話では目を神聖視しています。目がビジョンと知恵を象徴するためです。「神の目」は全てを見通し、全てを知っているとされます。さらに「神の目」と「目」はいずれも優れた無上の知恵と霊的な啓蒙に結びつけられます。第3の目は直観的かつサイキックな能力を象徴し、他の人にはわからないものが見える「透視力」が宿るところでもあります。ここから、予知能力とも関連づけられます。この場合、第3の目は不運をもたらすという「邪眼」からもあなたを守ってくれるでしょう。

夢に目が出てきたら、視力との結びつきが考えられます。その目の大きさ・形・色・その他の細かい特徴により、あなたにとって何を意味するかが変わってきます。大きく見開かれた目は認識を、閉じられた目は見たくないという願望か、見てしまったら不快になるか恐怖を感じるという不安を示しているとも読み取れます。

関連事項

◎「目と目を相合わせる《see eye to eye》」——誰かと気持ちが通い合っているのでは？

◎「目には目を」——復讐心がありませんか？

◎「目障り」——現在、何かに悩まされていませんか？

◎「目＝アイ《eye》」が「自分＝アイ《I》」を象徴しているのでは？　夢で「自分の目が痛い」のは、「自分が傷ついている」ことを示している可能性も。

◎眼鏡は度が合っていれば見えやすくなりますが、そうでなければ視界がゆがんでしまいます。夢に出てきた眼鏡は視界をよくしましたか、それとも妨げましたか？

耳(Ears)

夢で耳が強調されていたら、それは他の人から新しい情報を得る能力と、自分自身の心の声を聞く能力を意味しているのかもしれません。秘密は耳にささやきます。夢でそんな場面を見たら、知らないところで皆があなたのことをこそこそ話しているのではと不安を感じている可能性も。

神話では、耳が霊示と結びつけられています。神は眠りについた人間の夢の中で耳にささやき、これから起こることを教えたからです。

耳が聞こえなくなる夢は、コミュニケーションの問題を象徴していることがあります「耳を貸さない」とは、自分に不愉快なことを故意に聞かないという意味です。避けてきた状況がないかどうか考え、注意を振り向けてみる必要があるかもしれません。

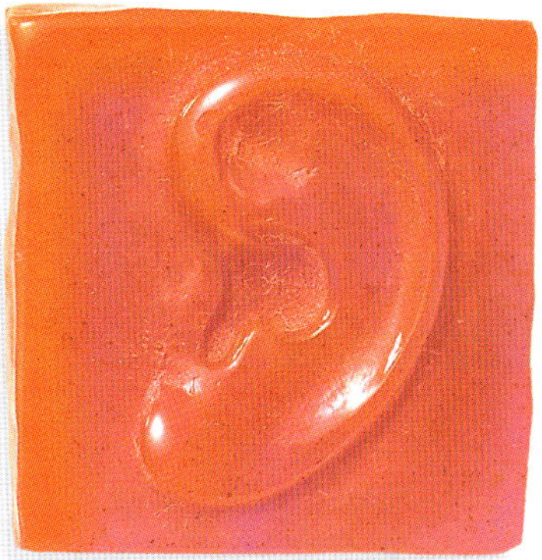

関連事項

- 補聴器――聴力を心配していませんか？　または他の人の意見に注意深く耳を傾ける必要があるのでは？
- イヤリング――イヤリングは装飾を象徴します。もう少し自分に彩りを添えて、華やかにしなくてはと感じているのでは？
- 「片耳から入ってもう片耳から抜ける《in one ear and out the other》――記憶力が落ちていませんか？　ストレスとの関連に心当たりは？　ストレス下にあると物忘れをしやすくなります。

のど(Throat)

のどは声帯と話す能力に結びつけられます。また、のどは体と頭部の接続部であり、感情と思考を結びつけています。感情をうまく表せない時、のどが締めつけられるように感じることがあります。のどの辺りにトラブルが起こる夢を見たら、それは気持ちをスムーズに言葉にできない状態を反映しているのかもしれません。以下の夢には強い不安がうかがえます。

あたりは暗闇でした。私が2人います。1人は湖の中に立っていて、もう1人はその肩の上に立っています。みるみる水面がせり上がりますが、私は身動きできません。水があごまで届いた時、私の肩の上にいる「私」が何か話し始めました。すると、その手の中にナイフが現れました。私は手を伸ばして、湖の中に立っている「私」ののどを切り裂きました。「私」は2人とも水中に倒れ込みました。1人目の私はおびただしく血を流し、2人目の「私」は溺れています。そこで目が覚めました。

水中で起こった二重の自殺は、本人の感情面を象徴しています。この若い女性は「深みにはまり」、不安定な状態にあると感じていました。また、行き詰まってもいました。まさに「身動きが取れない」状態だったのです。誰が誰なのでしょう？　2人の「私」のどちらが本当の彼女なのでしょう？　なぜそんなに自分を傷めつけるのでしょう？　体に関する夢の大半に共通することですが、夢に含まれる様々な要素を取り上げ、当時の生活上のできごとと結びつけてみると、実に多くのことがわかります。

関連事項

◎何かについて「のどが詰まる」ように感じていませんか？　どうしても自分の気持ちを回りに伝えられないことの暗示かもしれません。

乳房 (Breast)

乳房は生まれて初めての糧を与え、愛情や優しい気持ち・親愛・慈しみを象徴します。またセクシャリティとも結びつけられ、性的な魅力の源でもあります。とはいっても、30歳の男性が語ってくれた以下の夢からもわかるように、大きければよいというわけではありません。

私は友人のジェーンと一緒にラウンジにいました。ジェーンはとても魅力的な女性です。不意に彼女の胸がふくらみ始め、とうとうバスケットボールほどの大きさになりました。私はすっかり興ざめしてしまいました。すると胸はしぼみ、再び魅力的に感じられるようになりました。この夢は何度か繰り返して見ました。

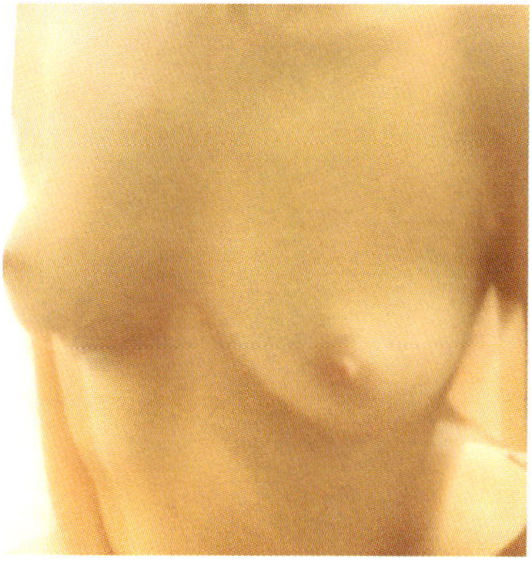

米国で夢を検討するグループを主催するシンシア・ピアスンは、乳房切除手術の後で再建手術を受けた女性の夢を報告しています。夢の中で、再建された乳房は赤ちゃん用の帽子をかぶっていました。女性はその胸を抱きながら、子守歌を聴かせていました。象徴的に育みを表すこの行為は、新しい乳房を積極的に受け止める意志を浮き彫りにしています。

関連事項

- 「家族の懐に抱かれる《in the bosom of the family》」——むつまじい家族の中にいること。
- 「やましい胸のうちを明かす」——しばらく間をおいてから、または嘘の後に偽りのない真実を伝えること。

背中(Back)

背中は見えないもの、または背後にあるものを示すことがあります。夢の中の背後で、何が起きていましたか？　何かに背中を向けませんでしたか？

背中を貫く背骨は体の支柱でもあり、力を象徴します。「気骨《backbone》」があるといえば、勇気を表します。「骨抜き《spineless》」はその反対の意味です。

背中を刺される夢は裏切られたという感情を指します。慢性疲労症候群に苦しむハリー・ボスマは激しい夢の中で背中を刺されました。彼は、これを体が自分に背いているという思いの象徴だと受け止めました。

関連事項

- 「背後に下がる」――難局から退いて、考える時間を持つ必要があるのでは？　誰かに「下がって」もらい、場所をあけてほしいのでは？
- 「バックアップ《back up》」――現在、もっと支えが欲しいのでは？　家庭か職場で、公に認めてもらいたい状況があるのでは？
- 過去にやりとげていない所用があって、戻る必要があるのでは？

爪 (Nails)

鳥のかぎ爪や動物の爪と同様に、人間の爪も実用的な用途が数多くあり、武器にすることもできます。爪の長さ、状態、清潔かどうかから夢の意味の糸口がつかめるでしょう。

呪術儀式では、呪う相手の切った爪を呪薬に加えました。時には壁に相手の絵を描いたり、蝋で人形を作ることもありました。その像を傷つけると、像が表す人や動物にダメージを加えられると信じられていたのです。

夢に現れた爪《nail》は、建築用の釘《metal nail》を指すこともあります。釘は材料を接合させる道具のため、「結合」を象徴することもあります。キリスト教の伝統では、キリストが十字架に釘打たれて磔刑に処された際の苦難と受難を釘が象徴します。英語の「旗を下ろさぬようマストに釘づけにして《nail one's colors to the mast》」とは、自分の立場を決め、あくまで信条が揺らがないように公に示すという意味です。あなたの夢は、最近下した決断と関連がありませんか？

関連事項

◎現在「本音を吐くよう釘づけ《nailed down》」状態にあって、説明を余儀なくされているのでは？

◎小さな釘の頭を打つように「正鵠を射る《hitting the nail on the head》」、すなわち決定的な結論に達しているのでは?

腕(Arms)

つかまったり動き回ったり、泳いだりできるのは腕と手のおかげです。他の動物が真似できない器用さで道具を使えるのも腕と手があればこそ。腕が印象的な夢を見たら、筋肉の緊張状態や、入れ墨などの目立った特徴に注目して下さい。両腕を宙に高く上げていれば降伏や「お手上げ」状態を、または決勝点を決めた時に観客が万歳をするように、「歓喜」を表すこともあります。

英語では腕《arms》が武器の意味にもなり、「武器を携帯する《carry arms》」という戦闘的な姿勢を指す場合があります。「武装を命じる《call to arms》」は戦闘に備えて召集する意味にもなりますし、「戦場で見分けるための紋章つき陣中着《coat of arms》」は転じて家紋のことです。

関連事項

- 「腕の長さだけ離れて《keep at amr's length》」――少し距離を置く、あまり親しくならずにおくという意味。
- 「武器を取って立つ《up in arms》」――憤慨、戦闘態勢を整える。
- 「腕=アーム《arm》」が、「アーム《alm》」、すなわち慈善のための寄付金や寄付物を意味することも。

手(Hands)

手の夢を見たら、どちらを主に使っていたかに注意して下さい。左手は不運と弱さ、極端な場合は邪悪と結びつけられます。左手はあいさつや握手、敬礼など敬意を表すのには用いられません。英語で「不吉・邪悪」を意味する「sinister」は「左手の道」を意味するラテン語に由来します。このラテン語は魔法を邪悪な目的に使うという意味でもあります。

ただし、西洋では左手に結婚指輪をはめます。特に左手の薬指は、15世紀の英国で「医師の指」と呼ばれました。医師が薬を混ぜる、味をみる、塗布するのに薬指を使ったからです。また、薬指の血管が直接心臓に通じているという説があり、そこから薬指に結婚指輪をはめるようになったともいわれます。ローマ時代には薬指が象徴的に男根と関連づけられていましたが、今もその結びつきは残っています。ローマ時代の男娼は、その気がありそうな客に薬指を上げて合図を送りました。中世の教会は薬指を「*digitus infamus*」または「*digitus senus*」、すなわち「卑猥な指」と称しました。

ムズムズする手はお金と結びつけられます。左手の場合はお金が入り、右手の場合は出ていくとされます。

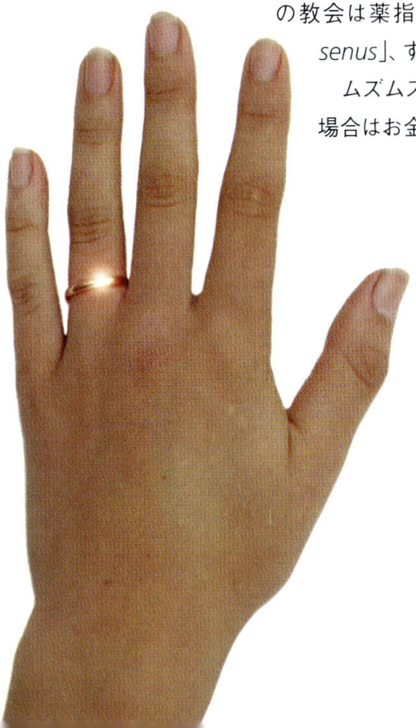

関連事項

- 「手がける」は、実際に体験するという意味。
- 手を差し伸べる「施しもの《handout》」は、見返りを全く期待しない供与物。
- 「お下がり《hand-me-down》」は、手から手に譲り渡された衣類などのこと。
- 「手助け」は、誰かに力を貸すこと。

脚(Legs)

私たちは脚と足によって大地に結びつき、真っ直ぐに立つことができます。脚と足は体を支え、移動を可能にしてくれます。脚の夢を見たら、その状態と、何が起こっていたかを考えてみて下さい。あなたの脚が「はずれ」たり「崩れ」たりしたら、それは持ちこたえられない、これ以上自分を支えられないと感じている暗示ではありませんか？

1本脚の神は男根のシンボルだとされていました。古代ユダヤの伝統的な神秘思想であるカバラでは、脚が堅固さと力を表し、ここから自ら立ち上がるという発想との結びつきが生まれました。脚は体を持ち上げてくれますから、象徴的にあなたの地位の上昇を表すことがあります。前進を助ける「足がかり《leg up》」を得ているのでは？

事故でひざ頭のすぐ上から脚がちぎれる夢を見ました。

ももやひざ頭、ふくらはぎ、すねなど、脚のどこかが強調されていましたか？　その場合、腱を傷めるなど、夢が実際の問題に注意を促しているのでは？

関連事項

- 英語で「よるべとする脚がない《not a leg to stand on》」とは、立場を正当化する理由がなかったり、釈明ができないという意味。
- 「けり出す」──怒りを感じているのでは？
- 「足を取られて《legless》」──酔っている人のようにコントロールがきかないのでは？

足 (Feet)

足は大地との接点となり、全身を支えてくれます。あなたの足はコンディション良好で、いつでも次の一歩を踏み出す態勢が整っていますか？　足をマッサージされているか、何らかのトリートメントを受けている夢を見たら、リフレクソロジーか足の治療を受けるとよいという暗示かもしれません。

足の夢は、私たちを基本に立ち返らせてくれます。あなたが残した足跡はあなたがたどってきた道を示し、他の人はそれをたよりに後を追うことができます。英語で「foot the bill」とは、受けたサービスについての支払いを全て引き受けるという意味です。

足にキスをしたり足を洗ったりする行為は謙遜・奉仕・献身を示します。地団駄を踏むのは怒りを表し、英語の「足で投票する《vote with one's feet》」は、嫌悪するものから歩いて退くことで意思表示をするという意味です。

かかとはアキレスのかかとの故事から、体の弱点と結びつけられることがあります。アキレス神は不死身でしたが、唯一かかとだけが弱点だったのです。「かかと＝ヒール《heel》」と「癒す＝ヒール《heal》」は同音異義語でもあります。かかとの夢を見たら、体調不良からの回復や、気分的につらい時期からの脱却を暗示している可能性があります。

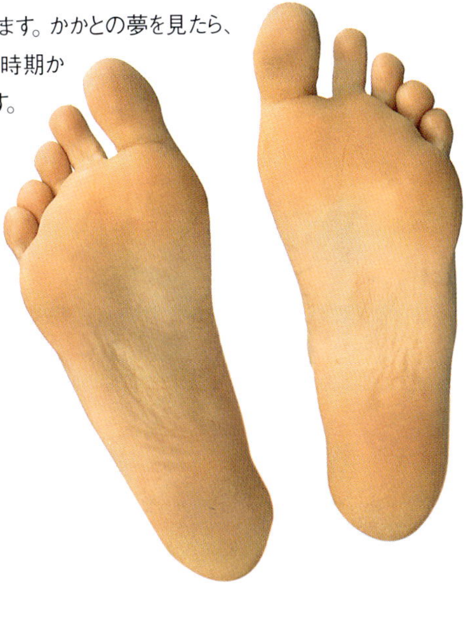

関連事項

- 「二の足を踏む」など、何かの計画に熱意を失っていませんか？
- 「足がかりを得る」、すなわち新しい挑戦などが認められつつあるのでは？

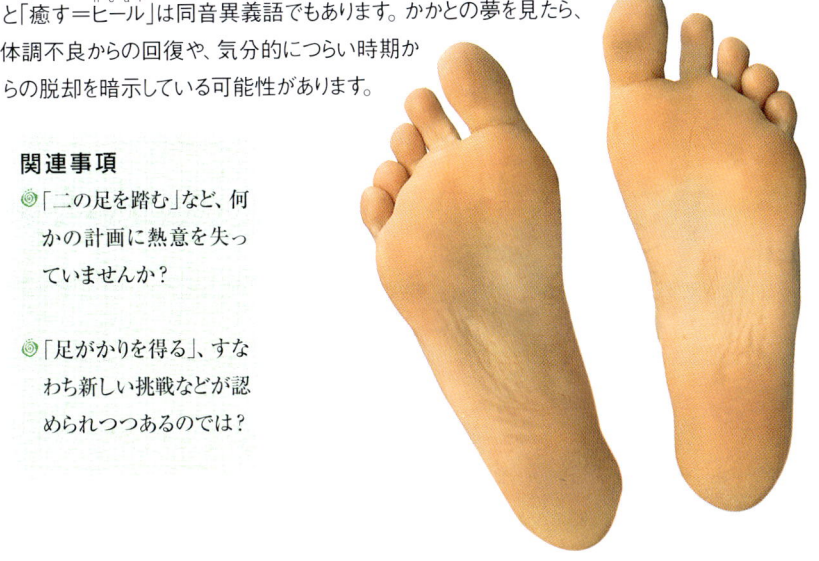

胃 (Stomach)

胃は食物を処理し、腹ごたえや満腹感を感じるところです。胃が登場する夢を見たら、その時にきちんと栄養をとっているかどうか考えてみて下さい。また、胃には感情や体の健康が如実に現れます。神経が高ぶったり不安にかられたりすると胃がむかついて消化が悪くなりますし、心配のあまりげっそりすると胃が痛くなることもあります。胃の不調や胃潰瘍がある人は、時に胃の一部が爆発したり、新鮮さを失って口にできない食べ物の夢を見ます。

へそは腹部の中心であり、かつて母と子が結びつけられていた場所でもあります。ここから、体の中でも極めて重要な部分とされます。ベリーダンサーのように宝石や入れ墨でへそを飾る、またはへそにピアスをして注目を引く行為も、この重要性を裏づけるものです。

胃は感情が宿るところと考えられています。気持ちがたかぶったりストレスをこうむったりすると、よく吐き気を感じるからです。

関連事項

◎「腹にすえかねる」とは、何かを認めたり受け入れたりできないという意味。

◎英語で「腹中に燃える火《fire in the belly》」といえば、ある行為をしたいという抗しがたい欲求のこと。

肝臓 (Liver)

肝臓は胆汁を分泌し、グリコーゲンを蓄え、体内の解毒を行い、代謝によって栄養素が処理されるのを助けます。肝臓病があると皮膚の色が影響を受け、肌の色が淡い人は黄疸、すなわち皮膚が黄色くなることがあります。肝臓の夢を見たら、健康に関して広く考えてみて下さい。体が健康であれば、心の問題を暗示している可能性は？

胆汁は苦いため、「胆汁質」——すなわち短気や癇性と結びつけられます。中世では「黒胆汁」が陰気と憂うつを、「黄胆汁」が怒りを生み出すと考えられていました。

ギリシャの哲学者プラトンは特に肝臓を重要視しました。肝臓はメッセージを受け取り、鏡のように作用する器官であると述べています。

> 神は腹の中に鏡のような器官を作った。その表面は精神に敏感に反応し、精神に聞き耳をたててそのメッセージを受け取る。そしてこの合理的なメッセージを、不合理なメッセージとして夢の中に投影する力を備えている。

関連事項

- 夢が、実生活で肝臓の調子を心配する気持ちを反映しているのでは？
- バランスを失っているように感じていて、心身浄化のために解毒の必要があるのでは？

心臓 (Heart)

体の主要な臓器である心臓は止まることのないエンジンであり、しかも感情を象徴する中核でもあります。心臓の夢を見たら、まずは体に関して夢の原因となるようなできごとがないかどうかを検討し、次に感情的な問題に目を向けて下さい。

心臓に不調がある人からは、襲われて胸を狙われる、心臓を撃たれるなどの夢を見たという報告がなされています。夜間に起こる胸の痛みが夢のきっかけとなり、その痛みが何らかの攻撃や事故に象徴されるのでしょう。この夢に多く見られる特徴には、他に血・胸への圧力・左腕の負傷・焦燥感・恐怖感があります。

心臓と感情の結びつきを示す例は枚挙にいとまがありません。「イエスの聖心(キリストの心臓で愛と犠牲のシンボル)」はカソリック教徒にとって極めて重要な意味を持ちます。信仰の苦難を象徴する血まみれの心臓も同様です。血の滴る心臓はロマンチックな愛と勇気のシンボルでもあります。

関連事項

- 「心に頭を支配させてはならない《don't let your heart rule your head》」——激しい感情に引きずられて、重大な危険を冒しそうになっているのでは?
- 「胸がつぶれる」——恐怖と不安を象徴するいい回し。

肺 (Lungs)

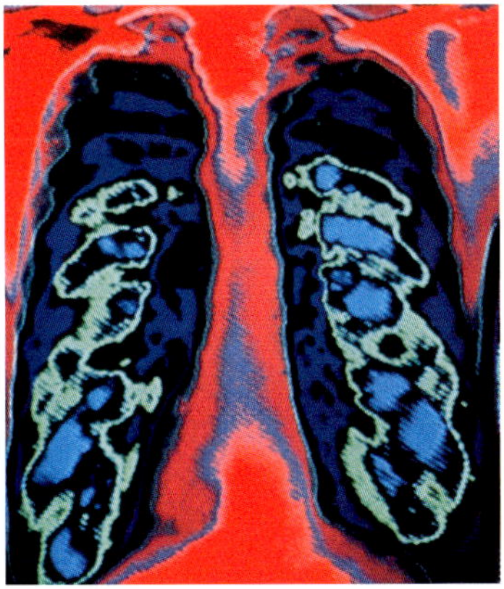

肺は体の「息をつく場所」です。燃料を燃やす体の「ふいご」でもあり、私たちが呼吸し活動できるのは肺のおかげです。あなた自身も十分に息をついていますか？

ヘビースモーカーの女性が、自分の肺を見たら真っ黒だったという夢を見ました。この夢のイメージに影響を受けて彼女は禁煙を決めました。夢がもうすぐ病気になるという警告だったかどうかはわかりません。しかし、そのおかげで本人が益を得たのは事実です。肺感染症や肺炎、気管支炎などにかかっていると、水に満たされている夢を見ることがあります。これは肺にたまった体液や粘液を象徴しています。

呼吸は太古から「魂」「スピリット」と結びつけられています。呼吸は目に見える生命力だからです。息を引き取る時、地上での生命は終わりを迎えます。

中国では、肺に徳が宿り、肺より霊的思考がいずると考えられています。

関連事項

◎ロンドンのハイドパークやニューヨークのセントラルパークなど、大都市の公園は英語でよく「都市の肺」と呼ばれます。あふれかえる車の騒音や公害から人々を隔て、呼吸をする空間を提供するからです。あなたの夢は緑地や環境問題についての懸念を反映しているのでは？

皮膚(Skin)

皮膚は外界から体を保護しています。皮膚が裂けたり切れたりして傷を負うと痛みを感じ、感染症が起きたりします。傷は、ふさがる前にきれいにする必要があります。精神的に傷を受けていませんか? 守りが破られませんでしたか?

皮膚が破れるとかさぶたができますが、これは治癒過程のひとつ。かさぶたをはがす夢を見たら、物事がおさまるまでそっとしておけず、よけいな手出しをしているという意味かもしれません。皮膚の傷が癒えても、傷跡が残ることがあります。夢に出てきた傷跡は、体の傷跡に関連しているのでは? または、感情的な傷の暗示では?

コール(大網膜)は羊膜の一部で、時々これを頭にかぶって生まれてくる赤ちゃんがいます。コールを大変な幸運の印とする伝統は数多く、その子を水死から守るお守りになると信じられています。粘膜に似たヴェールやマスクの夢を見たら、視界の悪さや不明瞭さと関連づけられるのでは? またはなんらかの庇護を表しているのでは?

アフリカのサンタル族は、魂はトカゲとなって肉体から離れ、トカゲかヘビの乾燥した抜け殻に触れると病気から守られると信じています。

関連事項

◎英語で「歯の皮1枚で《the skin of one's teeth》」逃れるといえば、かろうじて災厄を避けるという意味。最近、首の皮1枚ときわどいところで難を逃れたのでは?

◎英語で「スキンフリント《skinflint》」とは、守銭奴のこと(火打ち石《flint》の皮をはぐくらいけちなことから)。友人に対し心当たりはありませんか?

子宮(Womb)

大地・海・天の大母神を奉ったギリシャの最も古い神託はデルフォイ《delphi》と呼ばれた。これは「子宮」を意味するデルフォス《delphos》に由来する。

バーバラ・ウォーカー

子宮は創造性の源です。シンボル的にいうと、あらゆる生命の源でもあります。繁殖力と妊娠を暗示するほか、夢を見た本人にとっての新生活の構築を意味することもあります。

ジリーは子宮摘出術を受けた後、男女2人に襲われ、床に蹴り倒される夢を見ました。床に横たわりながらタイル模様《パターン》に目を凝らし、「パターンを見なくちゃ」と独りごとをつぶやきながら目を覚ましたのです。ジリーは新しい生活パターンを見つけ、古いパターンを変えなくてはと強く感じていたのでした。彼女は、この男女は自分の男性的な面と女性的な面であり、手術を体による裏切りの印と見なして怒りを覚えているのだろうととらえました。手術後に襲われる夢を見る女性は数多くいます。これは、手術によって侵害されたり傷つけられたという思いを象徴しているのです。

関連事項

- 英語で「オーブンにパンが入っている《a bun in the oven》」といえば、妊娠しているという意味。オーブンが子宮を表しています。
- 「借り腹《rented womb》」は代理出産、すなわち受胎や妊娠が無理な女性のために、合意の上で代理の女性が自分の子宮で胎児を育むこと。

膣 (Vagina)

膣の夢にはセクシャリティや生殖、秘められた可能性などが象徴されています。膣は体の中に隠されているため、「箱」「戸棚の引き出し」「宝石箱」などの形で表されます。

ちょうど排卵時に鮮明な夢を見るようです。排卵時は実生活でも普段に増してクリエィティブになるので、関係があるのだと思います。

以下の女性は夢のタイプと特徴を排卵に結びつけています。

排卵時には、自分が妊娠する、子供を産む、すでに子供がいるという夢を繰り返し見るようです。これは生理周期に関する不安を反映しているのではないかと思います。この種の夢はとても強烈なので、目を覚ました後もショックが残ります。

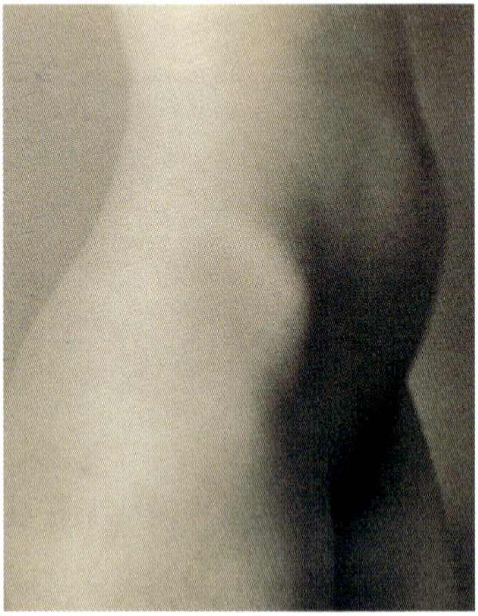

夢を記録する際は、生理周期についても詳しく書き添えてみましょう。後で夢の日記をチェックし、排卵時のホルモン変化が夢のテーマにどう影響しているかを検討して下さい。

関連事項

- 「歯のある膣」は、口と膣には性的な意味を含む象徴的結びつきがあるという観念を表すもの。この歯は、性交時に膣に挿入するとペニスが損なわれるという男性の恐怖心に関連しています。

ペニス(Penis)

ペニスは不要物の排泄と、性行為に結びつけられます。父権社会では、ある時は公然と、またある時は密かに、男根が崇拝されてきました。貫通する力を表すこともよくあります。

初期のグノーシス的キリスト教では、ペニスを「生命の木」と呼んで崇拝していました。

射精が行われる「夢精」は、少年が性交を持つ前から起こります。こういう夢は体が「準備を整える」のに役立つとともに、性的発達の一部でもあります。同様に、少女も性的関係を結ぶ前にオーガズムや性的興奮を伴う夢を見ることがあります。

精液は新しい生命の種です。精液が夢に登場したら、あなたにとっての新しい始まりを象徴しているとも考えられます。生殖能力と妊娠に関する不安が関連していることもあります。「こぼれる種」は無駄と損失を象徴します。

「コック《cock》」はペニスを表す俗語です。「雄鶏＝コック《cock》」(参照→P.285)の夢を見たら、性的な意味合いがあるのでは？

夢の中で象徴的に男性の役割を負う女性もいます。以下はそんな夢の一部です。

　夢の中ではペニスがついていました。
　どういうわけか、
　驚きませんでした。

この夢を見た女性は性が転換しても全く違和感を感じず、その感覚を楽しんでいました。

関連事項

- 「プリック《prick》」はやはりペニスを表す言葉。「つつかれた＝プリックト《pricked》」夢を見たら、ペニスを表しているのでは？

血液(Blood)

血は生命の本質であり、生命を維持するものです。血が失われたら私たちは死んでしまいます。血がこぼれたり、傷ついた体から流れ出た血が大地を染める夢を見ることがあるかもしれません。出血する夢を見たら、現在の環境のせいで生命力が損なわれていると感じていないか自問してみましょう。

剣闘士は古代ローマ社会で特別な地位を得ていました。それは戦いで発揮する残忍さだけが理由ではありません。剣闘士の血はヒーリングや性欲を亢進する力を持つと信じられていたのです。女性の剣闘士は戦いに臨む際、アマゾン部族の衣装を身につけました。

中東では、多産を願っていけにえにした羊などの血を花嫁がまたぐ習慣がありました。生理が始まる前に、血の夢を見る女性も多いようです。この場合の夢は暴力的なものが多く、ナイフや鋭利なものがよく出てきます。おそらく子宮の収縮が原因で、その痛みが傷を負うという形になって夢に現れるのでしょう。

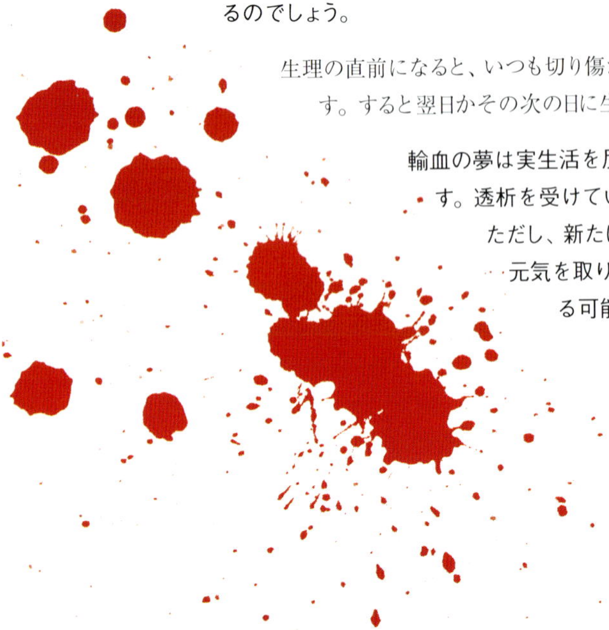

生理の直前になると、いつも切り傷から血が流れる夢を見ます。すると翌日かその次の日に生理が始まるんです。

輸血の夢は実生活を反映していることがあります。透析を受けているケースもその例です。ただし、新たにエネルギーを取り入れ、元気を取り戻す必要性を意味している可能性もあります。

骨 (Skelton)

骨は体を支える基本構造で、夢ではよく死の運命と結びつけられます。骨があることで死と腐食が象徴されます。仏教の瞑想用の部屋には時に骸骨がかけられ、瞑想者に生命が永遠ではないことを思い起こさせます。

アンクーはブルターニュ（フランス）地方で信じられている死神で、長身痩躯の男か骸骨の姿で表され、大鎌を手に、つばの広い帽子で顔を隠しています。その馬車には小石が山と積まれ、新しい魂が手に入るたびに石が車外に投じられます。石がカタカタと揺れる音は間近に迫る死を象徴しているのです。骸骨はマヤの死と地獄の神とも結びつけられます。

英国では、墓から回収した骨をおさめる納骨堂という場所がありました。この慣習は1650年頃に永代の墓が導入されるまで続いていました。

骨の夢は「一番の骨子」に至る、すなわち外面を超えて問題の根本に到達することを象徴している可能性があります。誰かに英語で「ふっかける骨がある《I've got a bone to pick with you》」といわれたら、それはあなたから大変な迷惑を受けていることを伝えたがっているのです。

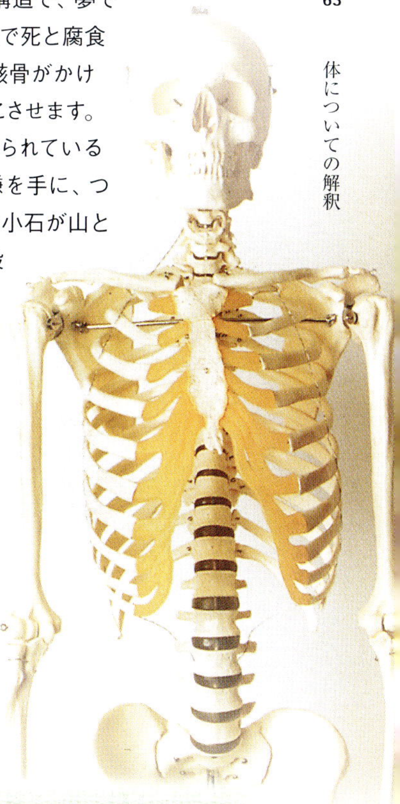

関連事項

- 「骨までしみ込んで」とは、何かが本質的な性質として備わっていること。
- 英語で「争いの骨《bone of contention》」といえば、論点、すなわち議論の対象のこと。
- 「骨身を惜しまず努力する」は、技術や知識に磨きをかけること。

身の回りの人との関係はとても大切です。家族、友人、恋人、同僚、その全ての人が、あなたの人生に広がりと深みを与える役割を果たしています。夢は水面下で何が起きているかを明かし、表面的な関係を踏み越えて、人との根本的な結びつきを見極めることを可能にしてくれます。また、あなたにとって大切な人を思い出させ、再び連絡を取るよう後押しすることもあります。至福の喜びから絶望の底に至るまで、誰かとの関係は私たちの感情を極限まで揺り動かします。そして、相手の死という終局を私たちにつきつけます。

第4章

近しい人たちがこの世を去る夢を見ました。私は1人取り残され、遺品などを整理しているのです。

こんな夢を見るといい気持ちはしませんが、実は準備を促す役目を果たしています。私たちが将来味わうであろう深い悲しみを経験させ、手遅れになる前に、愛する相手にその思いの丈を伝えるよう催促しているとも取れるのです。

離婚後、別れた相手が死ぬ夢を見る場合があります。これは結婚生活という協調関係が「死」を迎えたことの象徴なのです。このように夢の内容がどんなものであっても、自ら受容と回復のプロセスを構築するのに役立てることができます。どうすれば苦しみがやわらぐか、夢がきっと教え導いてくれるでしょう。

身の回りの人々

身の回りの人々

私は学校の廊下を歩いていました。2人の清掃係が壁を洗っています。私は首を傾げ、頭の高さまでしか掃除していないといいました。「ええ」と彼らはいいました。「頭《head》は超えられないってわかってるでしょう」

私たちは誰でも、日々の経験から生まれる自分だけのシンボルを持っています。夢の本質部分は、主にこの個人的な経験に基づいています。前記の体験談は、私自身が見た夢の一例です。

かなり以前、私は英国で学校の荒廃を緩和・防止する教師のグループを率いていました。ところがある校長《head》が自分の学校内の深刻な問題を認めようとせず、意図的にかそれとも能力がなかったのか、有害な慣行が改められることはなかったのです。私はこの問題を公表すべく、ある重要な会議に向けて報告書を書かざるを得ませんでした。会議に先立って報告書を回覧したところ、数時間もしないうちに私は教育長補佐のところに呼び出され、報告書を取り下げるよう命じられたのです。「しかし、内容は全て真実です」と私は答えました。すると「問題はそこではない」という返事がかえってきました。「君が書いた内容が事実であることは疑わない。しかし、校長《head》を差し置いての越権は許されない」

当時、私にとって頭《head》が何を象徴していたががおわかりいただけたでしょう。

夢は誰でも見るもので、生命とは分かちがたく結びついています。夢を見ない状態はすなわち、死にほかならないからです。夢に登場する人々や場所には、それぞれの文化や環境が表れているはずです。戦場にいる兵士は戦争の夢を見ますし、いじめを受けている子供は怪物が追いかけてくる夢を見ます。母親は子供を、作家は小説の筋を夢に見ます。

私たちは夢を見ながら過去の経験を追体験し、消化し、自分のものにします。そして人生に登場した人々を理解するに至るのです。この過程を経つつ、私たちは精神的に豊かになっていきます。人間が夢に表れる理由を積極的に追及すれば、特に自らを耕すことになります。なぜその人が自分の夢に現れたかを自問してみて下さい。その時の生活で、その相手は何を表していますか？

夢はあなたの記憶や幼児期からの経験が全て保管されている倉庫の鍵です。あなたにとって少しでも意味があれば、どんな人でも夢に登場する可能性があります。だからこそ、なぜその人が現れたか、周辺状況との関連を明らかにして理解する必要があるのです。以下のページで説明していきますが、人の担っている役割も夢のメッセージを読み解く手がかりとなるはずです。

下　教師の夢は、あなたにとって新たな学びを暗示することも。

母親(Mother)

たった1人の小さな子供が母親を作る

アン・スティーブンソン:『娘の詩』

夢の女性は本人の女性的な面と、母性的な面、すなわち母親の元型を表します。元型的な母親はすさまじいまでの力――生と死を司る力を持っています。母親が庇護し、世話をしなければ、身を守る術のない子供は死んでしまうでしょう。母と子の関係は本質的に生と死に関わるものなので、夢には実に様々な母親のイメージが登場します。イメージには、意地悪な魔女・養母・途方に暮れた哀れな魂・傲慢な保護者などがあります。夢に登場するのは地母神かもしれませんし、実際の母親か、母親となった自分かもしれません。いずれであっても、そこからこの重大な関係を検討してみて下さい。以下の女性は、自分の子供だけではなく、世界中の全ての子供を引き受けねばなりませんでした。

私は世界が破滅する前に、子供たち、しかも全ての子供たちを安全な場所に集めねばなりませんでした。破滅は目の前に迫っているのに、誰も信じてくれないのです。

関連事項

- 母親の世話を求めている?世話を焼かれ、愛情をかけられる必要がある?
- 過干渉または過保護だと感じているのでは?
- 母親としての責任を重荷に思っているのでは?
- 自分の子供と一緒に楽しむ特権と、子供の世話をする特権を夢が表している?

父親(Father)

父親との関係はとても重要です。父親は権威と保護を象徴しています。大人になるまで一緒に過ごしたのが、血のつながった父親・養父・父親役、その誰であっても、きずなのいかんに影響を受けているはずです。私たちは成長するにしたがって両親も完璧ではないことを知ります。夢の中では、この気づきがショックとして現れる場合があります。

幼児向け絵本のイラストレーター、ケイト・グリーナウェイは、子供の頃に大好きな父親が亡くなって以来、繰り返し悲しい夢を見ました。夢に父親が現れても、彼女がそちらを見ると父親の顔が別の人の顔に変わってしまうのです。必死で違う顔をはぎとろうとしますが、はいでもはいでも別の顔が現れ、とうとう泣きながら目を覚ますのでした。彼女は夢の中で、死んだ父親を取り戻そうとし続けていたのです。

誰かの死後、悲しみをまぎらわすような夢を見るケースがあります。以下の夢のその例です。

> 父が家に帰ってきて、また一緒に暮らす夢を見ました。父は微笑んでいて、とても上機嫌でした。

これは、夢を見た本人にないものを穴埋めしているのです。また、昔と変わらない姿の誰かや自分に引き合わせてくれる夢もあります。

> 私の父は壊疽のために脚を切断したのですが、夢では決まって手術前の姿のままなのです。

姉妹(Sister)

夢に現れる姉妹は、実際の姉妹か女性の友人を暗示しています。きょうだい間の抗争が原因となって、競争や攻撃の夢を見ることがあります。

私が車に乗ると姉も乗り込んできました。2人でいい争っていると、私の髪を引っ張り始めます。姉は私に対して好き放題なのですが、私のほうは何もできません。両親が許さないのです——それに姉を止めようともしません。

無視されたり無防備なままにおかれるこの手の夢では、注意を引きたい、守って欲しい、認められたいという幼児期の願望が浮き彫りになります。

子供の頃、私の教室にやってきた妹に激怒する夢を見ました。

これに類似する夢を見たら、今なお過去の問題を解決しようとしているのかもしれません。もしくは、現在の関係に同様のあつれきが存在する可能性もあります。

ベルファーストの家で、姉と同じベッドで寝ている夢をよく見ました。道路をならす大きな蒸気ローラーが私たちに向かってきますが、姉を起こすことができないのです。

ここには強い責任感が見て取れます。ただしこの夢は、姉が時々平らに押しつぶされるのも悪くないという思いを隠蔽している可能性があります。姉妹が一致協力して両親に立ち向かったり、家庭外でおこる争いごとで互いに助け合う夢もあります。

兄弟(Brother)

きょうだい間の抗争に加え、兄弟に関する夢は、相手の面倒を見たり、親のように責任を持つ役割と関連づけられることが多いようです。ただしそれが失敗する恐れや、何か間違いが生じると責められるという思いも伴っているため、以下のように奇妙な夢が生じます。

> 弟が赤く小さい雌鶏になった夢を見ました。私はその雌鶏を追いかけて道路を走っていくのです。

これはジョンと弟が農場に住んでいた子供時代のフラッシュバックです。ジョンは兄として、ちょこまかと予想のつかない行動に出る弟のお守りをしなくてはと絶えず感じていたのです。

兄弟姉妹間のけんかはありふれたことです。この愛憎が相半ばする関係は、けんかやいじめ、口論などの夢として現れますが、以下のように、時にはずいぶんと過激な夢になることもあります。

> 兄弟が私を一晩中リビングルームに閉じこめる夢を見ました。灯りのスイッチもドアも姿を消してしまい、私は出る術もないまま真っ暗闇の中に取り残されました。

他には兄弟でかばい合う夢を見ることがあります。これは体験を共有する親密な関係を暗示します。

> 私と兄弟はロッキー山脈の中で追われていました。とうとう私は崖から落ちました。落下中、どうか天国へ行けますようにと祈るのが精一杯でした。

おじ(Uncle)

おじにも父親の権威が多少備わっていますが、父親に比べて距離があるため、いくらか自由がきく関係です。それでもやはり結束し助け合う家族の一員であるため、その結びつきの点が夢で強調される場合があります。

> 私が自分の家族についてどう感じているか、それを解き明かす鍵が夢にありそうだと思います。でも、もっと楽しくて、不快な思いをしない夢だったらいいのですが。

家族の誰かが登場する不快な夢を見たら、その相手との関係に問題がないか自問してみましょう。変えたい点はありますか？　何か解決すべき点は？

女性が見る夢の場合、男性の登場人物が男性的エネルギーを表している例が多いものです。夢に出てきたおじの振る舞いやその力の程度に加え、あなたが必要なものを持っていないかどうかを考えてみて下さい。彼の特徴の中に、もっとバランスのよい生活にするために利用できる何かがありませんでしたか？

関連事項

- 英語で「アンクル・サム《Uncle Sam》」とは、米国政府を表す俗語。

おば(Aunt)

父親か母親の姉妹、もしくはおじの妻であるおばにも家族としての結びつきがあり、あなたの生活を左右する可能性を持っています。また、おばは母親ほど厳しくない、2番目の母親的存在であることも多いものです。以下の夢は本人のおばの家が舞台になっています。

思春期の頃、セックスに関する様々な夢を見ました。ある夢では、私はおばの家にいて、男性、時には女性と性交渉を持とうとしていました。
クッキーをつまんだり紅茶を飲んだりしながら叔母に気づかれないままセックスに成功することもあれば、邪魔が入って思いを遂げられないこともありました。

この女性の場合、自宅では心理的な抵抗があったため、夢で場面を変えてセクシャリティを探究したのでしょう。

関連事項

◎英語で「サリーおばさん《Aunt Sally》」といえば、お祭り広場などでものをぶつける遊びの的に使われる老女の頭像。現在では、特に誰かに仕組まれて不当な非難の的になった人のこと。

祖父(Grandfather)

祖父は、家族の生活が受け継がれていくことを感じさせる存在です。私たちと過去をつなぐ血のつながりの一部であり、父親が十分に面倒を見てやれない子供にとっては父親代わりともなります。祖母と同様、昔から祖父は両親よりも過保護でよく孫の世話を焼き、甘やかしがちとされています。

祖父には家族の伝統の守護者という役割があるため、新しい変化を嫌うことがあります。祖父との争いを夢に見たら、あなた自身に関するものか、それとも異なる世代間のあつれきを象徴しているのかを考えてみて下さい。

中国の信仰では、祖霊信仰が重要な位置を占めています。人々は定期的に墓参りをして故人に敬意を表します。また住まいの中に社《やしろ》を作り、亡くなった親族を祀ることもあります。祖父はとりわけ敬慕されるので、祖父が現れた夢は特別な吉兆だとされます。

祖父が亡くなった時、私は祖父がおやすみ、と別れのあいさつを告げに来る夢を見ました。

関連事項

- 行き先を導いてくれる年輩者の知恵が必要なのでは?
- 祖父が存命なら、祖父のもとを訪れるよう夢が促しているのでは?

祖母(Grandmother)

母娘という母系の血筋が夢に現れ、体の弱った祖父母に対してともに責任を負わねばという気持ちが示されることがあります。以下の夢はその例です。

> 祖母(88歳)がベッドに横たわっている夢を見ました。母と私で祖母の体をきれいにしています。祖母は服を着てはいるのですが、それが汚れているのです。

遠い昔から女性がそうしてきたように、母娘は年老いた祖母の世話をします。祖母は聡《さと》い年長者で、死後も夢で帰ってきて私たちを導き、またつらい時を乗り越えられるようそばにいてくれます。夢の祖母がたとえようのない安らぎをもたらすケースは数多くあります。ある女性が繰り返し見た以下の夢もその一例です。

> 私は妊娠7ヶ月です。妊娠が分かってすぐ、祖母の夢を見るようになりました。祖母は3年前に亡くなりましたが、私は相当なおばあちゃん子だったのです。夢の祖母は若々しく、何もいわずにただ笑いかけてくれました。

祖父母は経験に基づく知識をもたらします。また、以下のように夢を見た本人を慰める象徴的存在でもあります。

> 祖母が亡くなった後、よく夢の中で祖母を呼び出しました。祖母は座って私の髪をなで、慰めの言葉をかけてくれました。

娘(Daughter)

子供が生まれると、自分の子供時代に経験した不安がよみがえることがあります。6歳の時に妹(当時4歳)が白血病で亡くなったあるクライアントは、自分の娘もガンで死ぬ嫌な夢を見るようになりました。確かに不快ではありますが、こういう夢は死に関する深い不安感に直面するのを助け、昔の悲しみを認識するのに役立ちます。

> 娘や姉妹と一緒に、子供時代に住んでいたレークディストリクトを散歩する夢を見ました。

夢の娘は、娘が欲しいという願望を暗示することもありますし、小さな女の子の形をとったあなた自身、おそらくは「インナーチャイルド」を表すこともあります。その女の子の年齢はいくつでしょう? たとえば7歳なら、その頃のあなたに起こったことを考えてみて下さい。あなたの生活の中で何か大きなできごとがありませんでしたか? あなた自身の子供が成長するにつれ、忘れていた記憶や関連することがらが再度頭をもたげ、まずは夢に現れることがあります。それをきっかけに昔の体験がよみがえったら注意を。その体験は現在のあなたの状態と照らし合わせて再検討・再評価する必要があるかもしれません。

関連事項

- あなたのもとに来た夢の娘を受け入れることができますか?

息子(Son)

イエスが語ったたとえ話に、放蕩息子の物語があります。ある反抗的な息子が家を出て、好き勝手をしたあげく父親のもとに戻ります。父は「肥えた子牛」をほふってそんな息子を迎え入れます。この息子とその生真面目な兄は、それでもなおきょうだい間の抗争を止めません。あなたの夢に出てきた息子は、この手のいさかいに関係がありませんか？

生まれたばかりの赤ちゃんを「無視する」夢は、成長した子供たちにいちいち気をもむべきではないという気づきを与えてくれました。

子供を心配するのは当然ですし、健康上の不安があれば心配に拍車がかかることもよくあります。てんかんの持病がある20歳の息子を持つ母親は、ある夜以下のような夢を見ました。

息子がルルドの洞窟にいる夢を見ました。息子が生まれる4年前に亡くなった私の母が息子の看病をしています。母が息子を連れて行きたい様子がうかがえましたが、行く先はわかりません。私は、息子の面倒を見るべきなのは私なのだから、どうか私のもとに置いていってほしいと懇願しました。

この女性は、もし母親に同意すれば息子を失うだろうと思ったのです。彼は2年後に亡くなりましたが、女性はともに年月を過ごせたことを幸せに思いました。

夫(Husband)

夫が現れる夢は、日常生活の喜びや苦しみに関連するか、隠れた葛藤を示しているのが普通です。結婚の喜びが薄れて夫婦の仲がうまくいかなくなると、夢はこの変化をドラマティックに表現します。

結婚生活が破綻し始めた時、ジャガイモにウジ虫がわく夢を繰り返し見ました。

ウジ虫は他の女性によって結婚生活が侵食されたことを象徴します。この女性は、彼女が夫とともに築いてきた関係を食い荒らしていたのです。主食でもある普通のジャガイモはごくありふれたもので、夢を見た本人が自分の結婚生活に抱いていたイメージそのものです。ところがジャガイモは腐ってしまったのでした。

夫に出会う前は、色々な男性と素敵なセックスをする夢をよく見ました。ところが結婚したとたんにそんな夢は見なくなりました。もう必要がなくなったからです。

夢の世界では過去や未来など現在以外の時間に入れます。病気やけがで手足を失ったり、脳卒中などの後遺症で体が思い通りに動かなくなったりした人の多くが、健康体を取り戻した夢を見ます。同様に、配偶者や家族も五体満足であった時の当人の夢を見ます。

夫やパートナーとの仲がむつまじい場合、同じ夜に同じテーマの夢を見ることもあります。

夫と私が同じ夜にそっくりの夢を見たことが何回かありました。

妻 (Wife)

ほとんどの女性は近しい関係をテーマにした夢を見ます。妻ならば夫や子供が夢に登場します。時に女性は結婚する夢、つまり結婚式とそのパーティの夢を見ますが、「妻」になった夢はあまり見ません。ところが「愛人」の立場だと、夢の内容も変わってきます。

結婚している男性と関係を持っていた時、奥さんに会う夢をよく見ました。

　この夢は秘密の関係に抱いている不安を浮き彫りにしています。この夢によって、本人は愛人である男性との連絡をいっそう取りづらくなりました。

　「女房」はあらゆる女性を指す古めかしい表現でもあります。したがって「女房の務め」という言葉が夢に現れたら、伝統的な女性の役割を指しているとも考えられます。

　夫婦が性的満足を求めて相手を交換する「スワッピング」の夢は、別の相手を求める願望か、性生活に刺激を望む期待を反映しているのかもしれません。夢に知っているカップルが登場したら、どちらかの相手に魅力を感じていないかどうか考えてみて下さい。ただし夢には検閲システムがないのですから、現実性のない奔放な話が夢に出てきたからといって、実生活でその通りを実行に移す必要がないのは当然のことです。

友人(Friend)

「友人は、家族の埋め合わせをするために神が我々に与えたもうたもの」という格言があります。一般的には当てはまらないかもしれませんが、ここには友人がいかに大切かが説かれています。友人はそばにいて苦境にある私たちを支え、至福の時はともに喜んでくれます。とはいえ、友人に遠慮してしまうこともあります。私のクライアントである女性は、友人たちと一緒にいる夢を見ました。女性が泣いていても友人は誰も気づかず、普通に話しかけ続けるのです。彼女は夢について考えました。そして、実生活で感じているさびしさを隠すよりも、本当の気持ちをうち明けるべきだと気づいたのです。彼女は無理に平気なふりをするのをやめ、大切な友人にありのままの素顔を見せる必要があったのでした。

誰かといさかいをした時も、どうすべきか夢がヒントをくれることがあります。以下もその例です。

最近、もうつきあいがない相手が出てきて動揺する夢を見ました。でも、ひっかかっていたことを夢の中で十分に話し合い、ほっとした気持ちで目を覚ましました。

関連事項

- 「天気がよい時だけの友《fair-weather friend》」——都合のよい時だけ寄ってきて、助けて欲しい時はあてにならない友人がいませんか？
- 「まさかのときの友こそ真の友」——あなたの助けを求めている友人がいるのでは？　手を差し伸べてあげられますか？

恋人 (Lover)

夢の中の恋人は、実際のパートナーかもしれませんし、自分の理想、つまり願望を満たしてくれるパートナーかもしれません。満足のいかない現実の状況を埋め合わせる人物の可能性もあります。

昔のボーイフレンドとシーワールドに行く夢を見ました。2人で息を止めて水中のプールを泳ぎ、前進してその場を去りました。それからグラスゴーのカフェに戻り、大勢の人の目の前で体を拭いています。彼がつまらない休日だったね、といったので、私はずいぶん長く息を止めなくちゃならなかったものね、と答えました。

この夢からは、恋人との関係がけじめなく長く続いていたことがわかります。2人は何らかの前進が起こることを願って息を殺しているような状態だったのです。「シーワールド」という名称は、元恋人が旅行に出て「世間を知ろう＝シー・ザ・ワールド《see the world》」と決めた時に関係が終わった事実に結びつけられるごろ合わせです。また、きわめて公の場所で「さらされている」点に心細さを見出すことができます。恋愛関係に終止符が打たれた時は誰でも心許なく無防備に感じるものです。あなたも恋人と夢について話し合ってみて下さい。とても有益なはずです。

最近、恋人との関係に悩んでいました。そんな時、彼が出てくる夢を見たのです。そこで2人で夢について話し合いました。するとお互いに抱いていた不安が明らかになり、それをきっかけにむつまじい仲に戻ることができました。

隣人(Neighbor)

英語には「垣根がよい隣人を作る」という言葉があります。つまり、どこが境界かを心得ていれば良好な関係を保てるということです。ご近所に恵まれれば家にいても安心ですし、何かとうまくいかないときも手を差し伸べてくれるでしょう。

> 誰かが戸口に来て、家を出ていけといいました。男が私を脅したので、私は走って隣家に逃げました。

これは本人が夫と別れようとしている時に見た夢です。夫は彼女を脅し、離婚したら家を売却しなければならないと告げました。彼女が苦しみを抱えていたこの時、いつも支えてくれたのが隣人でした。夢が緊急時に駆け込める場所を指しているのは間違いないでしょう。

隣人ともめると不安をかきたてられるような夢を見がちですし、時には激しい葛藤を覚えることもあります。たとえば隣人に不快な思いをさせられる、受け身一方で権利を主張できないなどの夢を頻繁に見る場合、問題解決に向けて何らかの手段(調停など)をとることも必要かもしれません。または毅然とした態度を取って身を守る、積極的に振る舞うといった場面を前もって思い描き、夢の中の行動を変える努力をするのもよいでしょう。

同僚(Colleague)

職場や一緒に働いている人の夢は、日常生活のフィードバックに関連するものと考えてよいでしょう。ただし妙な歪曲がなされていたら深い意味を見逃さないようにして下さい。以下の女性は夢で、愉快ながらもなんとも摩訶不思議な状況に置かれました。

インドの性愛経書「カーマ・スートラ」と、月曜日の朝に会社でもたれるスタッフミーティングが混ざったような夢でした。同僚はみんな東洋風の服装で、乱交パーティに参加しようとしています。でも、結局なんてことない結末でした。夢だというのに相手の顔を見ると触れてはいけないと思ってしまって、騒ぎに参加できなかったのです。

同僚が自分とセクシャルな関わりを持つ役として登場するこの手の夢は、職場における性的な緊張状態を暗示することがあります。誰かがあなたに性的な魅力を感じているか、またはあなたが誰かに惹かれているのかもしれません。ただし、それがかえって仕事と歓楽を隔てる壁を高くすることもあります。

私はある工場で遅番をしていて、10時にならないと仕事が終わりません。その日の仕事の内容にもよりますが、ベッドに入っても、まだ仕事の続きをしている夢を見ます。あまり遅くまで働くせいで神経が興奮しすぎているのでしょう。時にはベッドで上半身を起こしているのに同僚の姿が見えることがあります。そんな時は「今いるのはベッドの中か、それとも職場なのか？　ここはいったいどこなんだ？」と心の中でつぶやきます。

こんな風に混乱するのはストレスのせいでしょう。明らかに作業シフトによって睡眠と夢のパターンが崩れていると思われます。この手の夢を見たら日時を記録しておき、決まったパターンが見い出せないかどうか検討してみましょう。

上司（Boss）

権威の持ち主である上司はリーダーシップを表します。ただし、夢の中で上司が何をしているかによってもかなり違ってきます。夢によっては、組織のトップを象徴する王・女王・大統領・首相などの姿をとることもあります。職場の上司の夢を見たら、解決すべき問題があるか、人間関係に関連があるかもしれません。夢の場面設定について考え、何が象徴されているのかを検討してみましょう。上司を相手に激しい口論をする、または手ひどい暴力を振るう夢を見たら、おそらく職場における極度のストレスか葛藤の印です。こういう夢が繰り返される場合は、そんな風に悩む原因を見つけ出して問題解決をはかるべきでしょう。さもないと実生活の状況も悪化しかねません。

夢を記録して分析したところ、大局から仕事上の問題をとらえるのに役立ちました。また、解決に向けて多少なりとも実際にできることがあると教えられました。

逆にあなたが上司なら、仕事をゆだねるのは複雑な気持ちでしょう。ある女性は、部下に仕事を振り分けたところ業績が飛躍的に伸びた夢を続けて見ました。そこで仕事を任せるシステムを新たに作り、成功を収めたということです。

関連事項

- 「親分風を吹かせる」——周囲に命令を押しつけるばかりで、あまり気を配っていないのでは？
- 「こきつかわれる《bossd around》」——威張り散らされて、不満に思っているのでは？

医師と看護師 (Doctors and Nurses)

昔から医師と看護師はケアとヒーリングに結びつけられます。傷に包帯を巻くシンプルなケアから末期患者のための苦痛緩和治療に至るまで、看護師は患者が病気と歩む行程につき添います。看護師の夢はいたわられたいという願望を象徴しているか、本人が世話をする役割を担っていることを示しています。

看護師が見る夢は仕事に影響を受けていることもありますし、看護学生だった時の不安が反映されることもあります。ある看護師は、最終試験を受ける直前に見たこんな夢を語ってくれました。

> 私は墓場にいました。墓石という墓石が全部持ち上がって、バラバラになった死体が追いかけてくるんです。

以下は、全ての薬が有益とは限らないという不安を表す夢です。

> 医師から処方箋を渡される夢を見ました。でも、私はそれが毒だと確信していたので、もらうふりをしながらも受け取りませんでした。

この人の場合、この辺で別の医師にかかるほうがよいかもしれません。

関連事項

◎健康診断を受けたほうがよいという夢による暗示では？

◎夢に登場した医師からアドバイスを受けましたか？　受けた場合、現在の生活のどんな点と関連がありますか？

警官(Police)

警官は権力と規制を象徴します。また法の執行者であり、規則の擁護者でもあるため、文化と社会に拘束されている状態を表しています。夢の警官の行動から、何を強制されているのかが明確に読みとれるはずです。どんな状況でしたか？　逮捕または尋問されましたか、それとも型どおりの車の検問でしたか？　交通整理をしている警官から一番よい道を示されませんでしたか？　警官は、傲慢・高圧的・冷静・親切、どんな態度でしたか？

以下の夢には、父親の権威が失墜した様子を見て取ることができます。象徴的な制服は、もはやかつての格式や威圧感を失っています。

> 警官の制服を身につけた父に会う夢を見ました。制服はほこりまみれ、その上父は疲れている様子で、精も根も尽きたという感じでした。

昔の中国では、司法官の任を受けると寺院で眠り、優れた法の奉仕者になるための指南を受けるのが習慣でした。この夢のインキュベーション儀式（参照→P.25）からも、夢の力が重んじられ、社会を維持するために使われていたことがわかります。

関連事項

- 「警官」に見つかったら面倒なことになりかねない状況に不安を感じているのでは？
- 誰か近しい人を「監視下に置く《police》」必要があるのでは？

消防士(Firefighter)

2001年9月11日、ニューヨークで世界貿易センターのツインタワーが破壊された時から、消防士は英雄的な存在になりました。凄惨を極める現場で多くの人々を助け出そうとする行為によって、彼らは名実ともにヒーローとなったのです。消防士の夢を見たら、こういうヒーロー的な要素が関連しているのでは?

火事の夢は「火のように怒る」または「あぶり出される」ような感情を暗示することがあります。おそらく隠れたストレスがあるのでしょう。放火または自分に火をつける夢は深い苦悩を示している可能性があります。何を一番破壊したいのか、ぜひ自問してみて下さい。消防士が来て火を消したりあなたを助けたりしてくれたら、その消防士が実生活の誰を表しているのか考えてみましょう。苦境にある時に助けを求められる、または手を差し伸べてくれる人は誰ですか?

消防士は「極限の危機に直面し、生き延びた《walk through fire》」人を指します。象徴的にいうと、悲惨な状況に直面したか、またはこれから直面するとわかっていながら希望に満ちている人なら誰でも当てはまります。

関連事項

- 病気や「火のように激しい」人間関係が原因の苦境が目の前に立ちはだかっているのでは?
- 火が立たないように、状況を沈静化させる必要があるのでは?

店主(Shopkeeper)

スーパーマーケットでも、角の店でも、店主は商売としてお金と引き替えに商品を渡します。店主の夢を解釈する場合、店の種類が大きく関わってきます。

欲しいものは何でも手に入り、しかもお金がいらない店の夢を見ました。

懐がさびしい時、この手の願望充足夢によって気持ちをまぎらわすことがあります。

関連事項

- 金物屋――何かを作ったり直したりする正しい方法についてアドバイスを受けているのでは？　実生活のプロジェクトに関係がありませんか？
- 洋服店――イメージチェンジをしたかあるいはしたいと思っているのでは？
- 青果店――どんな果物や野菜が売られていましたか？　それらを取り入れて、もっとバランスの取れた食生活にする必要があるのでは？
- 不動産業者――家やマンションを買おうと思っているのでは？　そろそろよりよい環境に引っ越す時期なのでは？
- リカーショップ――祝いごとにお酒を買う予定があるのでは？　飲酒量に不安を抱いているのでは？

教師(Teacher)

教師や教官、講師、指導者などは導きが必要な時に夢に現れます。学校や大学で過去に教えを受けた実在の人物の場合もありますし、象徴的人物の場合もあります。

夢のインキュベーションテクニックを用いて教師に指導を請うこともできます。ただし、辛抱強く待たねばならないかもしれません。もちろん古代ギリシャのように特別な場所に行く必要はなく、いつもの寝室でインキュベーションを行うことができます。眠りにつく前に、難関を切り抜けるための助言を請います。この時、知りたいことを具体的に決め、夢の日記に質問を書き記します。目を覚ましたらすぐに夢を書き留めましょう。夢を通してあなたの内なるガイドや教師から問題解決のためのインスピレーションが授けられたことに気づくはずです。これは今でも「夢のインキュベーション」と呼ばれています。

あなた自身が教師なら、教え子の夢や学校・大学の夢を見ることがあるでしょう。新学期の始まりに嫌な夢を見ることも珍しくありません。これは新学期の前途を懸念したり、教える能力を失ってはいないかと案じたりする気持ちのなせるわざです。

学校で受け持つクラスが完全に学級崩壊状態になり、全く騒ぎを静められない夢を見ました。

関連事項

- 「説教する《teach someone a lesson》」――誰かにつらくあたって苦境に陥れていませんか?
- 英語で「おばあさんに卵の吸いかたを教える《teach one's grandmother to suck eggs》」といえば、いわゆる「釈迦に説法」のこと。相手が既に知っていることを教えようとしているのでは? または、余計な世話を焼いていませんか?

兵士(Soldier)

戦闘地帯に赴く兵士になった夢を見る女性もいます。以下はある女性が見た夢です。女性は、松《pine》の林《woods》を抜けたところで敵より先行していることを知って安堵します。その時胸の一部が濡れているのに気づき、撃たれたのを知りますが、恐怖は覚えませんでした。この夢は、本人が「危機を逃れた《out of the woods》」、つまり邪魔のないひらけた場所に出たと感じている状況に関連があるようです。しかし、実は心のどこかで無防備なままであることを知っています。感情はコントロールできていますが、それでもなお「何か」または「誰か」を「恋しがって《pine》」いるようです。

> 私は自宅にいますが、とても緊張した雰囲気です。通りには人影がありません。私は1人で軍隊から身を隠しています。と、軍隊が押し入ってきて、家が戦場になりました。自室に逃げ込むと弟が現れ、ドアに鍵をかけて軍隊を入れまいとしますが、力ではとてもかないません。私は窓を開けて飛び降ります――弟はついてきません――そして隠れ場所を探しながら通りを走っていきます。

この場合、戦場が家庭における人間関係の問題を象徴しています。現在、あなただけの戦争をしているのではありませんか？

見張り(Guard)

見張り役といえば普通は牢の看守と結びつけられますが、ボディガードや店の警備員も含まれます。儀仗兵《ぎじょうへい》(儀礼や警護のために国賓や要人につける兵隊)も重要な意味を持っています。

> 私は看守と一緒に暗い山腹にいました。クマと見まがうばかりの恐ろしい番犬もいます。何人かの女性が、姿が見えなくなる小石を持てば逃げられると教えてくれました。

この夢を見た女性は、家庭内で身動きが取れない状況にあると感じていました。将来について「真っ暗闇」だと思っていたのです。夢の中で彼女はとうとう脱出し、目を覚ました時も試練をくぐり抜けて生きのびたように感じました。そして、その体験から何とかやっていけそうな自信が湧いたのです。

見張りがいた場所では、何を守っているのでしょうか? 宝物でしょうか、それとも貨幣、秘密、秘密のパーティ? それはあなたの生活の何を象徴していますか? 見張り役は入り口と出口を警護します。つまり見張り役が夢に現れたら、何かへのアクセスを妨げられているように感じている暗示かもしれません。あなたを押し止めているのは誰ですか? 行動に移るのを抑えているのはあなた自身では?

関連事項

- 現在「油断せず見張る」ような状態にあるのでは?
- もしかすると「口を慎まねば《guard your tongue》」ならないのでは?

関連事項

◎現在の状況によって捕らわれているように感じているのでは？

囚人(Prisoner)

囚人になると監禁され、特権を失い、権限を制限され、自由を剥奪されます。裁判官や陪審員による判決を受けて合法的に投獄されるのが普通ですが、社会の異分子である誘拐犯や人質犯に誘拐されて閉じこめられることもあります。とらわれの身になったのがあなたでも、他の誰かでも、夢のメッセージを解釈する際はこういった要素を考慮に入れて下さい。

> 何年も続けて父親の夢を見ました。私はいつも大きな刑務所の門が開くのを待っています。それから父が出てきて、他の人たちと列を作って立っているのですが、私はマシンガンで全員を撃ちまくるのです。

この夢を見た女性のように、夢の中の自分の行動にショックを受ける場合もあるでしょう。この女性は父親ととても仲がよかったため、夢に大変な衝撃を受けていました。この夢は父親がガンでひどく苦しんだあげく2年後に亡くなるまで繰り返されました。彼女は夢の中で、苦痛という牢獄から父親を解放する手助けをしたかったのでしょう。むしろ心優しい行為というべきですが、目覚めている時には罪悪感が先に立ち、とても踏み込んで考えることができなかったのです。

生徒（Student）

生徒は学習者や新入会員、人生の修行に乗り出した人を表します。通っている学校、勉強している内容、教育課程に対する態度などから多くを読み取ることができます。知り合いの誰かを象徴しているかもしれませんし、理解し直すべきあなたの一面を指しているのかもしれません。

ある若い男性は、英国のサッカー選手イアン・ラッシュ《Rush》に追いかけられながら、あてもなくひたすら逃げ回る夢を見ました。彼は大学の1期生として「あたふたと走り回る《rush》」ばかりで何も成し遂げていず、全くゴールに達していないことを自覚しました。ペースを落とし、初めての独立体験に適応すべきだったのです。

大学生向けのワークショップの後、私は繰り返し登場するテーマがあることに気づきました。やはりというべきか、それはロマンティックな出会いに関するものでした。

> 知らない誰かが夢に現れました。目を覚ました時は顔も覚えていませんでしたが、とてもハンサムで、私の望みを全て備えた理想の相手でした。

本人が恋愛をしたいと願っていましたし、夢のポジティブな感覚から多少の安心感や自信を得ていたため、これは願望充足夢といえます。

自分が生徒になった夢は、勉強して新しい資格を取りたいという願望の表れではありませんか？　そうすればキャリアに生かせますか？　その場合、夢を実現するためにどんなことができますか？

歴史上の人物 (Historical Figure)

ヒトラーが登場する夢は珍しくありません。ヒトラーは弾圧と人間的な生活の破壊を象徴しています。究極の支配と束縛のパワーです。あなたの生活に、耐え難い支配の要素がありませんか？　人間的な扱いを受けていない、恐怖におびえている、どうしようもない無力感を覚える、そんな風に感じていませんか？

アブラハム・リンカーン大統領は死の数日前にある夢を見ています。その夢は死のような静寂感で始まり、他の部屋からすすり泣く声が聞こえてきます。リンカーンは何をそんなに嘆き悲しんでいるのかを知ろうと東の間（ホワイトハウスの一室）に入ります。以下、リンカーンはこう語っています。

> そこで私は背筋が寒くなるような驚きに打たれた。目の前に棺台があり、上に遺体が横たわっている・・・顔にはおおいがかけられている。「ホワイトハウスの誰が死んだのだ？」私は将校の1人にたずねた。「大統領です」と彼は答えた。「暗殺者に殺されました！」その時群衆から痛哭の声がどっと上がり、その声で私は目を覚ました。

彼はよほど夢が印象深かったらしく、周囲の人に話しています。しかしせっかくの夢も役に立たず、リンカーンは劇場を訪れた際に暗殺されました。

> ウェールズ皇太子妃ダイアナの夢を見ました。ダイアナ妃は、妃のためにケンジントン宮殿の外に捧げられた幾多の花を微笑みながら見ています。

ダイアナ妃の死によって、世界中が悲しみの渦に巻き込まれました。まだ若年の息子2人を持つ若い女性の死は、とりわけ女性に強い同一視（自分を他のものに対し無意識に投影すること）を引き起こしました。このように、神話化されるような歴史的人物が「普通の」人々の生活に与えた影響も夢には反映されるのです。

政治家(Politician)

政治家は行政や政府、立法に結びつけられる一方で、立場を利用して私利を得る負のイメージとも関連づけられます。汚職や情報操作は、その手腕を悪用することです。夢に登場した政治家が非合法な取引に関係していたら、あなたの生活を左右する権力を持った誰かへの懸念を示しているのでは?

時事がきっかけとなって政界の人物が出てくる夢を見、国内外の問題への関心が反映されることもあります。特定の人物が中心の夢ならば、その人の良否両方の特徴を考え、自分に同じような点がないかどうかを確かめてみて下さい。明と暗の側面、崇高さと影の側面、両方を受け入れるのも、バランスの取れた円満な人格に至るひとつの過程です。

ジュリアス・シーザーの暗殺を警告する夢をカルプルニアが見て以来、シーザーの後継者であるアウグストゥス(西暦14年死去)は夢による予言や警告に並々ならぬ注意を払うようになりました。ある国の国民が友好関係にある国々に関する夢を見たら、市場でその夢を公示すべしという法律を作ったほどです。

関連事項

◎「政治工作」——他の人に支持票を求めているのでは?

◎現在関わっているプロジェクトで、「策略をめぐらし《political》」、聡く巧妙に立ち回る必要があるのでは?

皇族(Royalty)

夢に皇族のメンバーが現れたら、もちろんその本人を示す場合もあれば、権威のある誰かを象徴しているとも考えられます。リーダーとしての皇族は政治的または宗教的権力を暗示しますが、反対に、家督権力の乱用や民主制の対極を意味することもあります。

女王は権力と勢力を持つ女性で、女性としての最高権威者です。したがって人々は女王に助力を訴えます。以下の夢はその一例です。

> エリザベス女王とエドワード王子に謁見を賜りました。私は足がすくんでいます。訪問者の一団が立ち去ったばかりで、女王は休息したいらしく、やや迷惑げです。私は重い病気の妹を助けるため、立派な医師を派遣して欲しいとお願いするつもりだったのです。

強大な力を持つ女王は歴史や伝説の各所に登場します。イシスはエジプトの偉大な女神で、天の女王として知られ、全ての生命はイシスから生まれたとされます。イシスは肥沃さと円熟、自然がもたらすパワーを象徴しています。

王は権力や男性的エネルギー、創造、生産を象徴します。夢の中でもアドバイスや命令を与えることがあるでしょう。王から言葉を受けた場合、そこにはどんなメッセージが込められているでしょうか？

関連事項

◎王の夢を見たら、王に類した特徴を持っていないか、または望んでいないかを自問してみましょう。

見知らぬ人(Stranger)

見知らぬ人はなじみのないものや知らないことがらを象徴します。脅威となることもあれば、新しい世界観を持ち込むこともあります。生活に様々な変化をもたらしたりもします。夢の中では、あなたがあなた自身にとっての赤の他人になる場合も、他人同士を引き合わせるケースもあり得ます。

夢の中で、2人の人に紹介されました。どちらも同じ名前で、それぞれが同一人物の半身なのです。私は2人を引き合わせました。2人が同一人物の半分ずつなのを見て、私は「あなた自身に直面しなさい」といいながら目を覚ましました。

誰かもわからない相手なのに、夢を見た本人が世話をする義務を感じることもあります。

夢の中で山を登らねばならず、見知らぬ人たちと歩いていました。中腹まで来た時に後戻りができないことがわかり、さらに上を目指しました。私は他の人が頂上に登るのを手伝っていますが、急がないと自分が落ちてしまうと気づきました。私は死にものぐるいになって頂上にたどり着きました。

この夢を見た女性は「後退する」、すなわち滑り落ちて自らの足場を失うのを恐れていましたが、それでもなお他の人を優先したのでした。

チャールズ・ディケンズは執筆がはかどるよう毎日午後にうたた寝をしたそうです。彼は夢の中で新しい登場人物が目の前に立ち、最新作のアイディアをくれたと語っています。あなたも夢からひらめきを得られるかもしれません。

普遍的な夢はかつて生きていた人々や、これから生まれる世代に私たちを結びつけてくれます。落ちる、追われる、歯が抜けるなどのテーマは北米でもアフリカでも同様に報告されています。つまり、文化や環境が違っても基本的な夢の型は同じだという証拠です。普遍的なテーマは、自然環境や気候、動物、人間の基本的な状態、そして生と死など生命の営みに結びついているのが普通です。

カール・ユングは夢によって感情的・霊的・知的な潜在力に接触できると信じ、普遍的テーマが彼のいう「集合無意識」から引き出されたものであることを示しました。本章を読むうちに、他の人もあなたと同じ夢を見ていることがわかってくるでしょう。たとえば、夢には広く十字路が現れます。ニューヨーク市でも、英国ののどかな村の真ん中にいても、ボルネオのジャングルでも、2本の道が交わる十字路は必ずあります。十字路は交点――すなわち進路を選ばねばならない交差点を表しているのです。また、墓石や旗には十字がついています。十字は肉体と精神の結合、能動と受動の統合に結びつけられます。

こういう夢を掘り下げる場合は、あなたも人類という複雑なネットワークの一員であり、全ての人と夢を分かち合っていることをお忘れなく。

普遍的な夢

普遍的な夢

悪夢は例外なく役に立つ。何かと気が滅入る時、私は問題を意識的に考えないようにすることがある。ところが悪夢によって、あらゆるものを検討せざるを得なくなる——とにかく何らかの対策を講じ終わるまで悪夢は止まないのだ。

私たち人間が共有する経験は、実に様々な形で姿を現します。子供はよく普遍的イメージを表す絵を描きますが、本人はそれが何かを説明することもできませんし、過去に目にした可能性も全くありません。ところがはるか遠くに住む子供がなぜかその絵を説明できる、そんなことがあるのです。登場するのが絵か夢かを問わず、こういうイメージの存在は集合無意識の概念をいっそう裏づけるものです。たとえば私が著書『Children Dreaming』のリサーチを行っていた時、ヴィッキという女の子がこんな夢を話してくれました。

> 今まで見た夢で一番楽しかったのは、庭にいた夢。明るいお日さまが照ってた。門が見えたからそこを通ると、とても年を取ったおじいさんがいて、「戻りなさい——ここに来るにはまだ早い。おまえには寿命がある」といったの。

ビッキは戻りたくないと思いました。様々な文化圏で数多くの人々が類似した夢を報告し、似たような臨死体験を経験していますが、場所の違いはさておき、その人たちも戻りたくないと感じています。また、普遍的な結びつきにアクセスする能力は誰もが備えているように思われます。元型的シンボルとしての老賢者はあらゆる文化でなじみ深いもの

左　恐ろしい悪夢は「目を覚ませ」という呼びかけ。覚醒時に否定している不安に対して警戒を促す。

だからです。

トラウマ（精神的外傷）が夢に大きな影響を与えるのは例外のない事実です。深刻な外傷後ストレス障害（PTSD）では繰り返し悪夢を見て、原因となったできごとを追体験することを余儀なくされます。こういう悪夢は鮮明で恐怖をかきたて、動悸や発汗など身体的な強い反応を引き起こします。経験者は、覚醒時のどんな体験ともPTSD夢は違うと述べています。不意に恐怖にかられて目を覚ました後も、恐ろしい悪夢がまとわりついて離れないのです。

第一次世界大戦中に英軍医療部隊で軍医を務めていた英国の医師、W.H.リバーズ大尉（1864-1922）は有名な人類学者でもありました。戦時中、リバーズは夢の解釈が当時の「砲弾ショック」、すなわち現在PTSDとして知られる症状に苦しむ兵士の回復に極めて有効であることを確信するようになりました。当時、彼は「夢の心理学がその価値を認められず、大学における心理学教育課程に含められない」ことに激怒したそうです

リバーズ医師は、夢は実生活で私たちが遭遇する困難を、夢の言葉に置き換えてつきつけると指摘しています。また彼はスコットランドのクレーグロックハート精神病院で砲弾ショックを起こしている患者の治療にあたりました。患者たちはあまりに悲惨な内容の夢を見るので、嘔吐しながら目を覚ますほどでした。詩人のシーグフリード・サスーンも胸が悪くなるような悪夢を見ていましたが、リバーズが精神分析医シグムンド・フロイトの「会話療法」を施すと症状が軽快しました。この治療法では患者が夢や夢に伴う感情を語ります。患者は語ることで、日常生活が困難になるほど自らの心身を傷つけた実際の問題に直面し、乗り越えるための足がかりを得るのです。

狩り（Chase）

英国で「チェイス《chase》」といえば動物の狩猟、普通はキツネ狩りを指します。たとえばカノック・チェイスなど、狩猟が行われていたために地名にチェイスがついた場所も数多くあります。狩りの夢を見たら、「狩り立てられている」ように感じなかったかどうか考えて下さい。あなたは追跡者側でしたか、それとも獲物の側でしたか？　実生活で被害者意識があると、望んでもいないのに衆目にさらされ、無防備に感じる夢を見たりします。以下は、狩猟の夢を見るたびに決まって狩り立てられる側になる女性の話です。

夢の中の狩りは私が流砂に呑み込まれて終わります。何をしても、どんなに努力しても逃れられません。

流砂《quicksand》によって速やかに幕が下ろされるのは、流砂の動きが速《quick》いからです。この夢は、何らかの力を得て積極的に苦境から抜け出す方法を見つける必要性も暗示しています。おそらく外部に助力を求める必要があるでしょう。何が彼女を追い立てているかはさておき、夢が繰り返されるのは、独力では太刀打ちできないからです。

関連事項

- 英語で「すぐに狩りに取りかかる《cut to the chase》」とは、核心を突くこと。狩りの夢を見たら、迅速な行動を取る必要がある暗示の場合も。
- 英語で「チェイス《chase》」といえば、円筒状の砲身部分の意味も。「爆発する」寸前で、素早く行動に移るか、誰かを的にしている暗示では？

追跡 (Chasing)

追われたり追いつかれたりする夢は、背後からやってくる何かまたは誰かに捕らえられるという原始的な恐怖を呼び覚まします。この種の夢には、正体の分からない男やグループ、動物に追われる場面がよく登場します。男女問わず男性に追いかけられる夢を見ますが、女性に襲われる夢は非常に少ないようです。ただし、日常的に狩りを行う部族では動物に追われる夢が多く見られます。

以下は都会を舞台にした夢です。この女性は夢の中で、様々な要素を含む漠然とした恐怖心につきまとわれています。若者の多くは路上犯罪を意識しており、自分が襲われるのではと不安を抱いています。その不安がこの手の夢でも主要テーマとして表れたのでしょう。とはいっても、この女性は誰かの手が差し伸べられるはずと思っているので、夢でも助けてくれる人物が現れます。ただし「地下に潜って」——すなわち姿を隠さないと追っ手を振りきることはできませんでした。

> 友人とクラブにいると、何かの理由で捕らえられ、殺されそうになりました。逃げても相手は私を追ってきます。捕まっては逃げるを繰り返した後、少年が現れて私を救ってくれ、一緒に地下のトンネルを走って逃げました。

追われる夢が忍び寄る病気を暗示することもあります。以下はその例です。

> 体の調子がすぐれないと、子供時代に返った夢を見ます。アルファベット文字が私を低いレンガ塀に追いつめるんです。でも、塀を乗り越えられたためしがありません。この夢にはサンドペーパーを肌にこすりつけられるような感覚がよく伴います。

サンドペーパーの乾いてザラザラした感覚は、体温の上昇による皮膚の表面の変化を反映しているのでしょう。

関連事項

- 英語で「チェイスト《chaste》」とは純潔のこと。「追われる＝チェイスト《chased》」夢は、これと関連があるのでは？

争いと攻撃(Conflict and Attack)

夢に登場する争いからは、多くの隠された意味が読みとれます。その争いはあなたと誰かのあいだに起こったものですか、家族間、友人間でしょうか？　それとも、あなたが自分自身と戦っているのでしょうか？　争いは、問題が明らかとなって話し合いが行われ、解決に至れば建設的といえるでしょう。しかし、マイナスに働くこともあります。たとえばかたくなな態度を取ったり自分の考えに固執したりして交渉や和解を拒むと、不満を増幅させてしまう恐れがあります。

> 一緒に出かけようと友人に誘われる夢を見ました。私は気が進まなかったのですが、結局出かけ、酔っぱらってしまいました。ビルのあいだに来て回りに誰もいなくなった時、友人が興奮してビール瓶をたたき割り始めました。そして私を攻撃しようとしたところで目が覚めました。

有名な夢の研究家であるハリー・ボスマは、夢の中の攻撃行為について詳細に記しています。彼自ら慢性疲労症候群(CFS)になった時の体験を述べる中で、鮮明な夢と恐ろしい悪夢にしつこく悩まされたと語っています。薬によって睡眠パターンはいくらか整いましたが、攻撃的な夢は止むことなく続いて彼を困らせたそうです。ボスマは自分と類似した症状の人に、自らの恐怖感を直視し、夢がどのように病気を表しているかを検討するようアドバイスしています。病気を受け入れ、回復過程に踏み出すのに役立つでしょう。

関連事項

- 新たなプロジェクトに「猛然と取り組む《attack》」ところでは？
- 覚醒時に対処したくないと思っている不和を夢の争いが表しているのでは？

人質に取られる(Being Held Hostage)

夢の中で人質に取られたら、誰かに支配されているという思いの暗示かもしれません――あなたがやりたいことや、やらねばならないことをはばむ何らかの力があるのでしょう。ほとんどの場合、人質犯は要求をします。政治的な主張への注目や身代金を求めることもあれば、何らかの交換条件をのむよう要求することもあります。この点を現在の生活に結びつけられませんか?

時には夢に登場した人質犯との関係が変わることもあります。たとえば信頼関係が生じ、それによって人質側が連帯感を覚えたりします。

> 私はその場から動けなくなりました。逃げられるとわかっていたのですが、なぜか行きたくなかったのです。

この夢は、本人が当事者である愛憎関係を象徴しているようです。物理的に監禁される場合のほかに、自らの恐怖によって拘束されるケースもあります。以下の夢にはそれが明確に表れています。

> 姉が私の目の前に大きなクモを揺らしていました。私は恐ろしくてたまりません。私がいくら泣いても姉は止めません。

何か恐ろしいものが文字通り鼻先、つまり「目の前」に迫り、彼女を感情に捕らわれた人質にしてしまったのです。

関連事項

◎誰かがあなたの感情を操っていると感じているのでは? その人はあなたに罪悪感を感じさせて、何かを引き出しているのでは?

愛情(Love)

話し合ってもだめなとき、夢が私を後押ししてくれました。エネルギーを結びつけるという点で、夢はどれも愛の作用です…いつも夢への感謝でいっぱいです。

ドウェーン

愛情は人生の欠くべからざる要素で、夢の世界のあらゆる面に形を変えて姿を現します。それは人との結びつきや創造的行為であったり、見事な風景の中を旅していく時の至福感であったりします。私たちが夢のパワーを取り入れる余裕さえ作れば、夢は世界のすばらしさに気づくきっかけとなってくれるのです。

愛は苦痛と忘我の喜びをもたらします。あなたの夢には、無意識の欲望や胸に秘めた情熱、または生活に変化を願う気持ちが明かされているかもしれません。愛について夢が運んできたメッセージに耳を傾け、どうすれば人生を変えられるか考えてみて下さい。愛する相手が傷つけられる夢を見たら、苦痛の原因を探ってみましょう。あなたか、仲間の誰かがダメージを与えていませんか？　愛する誰かが苦しむのを見るのは自分が苦しむよりもつらいときがあります。とりわけ、傷ついたのが自分の子供である時はやるせなさも特別です。

関連事項

◎頑丈なコンクリートを突き破って花が咲いたら、愛はすぐそこであなたを待っています。あなたは愛する心を抑えきれなくなっています。

裏切り(Betrayal)

期待が裏切られた時、信頼が失われた時、誰かを裏切った時、失望や怒りの夢を見ます。

不貞行為は怒りと喪失の夢をもたらします。安定しているように思える関係を結んでいても、浮気される、または相手が他の恋人といる場面を見る、裏切りに気づくなどの夢を見たら、その不安感をつきつめてみましょう。起きている時に意識していないことを夢が警告していませんか？　この場合、実際に相手が浮気をしている暗示ととらえるよりは、相手の思いやりや愛情が薄れてきたというあなた自身の不安の比喩的表現と考えたほうがよいかもしれません。

自分が不義の関係を持つ夢を見たら、本当にそんな願望があるのかどうか自問してみて下さい。もっと創造性を発揮したいと願う気持ちを象徴しているのかもしれません。日々の生活の中で、あなたが抱く様々な情熱や欲望を表現し、満たす方法を見つけられますか？

落ち込んでいる時、信頼する相手が裏切る夢を見ます。

誰かの裏切りは転位の表れかもしれません。自分が意識下で感じていることを他の人に投影しているわけです。自らを裏切っていると認めるのがつらいあまり、誰かに感情を転嫁したり、転位したりするのです。

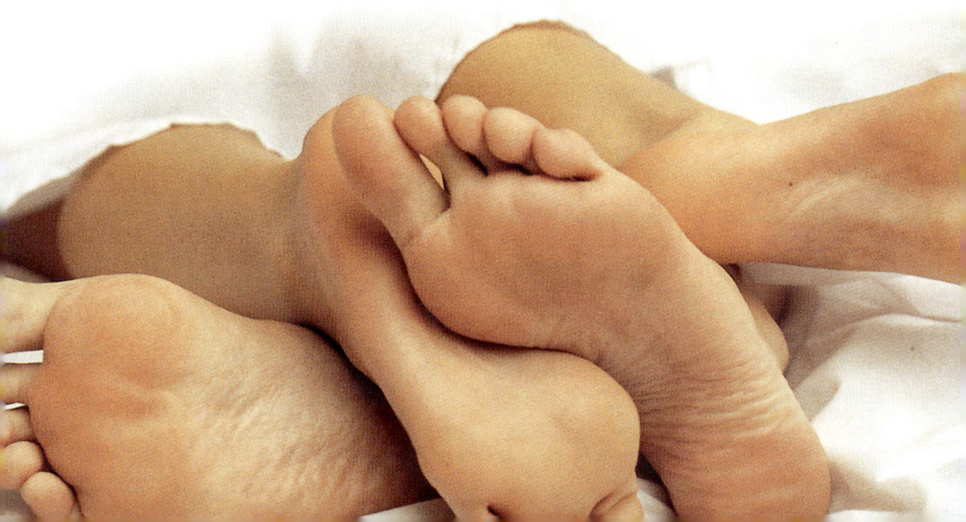

罪悪感(Feeling Guilty)

罪悪感は強い感情であり、近しい家族や友人の夢にひょっこり現れることがあります。子供がまだ小さく、つらい日々をすごしていた時、リサはこんな夢を見ました。

> 私はカナダの、流れの速い川の岸にいました。丸太がすごい勢いで流れていきます。小さい息子たちが丸太を渡っていきます。私は危険を承知していながら、止めようともせず見ていました。彼らは水中に落ちましたが、それでも私は何もしません。その時、罪悪感を感じました。はじかれたように立ち上がり、丸太を渡って気も狂わんばかりに彼らを探しました。でも、息子たちは流された後でした。私は声を上げて泣きました。

リサと子供たちを脅かす「ひしめく丸太」は、リサが抑うつ状態になり、子供の世話をする気力もない時に直面していた危機の暗示です。

> 夢の中の父はすっかり年老い、見る影もないほどやつれていました。その後父が亡くなり、私は自分の責任のように後ろめたく思ってひどく落ち込みました。

両親が亡くなると多くの人が罪悪感を感じます。心のどこかで救えたはずだと思っているからです。この夢には、家族に死別した時に誰もが感じる気持ちが表れています。強盗や殺人など犯罪を犯して非難される夢は、盗みを働きたい、またはあなたを怒らせた誰かを殺したいという無意識の願望に結びつけられる場合があります。実生活ではこういう強い感情を抑圧していますし、たとえ現実に犯罪など犯していなくても、私たちは夢の中でまで罪悪感や気まずさを感じずにいられないのです。

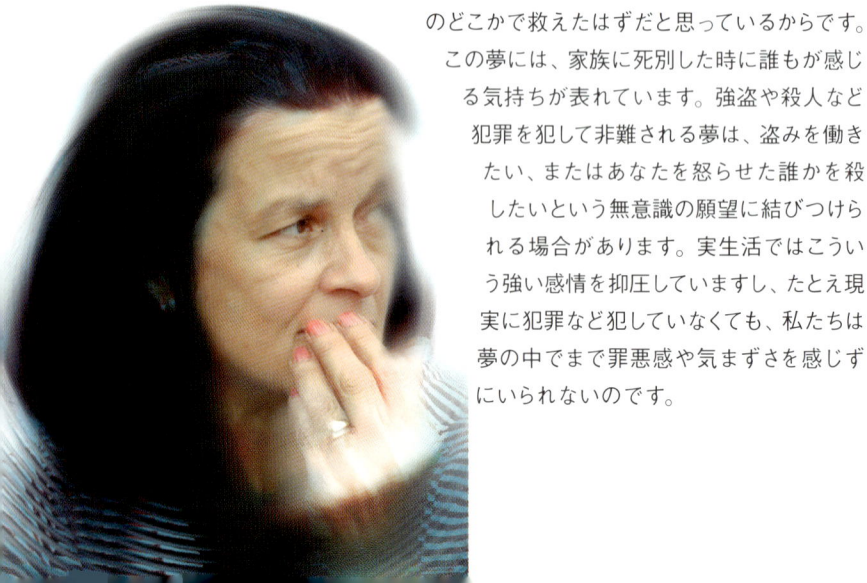

心細さ(Vulnerability)

見捨てられる夢は喪失感か分離感、または実生活で精神的もしくは実際に置き去りにされる恐怖を反映している場合があります。こういう夢は離婚時や愛する誰かの死に遭遇した時によく見ます。見捨てられる夢は何を恐れているかを自覚するのに役立ちます。あなたは恋人に捨てられるのを恐れているのでしょうか、それとも自立する、または大学に進学して家を出る子供に置き去りにされるのが怖いのでしょうか？　この夢を思い起こすと、実生活で目をそらしている感情を受け入れるのに役立ちます。心細さもそのひとつです。

私が6歳の時に突然父が亡くなり、家族で住んでいたドイツを離れました。その後、自分以外の人が全員死んでしまって、全くの1人きりになる夢を繰り返し見ました。

ただし前向きに考えると、このタイプの夢は、それまでの習慣や態度を捨てる用意ができているのに、人生の舵を改めて切り直すのが不安な気持ちを暗示することもあります。心細さがテーマの夢ではガラスが目立つことがあります。ガラスは見透かすことができますし、「窓ガラス＝ウィンドウペイン《windowpane》」すなわち「痛み＝ペイン《pain》」とも関連づけられるからです。「ガラスの上を歩く」夢は、実生活で受ける痛手の予兆かもしれません。壊れたガラスは全てが「粉々」の状態を暗示します。こういう夢はあなたの感情の状態を表している可能性もあります。

関連事項

- 何か「ズタズタになるほど悲しんで《cut up》」いるの？
- 危機が迫っている、または何かが欠けてしまったと感じているのでは？

恐怖 (Fear)

> 目覚めている時に人間の頭の中を占めていたり愛情を注がれているものは、睡眠中の想像の中にも登場する。
>
> トマス・アクィナス

夢には実生活上の問題に対する恐れがよく反映されます。日中は無意識のうちに恐怖心を否定していますが、眠りに落ちて防壁が開かれると恐怖心と直面せざるを得なくなります。レイプされたり暴力を振るわれたりする夢は、自らの意志に反して、または良くないと思いながらも無理矢理何かをするよう強要されている――そんな風に感じている部分が今の生活にあるのかもしれません。性的暴力を受けているか、実生活で危ない目に遭っていたら、その時のトラウマが夢で繰り返されることがあります。これは典型的なPTSDで、苦しい体験から立ち直るには専門家の手を借りるべきでしょう。アミラは地元で放火事件が多発しているというニュースを聞いた後でこんな夢を見ました。

> ソファーに座っていると、周囲のあちこちで小さな火の手が上がる夢を見ました。家具や私の上、カーペットの上にも火がついています。ドアは部屋の反対側と遠く、本当に怖い思いをしました。

勇気 (Courage)

夢のワークに取りかかり、夢を探究し、長いあいだ闇に封じてあった自分の隠れた面をあえて見ようとするには勇気が要ります。しかし勇気を出せば、豊かな潜在力を発見する、あらたな叡智を得る、夢に登場する怪物に立ち向かっても無傷で生還できることを知る、などの形で報われます。夢の中で勇気が湧いた体験は、本人に力を与えるとても大きな効果があります。

おそらく、夢について自問する際に一番重要視されるのは「なぜ今この夢を見たのか」「この夢はどんな風に心身の健康と調和に役立つのか」という点でしょう。

夢の中の勇気とは、たとえば自分を脅かす誰かに立ち向かう、大切な相手のために立ち上がる、危害を加えそうな誰かの裏をかくなどのこと。逃げのびるために夢の中で夢を見ていることを自覚するケースもあれば、大胆に打って出てほしいままに振る舞い、夢の結末を操作するケースもあるでしょう。

> 自分が危機にさらされる夢を見ました。あるところで逃げ出す方法を思いつきました。これは夢だとわかりましたから。

関連事項

- 夢のどんな状況で勇気が出ましたか?
- 実生活で認識していない何かを告げているのでは?
- 勇気の夢は、あなたの信念を表しているのでは?

勝利 (Triumph)　仕事に成功するか、負けを確信していた競争に勝ったら、有頂天になるでしょう。そんな夢を見るのは、自分の能力を過小評価しているせいかもしれません。もしくは、最近の失敗を埋め合わせる願望充足夢ということもあり得ます。何が何でも生きのびる夢が、大きな勝利を象徴することがあります。

> 恐ろしい「存在」と意志の戦いをしていました。私の体から目に向けて棒のようなものが押し込まれました。それでも私は目と思考のコントロールを失うまいとします。私は体の自由を取り戻そうと力を振り絞り、呪縛を解いて、ほんのわずかですが体を動かすのに成功します。

夢自体は恐怖に満ちていますが、かないそうもない力に勝ったことで、この女性は実生活でも成功を収める自信が格段に増したのでした。

夢で戦い、勝利を収めても、実際の戦争のように大きな犠牲が伴うことがあります。そんな夢を見ると、勝利だけではなく恐怖感も残るものです。目を覚ましてから改めて勝利と、正当な平和を勝ち得るために自ら行動したことを積極的に評価しましょう。争いの場面がない場合は、夢の勝利が実生活の何かと関連していないかどうかを考えてみて下さい。

機械 (Machines)

種類を問わず機械が夢に現れたら、大切なのはその機能です。家庭か職場で使っている機械の状態をそのまま指しているとも考えられますし、生活の決まり切った機械的な面を象徴しているのかもしれません。まず、実際の機械について考えてみましょう。機械の故障に気をもんでいるか、壊れそうだと心配していませんか？　そうでなければ、改めて心の状態の象徴かどうかを考えてみましょう。

掃除機——誰かとの関係を清算したいのでは？　あなたを悩ます「汚れ」を吸い取ってしまう必要があるのでは？

電動泡立て器——何かについて頭が混乱《mixed up》していませんか？　今の生活の中で、離れている何かを組み合わせたいと思っていませんか？

ジューサー——もっと「活力《juice》」つまりエネルギーが必要なのでは？

洗濯機——現在、きれいにしなければいけないのは何でしょう？　リフレッシュして、すっきりしたスタートを切りたいのでは？

衣類乾燥機——心身どちらかを問わず、乾いているように感じていませんか？

クレーン——見晴らしのきく有利な地点に行くため、引き上げてほしいのでは？

掘削機——人生の進路を総点検するか、繕う必要があるのでは？

蒸気ローラー——ぺちゃんこになるくらい落胆していませんか？　重い何かがのしかかっているのでは？

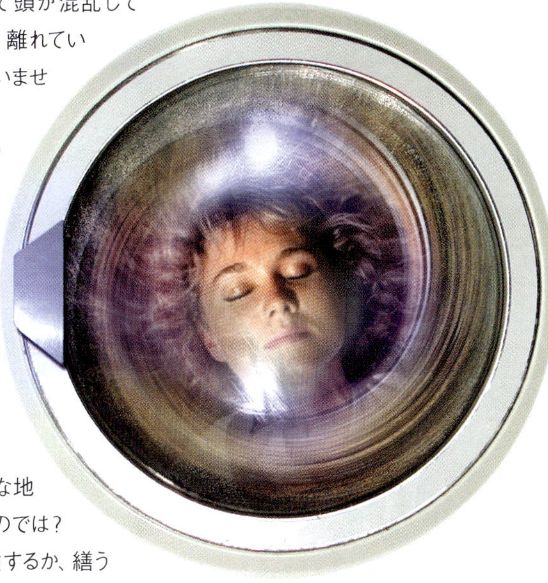

技術的な専門知識(Technical Expertise)

何かに習熟すれば、自尊心や自信が深まります。専門知識の内容から、その夢の意味を解く糸口が得られます。たとえば時計を作っている夢を見たら、時間と時間管理に何らかの関連があるでしょう。コンピューターのプログラムを作っている夢ならば、実生活でのコンピューター作業と結びつけられるかもしれません。

技術的な専門知識といっても、体を使った技術を指すこともあります。軽業やバランス曲芸を見せる芸人の夢を見たら、それが現在の状況とどう関係しているか考えてみましょう。たとえば職場などで「綱渡り」状態で足場を確保しようとしていませんか？　夢のアクロバット芸は安定していましたか、いかにも危なげでしたか？　あなたが引き受けた仕事に関する気持ちが反映されていませんか？　軽業師は芸を成功させ、また危険を防ぐために練習を積んで平衡感覚を磨きます。あなたも将来の冒険に向けて、トレーニングをする必要があるのでは？

また、軽業師は逆立ちをして普通と反対の姿勢になります。あなたの生活で起きている「逆転」と結びつけられませんか？　「逆さま」になっている点があるのでは？　感情が「逆転」していないかどうかも検討してみて下さい。

死 (Death)

死はある存在段階の終わりであり、別の段階の始まりでもあります。また、あることがらの終わりを暗示する場合もあります。離婚の時やその後に見る死の夢は、多くの場合結婚生活の終わりを表していますが、それは人生の新しい段階の始まりでもあります。チベットに昔から伝わる宗教的思想では、よりよく生きるには何よりもまず死の認識が重要であるとされます。

夢には様々な死のシンボルが登場します。ハープ奏者は死の知らせをもたらすと考えられています。同様に、砂時計は時間が残り少ないことを象徴します。死神の姿を描いた絵を見ると、その手にはよく砂時計と大鎌が握られています。これは季節の終わりに「作物」を刈り取って収穫することを表しています。

死者の姿をとどめるため、デスマスクを作る文化もあります。アステカ文化には人生のサイクルを表す3重になったデスマスクがあり、これには老齢と人生に影を投げかける死が表現されています。

1827年、英国サフォーク州のポルステッドでマリア・マーテンが恋人に殺される事件が起きました。この事件は、母親の夢によって事件が発覚したことで有名になりました。母親は「赤い納屋」の夢を3回に渡って見たのですが、結局、娘の遺体はずばりそこで発見されたのです。

関連事項

- バンシー——特にアイルランド系民族に伝承されるケルトの妖精。バンシーは死が近づいている時や家族に死人が出る時に泣き叫んで知らせるとされます。夢には夜空を飛ぶ長い髪の女の姿で表れます。

再生(Rebirth)

再生は、新しい始まりと新たなチャンスに関すること全てを指します。時にはともかく生活を続けるため、適応して苦境をやりすごさねばならないこともあります。

物語や神話には、真理を見つける、または世界を救うために英雄が困難な旅に出るという筋書きが見られます。その過程で英雄は変化を遂げますが、これは象徴的な再生です。『スターウォーズ』のヒーロー、ルーク・スカイウォーカーや、スーパーマンに変身するクラーク・ケントもその例です。彼らは死に直面しますが、苦難に立ち向かって生きのびます。夢でも、誰かが生き返る、または自分自身が生まれ変わるなどの再生を経験するかもしれません。

ヒンドゥー教では、誕生・死・再生のサイクル(サムサーラ、輪廻)は、カルマ(業)という天地万物を司る道徳律によって支配されると考えられています。現世の享楽への執着が消えるまで、魂は幾度となく生まれ変わりながら向上していくというのです。

関連事項

- 新たな始まりが必要なのでは?
- 「キリスト教再生派」とは、いったんキリスト教信仰を捨てながら、改めてキリスト教信仰に戻り、いっそう熱心に布教をする教徒のこと。
- ウシャブティは石に刻まれ、死者に仕えるという古代エジプトの人形。主人が冥界に生まれ変わる際、冥界で課せられる仕事を肩代わりするとされました。

落下(Falling)

落ちる夢は原始的な感情を表現しています。子供は歩くことを覚えねばなりませんが、「転ぶ《fall over》」のは学びの過程の一部であり、時には痛みを伴います。直立してより自由に動けるようになると、文字通り自立の始まりです。落ちる夢は自分の自由にならない感じや足下から地面が消えてしまった感覚を呼び起こします。

落ちる夢を見たら、生活を支える何かがぐらついていないか考えてみて下さい。または新たに「誰かと恋に落ちた」のかもしれませんし、反対に「誰かと別れた《fall out with someone》」ことを意味する可能性もあります。「墜落」はジャンプを強制される感覚を指す場合もあります。

> 私は倉庫のように広い部屋にいました。とても高い天井です。大きなアーチ道があって、強い光がそこを抜けて差しています。ところがアーチ道にはガラスがはまっていません。遠くにいるのに、私はアーチから落ちるのではないかとおののきました。落ちるのが怖いのはもちろんですが、もしや自らジャンプするのではと感じていた気がします。

以下のような鮮明な夢を見て身体的な感覚を覚え、目を覚ますこともあります。

> 車に乗ってトンネルを走っていました。スピードが上がっていくように感じていると、突然道路がなくなって車ごと落ちてしまいました。胃がひっくり返りそうに感じ、それで目が覚めました。

関連事項

- 決断を迫られていることについて、足元が不確かなように感じていませんか？　情報をもっと集めて確信を固めては。
- 最近、自分の世界が「崩れ落ちる」ように感じるトラウマを負いませんでしたか？

飛ぶ(Flying)

すっかり重さが消えるので
どれほど太った者でも
夢の中では羽なしで飛ぶことができる

W.H.オーデン:『THANKSGIVING FOR A HABITAT』

飛ぶ夢は脱出や困難の突破、または主導権を握った感じに関連するのが普通です。

壁という壁が虫でおおわれていました。虫から逃げるため階下に向かおうとするとやけに足取りが軽くなり、体が浮かび始めました。私は家の回りを飛び回りました。

子供の頃は宙を浮かびながら下へおりていく夢を見ますが、大人になると上へ昇って空高く飛ぶ夢が多くなります。「飛行」は様々な形で表されます。スーパーヒーローのように腕を伸ばす、自転車をこぎながら宙を飛ぶ、鳥のように両腕をはばたかせる、暖かい風に運ばれるなどがその例です。何かに変身する要素を含むケースもあります。

私は蝶に変身する能力を手に入れ、危なくなった時はいつでも安全な場所に飛んでいくことができました。老女の姿を取った魔物がやってくるのに、必要な変態を遂げられず、激しい不安に襲われたところで夢は終わりました。

飛ぶ夢は力と爽快な気分をもたらしますが、全体像の見直しや高い視点での確認の必要性を象徴することもあります。

助けを借りずに飛ぶ夢から、陶酔ともいうべき幸福感を覚えました。完全に自分の生活の主導権を得たように感じたのです。

乗りもの (Vehicle)

どんな乗りものであっても、たいていは夢を見た本人の状態と人生の道行きを示しています。乗りものの行く先を考えてみましょう。正しい道を進んでいましたか、それとも行き止まりで立ち往生していましたか？　いずれにしても、現在の生活を表しているのでは？

事故の夢を見たら、生活で手に負えないと感じているものは何か検討して下さい。事故は集中力の欠如や不注意・無謀な行動、危険を判断するゆとりを確保しない時に多いものです。車のコントロールがきかない・落ちる・ふさわしくない時間に見当違いの場所にいる・洪水や地震などの天災に巻き込まれる・運転を誤った機械でけがをする、などがそういう夢の典型例です。

乗り物に乗っていて事故を起こす夢を見た場合、起きてから事故の原因をチェックしましょう。夢で車のブレーキが壊れていたら、実際の車についても道路での走行に耐えうるかどうか確認を。起きている時に意識下でのみ気づいていることを夢が警告することもあります。事故の夢の原因が実際のブレーキ不調になければ、感情面で何か思い当たらないか探ってみましょう。あなた自信が「故障する」前にペースを落とすか、休息を取ることが必要なのかもしれません。

曲芸運転(Performance Driving)

夢でハンドルさばきも巧みに運転しているか、レースでスピードを競っていて自分の運転ぶりにスリルを覚えていたら、うまく事が運ぶ壮快感を存分に楽しんで下さい。特別に難しい交渉を「切り抜けた《drive through》」後にそういう夢を見ることがあります。

首尾よくいく夢はまず間違いなく、主導権を握ったように感じているか、進歩の可能性があることを暗示します。面接や試験の前に、予想よりうまくいった夢を見る人も多いようです。そういう夢を見ると起きた後も何となく自信が残り、実際の行動にもよい影響が出ます。

車の運転はよく性的行為にも結びつけられます。つまり巧みに運転していたら、現在の性的能力の充実に関連づけられるのでは？　夢で運転していた車の状態にも注目して下さい。「高性能」モデルなら、やはりポンコツ車とは意味合いが違ってきます。

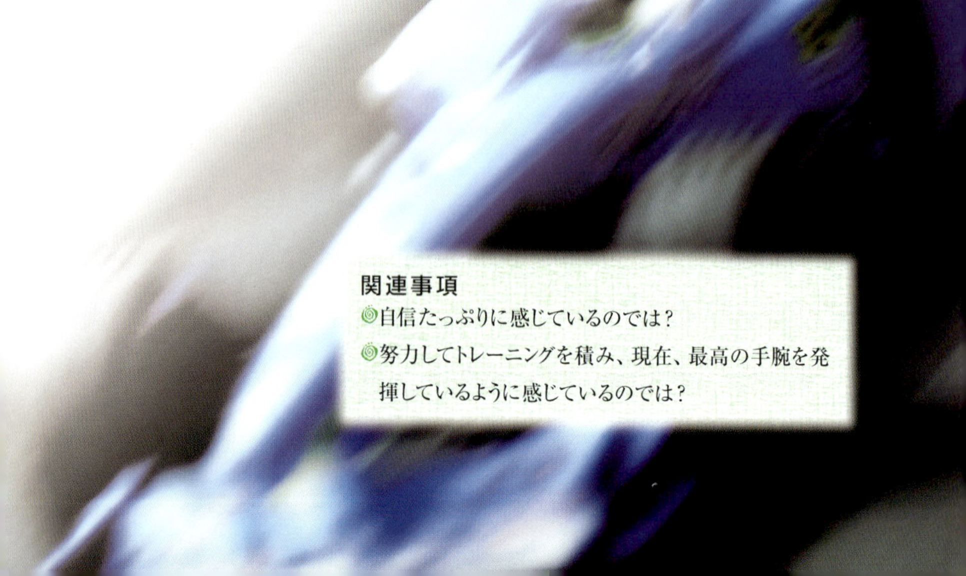

関連事項

◎自信たっぷりに感じているのでは？

◎努力してトレーニングを積み、現在、最高の手腕を発揮しているように感じているのでは？

乗り換えに遅れる
(Missing your Travel Connection)

行くべき道を迷ったり、足を取られて前進できない時にこの夢を見ることがあります。原因がどうあれ、この手の夢はイライラや不満足感、足止めされている感じに関連するのが普通です。移動中なら、乗り換え場所がどこかも重要です。

空港――空港は到着と出発に結びつけられ、誕生と死を象徴することがあります。空港は移行点でもあります。乗り換えそこなったら、邪魔が入って計画変更を余儀なくされることを表しているのでは？

鉄道の駅――誰か常道を外れた人がいるのでは？または計画が脱線し、思い通りに乗り継げなかったのでは？

乗り換え駅は場所と人間同士をつなぎます。ただし、乗り換えに遅れたら何らかの失敗を暗示しています。遅れたのはあなた側のミスかもしれませんし、他のソースからの情報が間違っていたのかもしれません。悪天候など外部の力が乗り継ぎを妨げたのかもしれません。それがあなたのミスなら、実生活でゆとりを持って事に当たっているかどうか自問してみて下さい。ぎりぎりになるまで手をつけないか、十分な準備をしていないのではありませんか？

関連事項

◎接続を断たれたり、疎外されているように感じているのでは？

◎過去に「交流《connection》」のあった誰かを失ってさみしいのでは？

旅 (Journey)　旅は力強いイメージです。アダムとイヴの例を考えてみましょう。2人は楽園から追われ、帰りたいという願いもかなわないまま永久に外をさまようよう運命づけられました。ある意味、人生は全て旅といえます。ある時代から時代への、未知から既知への、そして誕生から死に向かう旅です。

旅は人生における変化を暗示します。それは肉体的なものかもしれませんし、感情または霊的な変化かもしれません。また、複数人数――すなわちグループや、列車やバスなど公共の交通機関による旅かもしれませんし、1人――つまり徒歩や車で移動する場合もあります。旅のタイプ、移動手段、訪れた場所など全てが解釈の手掛かりになります。鳥や動物、案内人などの形で道連れが現れることもあるでしょう。平穏または険悪かなど、旅の雰囲気からはあなたが心中どう感じているかがわかります。

長い旅路のどこかで、故郷の記憶が押し寄せてくることもあります。紀行作家のピコ・ライヤーは子供時代を英国で過ごしました。彼の著作『The Global Soul』には、彼が京都に到着して眠りに落ちた時のことが記されています。深い眠りの中で、彼は「緑なす丘」の英国の夢を見ました。その詩的な言葉には、旅の果てに故郷を恋しく思う本当の気持ちが表れています。日本とカリフォルニアを行き来しているライヤーですが、夢は決まって子供時代の家に彼を連れ戻すのでした。

新しい場所を発見する (Discovering New Places)

> 講演者のジーニーの到着を待ちながら、一団の人々といっしょに会議場にいる夢を見ました。どういうわけか、ジーニーが来るまで私が他の人を「楽しませ」なければならないことになっていて、私は1度ものぞいたことがない部屋に皆を連れて行きました。壁にはポートレートが掛けられていましたが、あいている場所も多少ありました。部屋のインテリアを完成させるため、私たちはポートレートを作り始めました。

この夢は起きる直前に見たため、鮮明に私の記憶に残りました。私にとって、この夢は本書を書く際に発見したことがらや、リサーチ中に会った新たな人々を象徴しています。とても肯定的な夢だったといってよく、執筆意欲に満ちた1日のスタートを切ることができました。

新しい場所を見つけたら、新たなプロジェクトに手を広げる準備が整っているか、または人間関係においていつでも新たな局面を迎えられる状態にあるのではないかどうか、自問してみて下さい。その場所の雰囲気(光やその場面を作り上げている全ての要素)についても検討し、それらを現在の願望や必要と関連づけてみましょう。たとえば見慣れた環境と異なる風景など、特定の場所だったなら、自分に必要なものがそこにないか考えて下さい。砂漠の夢(参照→P.174)を見たら、広々とひらけた場所を欲しているのでは？　または1人ですごす時間を求めているのでは？　もしくはのどの渇きを覚えて、水分が必要なのかもしれません。

自宅で新しい部屋を見つける
(Finding New Rooms in Your House)

この夢はあなた自身の新たな面の発見に関連があります。家は主として夢を見た本人を象徴するからです。

大きな家にいる夢を繰り返し見ます——昔から知っている家が出てくることもありますが、いつもではありません。私は家の中の部屋を全部探し出そうとしています。数え切れないくらいの部屋があることや—あまり多すぎて全部はのぞききれません—部屋の中身を見てびっくりしますが、それはむしろうれしい驚きです。のぞくのは寝室が多く、オレンジ色の灯りがともっています。

この夢を見た女性には未開拓の大きな可能性が秘められており、彼女はそれを発見する必要があることを認識しています。彼女は自分の発見に喜んでいますし、部屋の中身も吉兆を暗示しています。オレンジという色も重要です。オレンジはエネルギーに結びつけられます。黄と赤、すなわち生命の源である太陽と情熱の色の組み合わせであり、寝室に向く色だからです。

関連事項

新しい部屋を見つけたら、その部屋の用途を検討します。

- 寝室——休息・性的関係・睡眠。
- バスルーム——体を洗う・沐浴・衛生・排泄。
- ダイニングルーム——食事・他の人との交流・一緒に食事をする習慣・コミュニケーション。

建物が壊れる(Damage to Buildings)

1966年10月21日、サウスウェールズのアベルヴァンで当時9歳のエリル・マイ・ジョーンズが、母親に前夜見た恐ろしい夢の話をしました。夢の中で登校したところ、「何か黒いものがおおいかぶさっていて」校舎がなくなっていたというのです。エリルはその夢を非常に気に病み、今日はどうしても自宅にいたいと母親に繰り返しせがみました。結局学校へは行ったものの、その日、ぼた山から崩れ落ちた大量の石炭くずが学校をのみ込み、144人の生徒と教師が亡くなりました。エリルもその1人でした。土地や建物がダメージを受ける夢を見ても、エリル・マイの夢のようにドラマティックな予知夢であるとは限りませんが、注意をしておいても損はないでしょう。

夢で家が壊れたら、まずは自宅の実際のコンディションに不安を感じていないかどうか考えて下さい。思い当たる節がなければ、改めて象徴的意味を検討しましょう。

- 壁が壊れると風雨などが入り込んでしまいますし、屋根の安定性が損なわれます。夢で壁が壊れたら、傷つけられて自分ではどうにもできないという思いの暗示かもしれません。おそらく外部のサポートが必要でしょう。
- 壊れたドアは、人を閉め出しておけません。したがって攻撃されやすさや境界を保てないことを意味している可能性があります。
- 窓が破れると侵入者に対して無防備になってしまいますし、あなたのものの見かたにも影響します。

偶然による破損は悪意を持って加えられたダメージとは異なりますので、原因と誰が損傷を与えたかをよく考えて下さい。

住まいに手を加える (Home Improvements)

家を改装する夢は、あなたが実生活で住まいを改装している、または改装したいと思っている状態と結びつけられるケースが大半です。時にはテレビの住宅改造番組がきっかけで願望充足夢を見ることもあります。

> 最初はひどく荒れた家だと思いましたが、中に入ってみるとそこはまるで宮殿でした――何もかもが素晴らしいんです。友人が「どんな家を予想していたの？　まだ引っ越してきたばかりなのに」といいました。

これは、この夢を見た女性と夫とのいさかいを反映しています。女性はある家を買いたいと望んでいたのですが、夫の反対にあっていたのです。夢で家に感じた葛藤は家についての意見が2つあること表していますが、それも女性がちょっと手を加えれば結局はうまくまとまることが明らかです。女性はこの夢によって問題の家が素晴らしい住まいになることを確信し、やはり現実もその通りになりました。

あなたの家はあなたを象徴していることも多いものです。あなた自身に手を加えるべき部分はありませんか？

関連事項

- 新たに「ペンキをひと塗り」して自分を元気にしたり、新鮮なイメージを与える必要があるのでは？
- 建て増しをする夢を見たら、展望を広げる必要性を象徴しているのでは？
- 新たに屋根を葺く夢は、目標をもっと高くし、現在達成しているレベルより上に至ることを示すことも。
- 新たに小道を切り開いたり作ったりするのは、出世する新たな道を指す可能性が。

侵入 (Burglary)

「侵入」には、強盗やレイプ、その他の犯罪を目的に住宅や建物に不法侵入する意味が含まれます。個人の空間を侵害し、住人を脅かす行為です。

> いつも私は自分の寝室で、1人で寝ています。夢の中で目を覚ますとあたりは真っ暗で、階下に誰かが侵入しています。その強盗が家財道具を引っかき回している音が聞こえます。侵入者は2人いる時もあります。なにやら話し合っている声が聞こえるからですが、その内容まではわかりません。恐怖のあまり叫ぶこともベッドから動くこともできません。足は鉛のようで、家族に危機を知らせに行けません…

家財道具や貴重なものをなくす夢を見て、その後実際に窃盗にあったケースもままあります。とはいっても、新しい家に引っ越す、配置換え、病気、家族の誰かが独立するなどの大きな変化が原因の場合もあります。象徴的に「大切なものを取られ」、それが侵犯行為のように感じられるのでしょう。

関連事項

- 住まいが何らかの形で危険な状態にあると感じているのでは?
- あなた自身も含め、人生の「貴重な」ものに気を配っていますか?

トイレ (Toilets)

トイレは物質的および精神的に無用になったものに関する問題を象徴します。ただしトイレの夢を見ても実際は尿意が原因で、結局は尿意に刺激されて目を覚まし、トイレに行くことが多いようです。

トイレの問題がテーマの夢（汚くてとても使えない・水があふれている・個室にドアがない・またはガラスのドアがついているなど）は、夢を見た本人が不要物を捨てたがっていながら、何らかの形でうまくいかないことを暗示する場合があります。この「ブロック」は、当人の精神的に「手放せない」、すなわちネガティブで有害な思いを解放できない状態を物語っています。こうなると「不要」でネガティブな思いが心身の健康を損なってしまいます。したがって前記のような夢は感情を整理してすっきりすべしという警鐘かもしれません。

> 私自身をきれいにする、もしくは汚れた肌着を脱ぐためにトイレを見つける必要に迫られる夢を見ました。建物のどこに化粧室があるか以前は知っていたのに、勝手が全く違っています…

この夢は本人の隠れた部分を表しているようです。彼女はそれをどこかしら「汚い」と感じています。おそらく羞恥を感じている何かだと思われますが、過去に「汚れ」を洗い流せた方法が今はうまく働きません。洗い清める新たな手段を見つける必要があります。

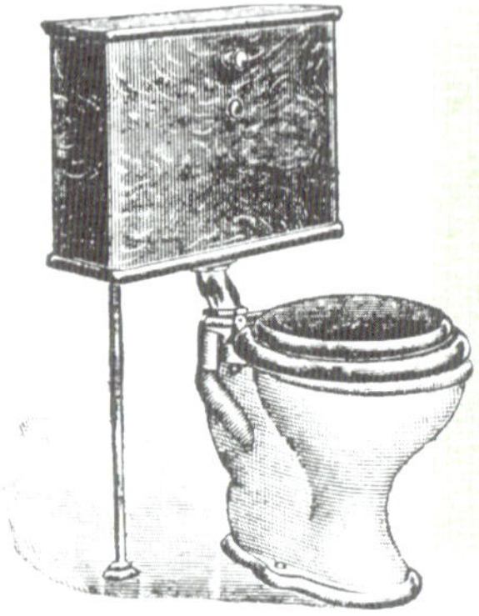

関連事項

- ◎用を足しているところを見られた場合、見たのは誰でしたか？　その人の影響を受けすぎているという思いと関連づけられるのでは？
- ◎整理をする、つまりもう不要になったものを処分する必要があるのでは？
- ◎トイレを使う楽しい夢は健康的な自己表現や、あなたの人生で過去のものとなった、または完了した面を表すことも。

有名人に会う(Meeting the famous)

有名人はメディアに登場するように夢にも出てきます。ウェールズ皇太子妃ダイアナが亡くなったとき、多くの人々が彼女の夢を見たと語りました。タレントや有名人が関わる大きな事件が起こると、まず間違いなくこの手の夢が急増します。普通はあこがれの人物に会う願望充足夢ですが、相手が友人として現れ、役立つアドバイスをくれるケースもあります。

ケイト・モスと廃屋をさまよう夢を見ました。モデルになる前は何になりたかったのかとたずねると、彼女は医者になりたかったと答えました。

「モデル」の夢は自分をモデルになぞらえ《model》たいか、モデルの女性のようになりたいと思っている暗示とも読み取れます。廃屋や空き家は、置いてきた何かを表します。この例の場合はかつての容色が衰えつつあることを指すのでしょう。医者は、本人のかなえられなかった昔の夢を表しています。

関連事項

- 名声と富を望んでいるのでは?
- 自分の「スター」的な性質をもっと認めて欲しいのでは?

目が見えなくなる (Loss of Sight)

夢で目が見えなくなったら、視力に関する実際のトラブル、もしくは検眼を受けると悪い結果が出るのではという不安を表しているのかもしれません。そんな夢を見た後で心配になったら、目の検査を受けるようにしましょう。

失明は、方向感覚を失った、または自分の可能性が見えていない状態を指す場合があります。

ラクロスをしていましたが、目が見えなくなって続けられなくなりました。

この場合、手がけていることをあきらめるいい訳が欲しくて、失明を逃げ道にしたのかもしれません。

目に見えない霊的な存在を信じる意識から「見えない」状態が引き出されるケースもあります。キリスト教徒は、神は見えないが神からは私たちを見ることができる、イエス・キリストはいつもいらっしゃると教えられます。

詩人を指すアイルランド語「*file*」は、「見る《see》」を意味するインド―ヨーロッパ語に由来します。これは「目に見えないものを見通す者《seer》」という概念にも通じます。詩人が一見質の異なる概念同士を見通して結びつけるように、夢もまた未来を垣間見せてくれます。

「邪眼(いちべつするだけで相手を害することができる人間がいるというヨーロッパや中東、アフリカで広く見られる信仰)」は、英語で「overlook」ともいわれます。つまり、「見落とされる《being overlooked》」ことが苦しみやダメージなのでは？　最近あなたの身の上にそんなことが起こりませんでしたか？

関連事項

- 前進する道を見失っているのでは？
- せっかく提供された機会が見えていないのでは？
- 生活をひっくり返すような思いがけないできごとで「目がくらんでいる」のでは？

耳が聞こえなくなる (Loss of Hearing)

音が全く聞こえなくなる夢は耳の不調か聴覚のトラブルを示す可能性があります。耳そのものにそんな夢の原因がなければ、改めて象徴的意味を考えてみましょう。最近、がっかりすることを耳にしませんでしたか？　現在、できれば聞きたくない言葉がありませんか？　選択的な難聴、つまり自ら聞くことを拒否する難聴は一種の自己防衛です。聞こえなくなることで、とても背負いきれないと感じるものから一時的に身を守るわけです。

耳は寛容や受容性、内なる自分や他人の言葉に耳を傾ける積極性を表します。

夢の中では他の誰もが互いに話をしているようなのに、私だけは全く何も聞こえません。誰も気づいてくれず、ひどい不安に襲われました。

関連事項

- 耳が聞こえなくなる夢は、不快な批判を避けたい表れでは?

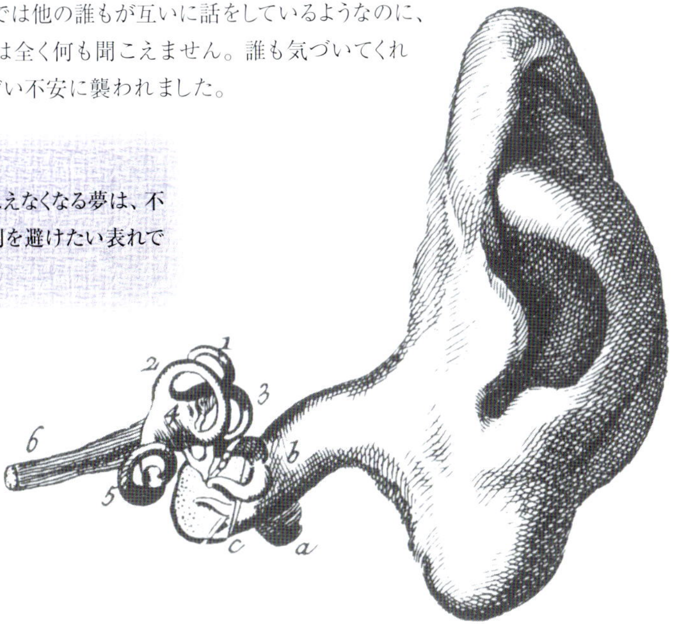

声が出なくなる(Loss of Voice)

声が関係する夢の重要ポイントはコミュニケーションです。夢の中でも特に嫌なのは、助けを呼べない──口を開いて叫ぼうとしても声が出ない夢でしょう。

> 私は柩の中にいました。どうやら死んでいるようです。でも、まわりの様子は逐一聞こえます。もう柩に蓋をしなくてはという母の声が聞こえます。それでも私は身動きできず声も出せません。幸い、この夢はすぐに終わりました。

夢に誰が出てきたかを考えてみましょう。　あなたの声が聞こえないのは誰でしたか？　その相手と実生活でもうまくコミュニケーションが取れていないのではありませんか？　前記の例では本人の母親、下記の例では同僚とのあいだに気持ちのずれがあることを示しています。

> 夢の中で同僚の教師と口論をしていました。相手に聞こえるよう大声で怒鳴っているつもりなのですが、声が出ないのです。

関連事項

- 口を慎むべきなのでは？　もっと耳を傾けて、言葉を控えるべきなのでは？

歯が抜ける (Teeth Falling Out)

歯が抜ける夢は実際の歯に関する問題を反映していると思われますが、喪失・愛着関係の解消・転出・引っ越しなどを象徴することもあります。外界全般にあなたが与えている印象とも結びつけられます。

> この短い夢は他の夢のあいだに見たようです。私は自分の歯がまるでチョークのようにぼろぼろに砕けているのに気づきました。あごに手を当てると、茶色がかった白い歯が手にこぼれてきます。

ぐらついた歯がそのまま口の中にとどまり、夢を見た本人ののどを詰まらせる夢もあります。こんな夢を見たら、何かを無理にのみ込み、自分自身を傷つけてまで感情や意見を胸の内にしまい込んでいませんか？

実家から離れる・新たな方向に進む・パートナーと別れるなど、生活に大きな変化があったときも歯が抜ける夢を見ます。

関連事項

- 夢で自分の歯がぼろぼろになったら、崩壊して粉砕され、今や全く力が残っていない何かを表しているのでは？　あなたの精神が押しつぶされてはいませんか？

- 歯根管治療を受けた夢は、実生活で起きている問題の根本的原因と結びつきがあるのでは？

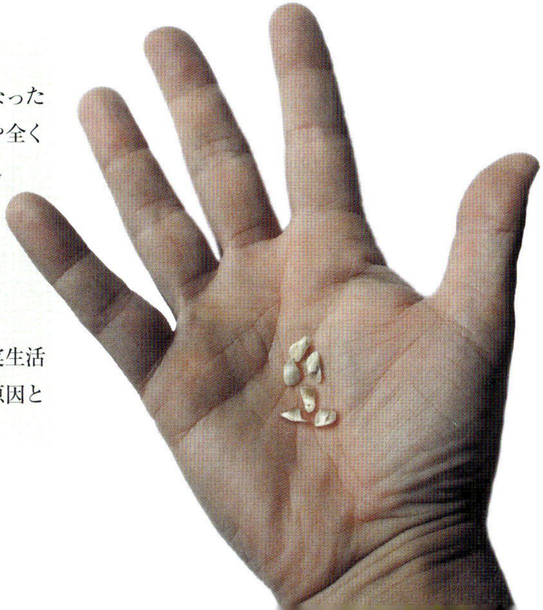

持ちものをなくす (Loss of Belongings)

私たちは自分の持ちものを身の回りに置きます。したがって車・財布・ハンドバッグ・衣類とその種類を問わず、持ちものには個人的な意味があります。重要なのはなくした経緯です。盗まれたのでしょうか？　洪水など天災に見舞われてなくしたのでしょうか？　旅行の際の移動中に落としたのでしょうか？　それとも罰として取り上げられたのでしょうか？　状況を検討して、実生活にどう当てはまるかを見てみましょう。

財布などの「入れもの」は、クレジットカードや運転免許証などのプライベートな身分証明書を「しまっておく」ものです。ここから秘密との結びつきが生まれます。財布をなくすと個人的な詳しい情報が多くの人の目に触れ、他人によって利用される可能性も出てきます。また、こういうものをなくすことがアイデンティティの喪失を象徴する場合もあります。

関連事項

- 自分自身の外観を変えるか、アイデンティティ意識に影響する手術をうけませんでしたか？
- 不和が原因で家族の誰かが「いなくなった」のでは？
- ある環境に居場所がなくなったように感じているのでは？

なくしたものを取り戻す (Recovering Lost Property)

なくしたものを見つけると、安心感とうれしさが湧きます。この場合、戻ってきたものが検討すべき対象を指しています。以下を参考にして下さい。

ハンドバッグ――プライベートな持ちものが数多く入っているため、アイデンティティに関連します。ハンドバッグを取り戻すのは、自己意識と安心感の回復を指すことがあります。

財布――財布には貨幣や運転免許証、クレジットカードが入っているのが普通です。金銭面を懸念していたものの、現在は状態が改善しているのでは？

カメラ――写真を撮るとその時の状態を取っておくことができますが、実体はありません。ここから、現状にしがみつく、または偽りの安心感を求めようとする気持ちを指す場合があります。

衣類――衣類を見つける夢は安心感の回復を暗示します。衣類は体を保護してくれるからです。

靴――なくした靴の発見は、失った足場の回復を意味することがあります。

鍵――鍵をなくすと自宅に入れませんし、自家用車を使うこともできません。鍵が見つかるのは、再び中に入れるという意味です。

携帯電話――携帯電話を取り戻すのは、結びつきとコミュニケーションの回復を指します。

癒し(Healing)

ジーナはガンと診断され、手術法について2つの選択肢を示されました。「全てを除去する」か、小手術を行って経過を見るか、自分でどちらにするかを選ばねばなりませんでした。

決断を下す前に、ジーナは離陸に備えて地上走行中の飛行機に乗っている夢を見ました。窓から外を見ると、女性が併走しながら叫んでいます。「離陸《take off》してはだめ！　飛行機の腹部まで進んでいるわ！　全てを出してしまいなさい！」ジーナはこれを、根治手術を選ぶべき暗示と受け取りました。さもなければ回復が「始まら《take off》」ないと考えたのです。手術が始まった時、執刀医は診断よりもガンが広範囲に広がっていることを発見しました。その後、医師はジーナの判断が命を救ったと思う、と語りました。

クラリッサ・ピンコーラ・エスティーズ博士はある女性が見た癒しの夢を語っています。その中で、女性は開胸手術を受けていました。と、上には屋根がなく、手術用ライトはなんと太陽であることに気づきました。すると太陽が女性の心臓に触れ、執刀医がもう手術は必要ないといいました。目を覚ました時、女性は自分が癒されたと感じ、実際に手術を受けても夢の体験のように成功するだろうと心強く思ったそうです。

体調がすぐれない時、ジョンは決まってあるイメージを見ました。普通の夢の最中に中国人の男性がどこからともなく現れ、ジョンは白い液体の入ったコップを手渡されて中身を飲みます。夢にこの場面が現れた翌朝は必ず気分がよくなったという話です。

体が動かなくなる(Being Paralyzed)

悪夢があまりに恐ろしいと急激に目を覚まさざるを得なくなり、脳が覚醒モードに切り替わるのが追いつかない場合があります。するといわゆる金縛りになります——目を開けて回りを見ることはできるのに、助けを呼ぶ声が出ない状態です。怖い夢の中に実際の体ごと閉じこめられるのですから、それは恐ろしく苦痛に感じますが、めずらしい現象ではありません。ただし、しょっちゅうこんな風に目覚める場合は時間をかけて悪夢の根本的原因を特定し、なるべく悪影響を受けないようにするほうがよいでしょう。

夢の中で体が動かなくなったら、生活の何らかの面で行き詰まっている暗示かもしれません。身動きできなければ手も足も出ず、無防備な状態になってしまいます。

事故の後で体が麻痺した人の場合、再び体が動くようになった夢をよく見ます。これは夢によって以前の能力を取り戻す補償行為です。夢の研究者であるロバート・ハスケルは、片腕が麻痺した女性の例を述べています。夢の中で、動物が彼女の飼い犬に襲いかかりました。彼女は動かないはずの腕を振り回して動物を追い払いました。目を覚ました時、実際の腕もすっかり治っていたそうです。

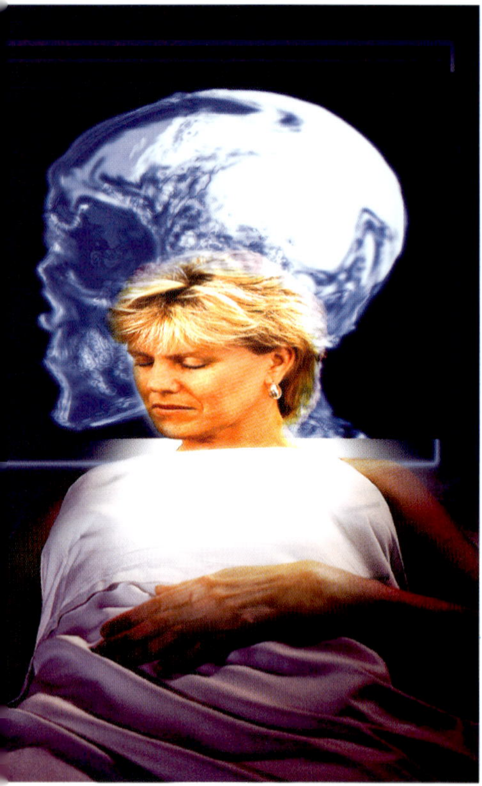

病気 (Illness)

病気の前に見るのが前駆夢です。この夢は注意を促したり警告をしたりする役割を果たします。何らかの治療を受けている場合に病気の夢を見るのは、本人の不安感を反映していると思われます。ガン患者が集って作った、夢を語るグループの参加者は、定期検診や化学療法の直前になると不安な夢が急増すると語っています。こういう夢は不安を認識するよう促すとともに、不安のはけ口となっているのです。

正しい道を見失ったゆえに…

ダンテ

ダンテは今でいううつ病を「暗い気分」と表現しています。多くの人がつらい生活を余儀なくされている病気です。うつ病患者の見る夢は他の人に比べると極めて自虐的なうえ、色も薄暗く不鮮明です。暗い色調は実生活での憂うつ感を反映しているのでしょう。

南洋のカフナスと呼ばれるシャーマンは、病気の人や精神を病む人を相手にする場合、必ず夢を利用します。

死者とコミュニケーションをする
(Communication with the Dead)

死んだ人が夢に出てくると、恐怖を覚えることもあれば喜びを感じることもあります。これは夢を見た本人の考えかた次第です。亡くなったはずのその人の目的はあなたを脅かすことでしょうか、アドバイスをすることでしょうか？　あなたを慰めに来たのでしょうか？　それとも、下の2番目のケースのように、死の苦痛を思い出させるために現れたのでしょうか？

父が亡くなった後、父に関する夢を続けて見ました。最初に見たのは、父が本当は死んだりしていないという夢です。それから父が自分が死んだ事実を受け入れようとしない夢、次にあの世で元気になっている夢を見ました。最後に見たのはとても素敵な夢でした。夢の中で父に会ったのですが、父はガンで死の床についている時よりもずっと若く見えました。両腕で私を抱きしめ、今は元気であること、私を愛していることを語り、もう自分のことは心配しなくていいといいました。目を覚ました時、とてもよい気分でした。以来、父についてもよい感じを抱いています。

一方、以下の夢は極めて対照的です。

友人が自殺した後、彼が回転ドア《revolving door》の中にいる夢を見ました。彼はちっとも出て来ず、ドアは回り続けます。彼は何かにとりつかれたような恐ろしい表情——苦しみにゆがんでいるのに薄笑いしながら蔑むような表情を浮かべています。ドアが回転するたびにその顔がどんどん崩れていきます。

平穏な世界をひっくり返したできごとが繰り返し夢に再現されることがあります。友人の自殺など、特に感情的な「激動《revolution》」の後はその傾向が強いようです。

コミュニケーション(Commnication)

コミュニケーションといっても、視覚や聴覚を介したものや言葉によるものがあります。コミュニケーションをうまく取れない夢は欲求不満を表しています。

> 自宅にいたところ、誰かが押し入ろうとしている夢を見ました。受話器を上げて助けを呼ぼうとダイヤルするのですが、何度ダイヤルを回しても電話が通じません。

ニュースを運ぶ郵便配達人は、メッセンジャーの役割を担う神、マーキュリーの現代版です。たとえば郵便物がなくなるか、悪天候で郵便が届かないなどの夢は、自分だけ状況がわからない《not getting the message》孤立感や、取り残された気持ちを暗示しているのかもしれません。これは電子メールにも当てはまります。この場合、インターネットプロバイダーのサーバがダウンする、パソコンがおかしくなるなどの形で表れます。こんな夢を見たら、きちんと意志の疎通ができているかどうかを自問してみましょう。

> 昔のボーイフレンドに会い、電話番号を交換することになりました。私は彼の番号を書き留め始めましたが、彼はいくつか数字を教えてくれたところで後は忘れたというのです。夢の中で私はずっと「残りを教えたくないんだわ」と思っていました。

過去の関係が抱えていた根本的なコミュニケーションの問題が、今なお本人の夢にはっきりと表れています。

関連事項

- メッセージを伝えるのを阻止・禁止・制止されているように感じているのでは？

忘れる (Forgetting)

住んでいる場所、車を置いた場所、面倒を見なければならない赤ちゃんを残してきた場所を忘れる夢は珍しくありません。単純に考えれば、こういう夢は責任感を強化するとともに、おそらくは実生活で私たちがさらされているストレスを表していると思われます。たとえば仕事の報告書を書くのを忘れた夢を見たら、仕事に関する不安を反映している可能性があります。その仕事が手に負えない、または力不足に見られるだろうと感じているのではありませんか？

他の見かたでは、何かを捨ててしまいたいという無意識の願望を暗示する場合があります。住んでいる場所を忘れるのは、無意識のレベルで家に帰りたくないと思っているからとも考えられます。赤ちゃんを残してきてしまうのは、自分以外の誰かの世話をする義務が嫌になっているせいでしょう。赤ちゃんは幼児に限らず、あなたに依存している誰かを表すことがあります。

> 私は家から遠く離れたところにいます。突然、家に赤ちゃんを1人で残してきたことに気づきました。どうなったかと気をもみながら急いで帰宅すると、赤ちゃんは無事で、ご機嫌に遊んだりあちこちをはいはいしたりしています。その時、赤ちゃんの世話を誰かに頼んであったことを思い出し、心からほっとしました。

この夢は不安を暗示していますが、夢を見た女性の、自分が世話をすべき責任者であるという思いを強化してもいます。

テスト(Test)

テストを受ける夢は、何らかの状況に不安を感じていることを物語っています。学校のテストによる精神的重圧は後々まで残っていて、他の「試される」機会に再び頭をもたげることがあります。たとえばある女性は、ラテン語のテストを受けに行ったところ、なんと重要な題目を勉強し忘れていたという夢を語ってくれました。この手の夢を見たら、現在の生活の「試される」状況に関連していないかどうかを考えてみましょう。

私は広いオーディションホールにいて、大役の選出テストを受けていました。不安でいっぱいでしたが、張り切ってもいました。ところが演技をする段になると、台詞という台詞を全部とちってしまったのです。審査員はもちろん、他のみんなが私を笑い始めました。

この夢はこっけいに思われるか笑いものになるのではという恐れを表しています。ある意識状態から別の意識状態に移行する際、通過儀礼もしくは何らかのテストを受ける夢を見ることが多いようです。

裁判 (Judgement)

法廷は判断が下される場です。これは自らを検証する、自我を自覚する、他者に判断されるなどの行為に結びつけられます。たとえば出廷の予定もなく実際の状況と無関係なら、矢面に立たされていると感じていて、自分を守らざるを得ない状態にあるのでは？

コンテスト・試験・法廷、どんな場であっても審査を受ける際は受諾か拒絶、合格か失敗——そのふたつにひとつです。現時点でテストされている状況にありませんか？　人生のあるステージから次のステージに移るには、必然的に受容と適応という試験をパスするよう求められることも多いものです。

「正義」は目隠しをして剣とはかりを持つ女神の姿で表されます。聖母マリアも「正義の母《Mother of Justice》」といわれます。女性の姿をした人物が天秤はかりを持っている夢を見たら、それはあなた自身が正義を求めている状態を暗示するか、下すべき決断に関連があるのかもしれません。

関連事項

◎ 弁護士の夢を見た場合、法的な立場を懸念しているのでは？　または夢が何らかの審問を暗示しているのでは？

家が火事になる(House on Fire)

子供時代に始まってその後繰り返し見る夢がある場合、その夢の原因も子供時代にさかのぼれることがよくあります。以下の女性は、物心ついてからずっと不安感を抱えて生きてきました。ただ、現在は子供時代の夢をあまり見なくなっています。

> 火事になった家の中にいます。決まって母の家です。階段の一番上に立っている私の背後には火が迫っています。階段の下には犬がいてうなり声をあげています。どちらへ行けばよいかわかりません。この夢はいつも同じ結末を迎えます。私は死んでしまい、熱いと思いながら疲れ切って目を覚ますんです。

この女性は幼少時に両親が離婚しています。当時彼女は父母とも大事でどちらにつけばよいかわからないと感じ、2人のあいだで途方に暮れていたのでした。夢には真ん中で身動きが取れない彼女の気持ちがドラマティックに表現されています。夢に現れる火は、覚醒時に抑制している怒りを表すことがあります。

火は外傷後ストレス障害(PTSD)にも関連があります。克明な日記で有名なサミュエル・ピープスは、1666年9月2日の日付で、ロンドン大火の恐怖と自らの貴重品を守るべく骨折った様子を記しています。後に彼は「火事で家々が焼け落ちる」夢を見始めました。その後6ヶ月経っても、ピープスは「火事の恐怖」のためになかなか眠れなかったといいます。

溺れる(Drawning)

海辺か、広い湖や川などのそばに住んでいるのなら、水の夢を見るのはごく自然なことです。生活圏内の特徴的な地勢だからです。ただ、危険が迫っている警告として溺れる夢を見る場合があります。以下の女性の夢もその例です。

> 兄弟と私がそろって海の中にいて、兄弟が溺れる夢を繰り返し見ました。私は必死で彼らの頭を水面上に出そうとします。

この夢は女性が兄弟に抱いている責任感も示しています。水中に沈んで息ができない夢は、不満などがうっ積しているか、背がたたない、つまり自分の能力が及ばない状態にあると感じている印かもしれません。

愛する誰かが溺れている夢を見たら、それは相手が「のみ込まれて沈み」かねない状況に巻き込まれていて、バランスを失い、最悪の場合は「押し流される」または「終局を迎える《washed up》」と気づいているせいかもしれません。

溺れるといえば、洪水にも関連づけられます。何かが洪水のように押し寄せている、つまり重荷を背負いきれないと感じていないか考えてみて下さい。

関連事項

- 生活上のできごとによって頭を押さえつけられ、息苦しく感じているのでは？ 水面上に出て息をつくにはどうすればよいと思いますか？

道に迷う(Being Lost)

道に迷い、気づくと知らないところにいて、家に帰る道がわからない――これは不安を表す一般的な夢です。以下の女性は6歳の時に父親をなくして以来さまざまな別れを経てきたため、とても心細い思いを抱いています

> いつも道に迷って1人ぼっちになるようです。最初はたくさんの人といても結局1人になるんです。毎回ここはどこかしらと思いつつ、家に帰る一番いい方法を見つけられないまま終わります。

家から閉め出される夢が、拒絶や排斥されたという思いを表す場合もあります。

> 友人や自宅、よりどころになるものが全て消えてしまいました。私はこの事態を切り抜けようと、知っている人を探してあちこち歩き回ります。不安でいっぱいなのを誰にも悟られないよう、内心パニックになりつつも平静を装います。

住まいや自宅は象徴的に自我を表すことがあります。したがって、家から閉め出される夢は自我の喪失感か疎外感、不安を表している可能性があります。

道に迷っても、よい結果につながる場合もあります。アイルランド神話の英雄コーマックは霧の中で道に迷いました。ようやく霧が晴れ、ふと見ると泉があります。泉の中をのぞくと5匹の鮭がいます。鮭は泉の周囲に生えている9本のハシバミの木から落ちた実をえさにしていました。水が湧き出るこの泉からあふれ出た水は5本の川となってアイルランドの5地方へ流れていきます。川は、あらゆる知識の入り口となる五感を表しています。コーマックは道に迷ったことが僥倖だったと気づきます。彼が見つけたのは「知識の泉」だったのです。

閉じ込められる
(Being Trapped)

> 部屋の中にいて、壁が押し迫ってくる夢を見ました。怖くはありませんでした。壁がスポンジでできていたからです。

ある看護師はストレスを感じていた時にこの夢を見たそうです。スポンジは、文字通りもう手一杯かまたは感情的に余裕がないか、いずれにしろこの女性ががもう「吸収」できないと感じている状態を象徴しています。スポンジの壁は影響を「クッションとなってやわらげる」ように思えますが、夢がこのまま続けば押しつぶされて死んでしまうのは必至です。

閉ざされた空間に押し込められる夢を見たら、実生活できゅうくつに感じていないかどうか自問してみましょう。その「囲い」から抜け出すには何をすべきでしょうか？　周囲の状況に閉じ込められているという思いを夢が浮き彫りにすることもあります。

夢ではどこに閉じ込められましたか？　なぜそうなったのか、閉じ込めた相手はあなたにどうして欲しいのかを考えて下さい。たとえば愛のない結婚生活や先の見えない仕事に縛られているなど、実際の状況を表してはいませんか？

> 友人と一緒にトラックの後ろに押し込められる夢を繰り返し見ました。誘拐されたのです。チャンスを見つけて数人が逃げていきますが、毎回私が最後まで残ります。

意志に反して拘束されるのは、他の人の力によって自分の生活が左右されるのではという恐れの暗示です。

危機を逃れる(Escaping Danger)

車を猛スピードで走らせている夢を見ました。回りはジャングルのような場所です。不意にゾウが私めがけて突進し始めました。私は恐怖に震えましたが、ホーンを鳴らし続け、あわやというところで象は進路を変えました。

危機を逃れる夢はその場面設定を問わず、夢に登場した要素それぞれに大きな意味があります。前記の夢の要素をあげてみましょう。

車——猛スピードで走らせているのなら、自制を失っているのでは?

ジャングル——「ここは無法地帯《ジャングル》だ」など、本人の環境に対する感情を表している可能性も。

ゾウ——ゾウは野生動物ですが、飼い慣らすこともできます。その大きさは力を表しますし、ゾウはとても記憶力がよい動物です。また、強い性欲にも結びつけられます。

この女性は脅威を「そらす」必要があったのですが、首尾よく成功しています。

家から出られない夢を見ました。脱出できた後も、大男に追いかけられます。男は1歩で私の2歩分を進みますが、いつもつかまる前に目を覚まします。

並外れて大きな、2倍の力を持つ人物に脅かされるわけですから、逃げる唯一の方法は「目を覚ます」ことです。夢から目を覚ますことで逃げ出していたら、何に「目覚める」、つまり気づくべきなのか考えて下さい。実生活で見落としている、または避けているものは何でしょうか?　きちんと向き合わない限り事態は改善しないでしょう。

逆境を切り抜ける(Surviving)

大きなショックを受けると、その嫌なできごとの夢を何度も繰り返し見たりします。本人が苦境を切り抜けた後も、まだなお癒やしを求めている心の傷に気づくよう夢が促しているのです。米国の文筆家ラッセル・バンクスは、彼が12歳の時に家族を捨てた、アルコール中毒の暴力的な父親の夢を今でも見るそうです。当の父親は1979年に亡くなっていますが、ラッセルは週に2〜3回、また、裏切られたまたは見捨てられたと感じた時や心が乱れた時はとりわけ頻繁に父親が夢に登場すると語っています。子供時代に暴力を受けた体験が彼の夢に深く刻み込まれているのでしょう。ただし、どんなに不安をかきたてられても、突き詰めればこういう夢は本人が逆境をくぐり抜けた事実を裏づけているのです。

アントワーヌは17歳の時に以下の夢を語ってくれました。彼はこの夢をとても気に病んでいました。

> その時覚えていたのは、父が亡くなったことだけでした。銃で撃たれたのだと思います。私はひどくうろたえ、あごの下にショットガンを当てて引き金を引きました。自分の命が体から抜け出ていくのを感じます。ところが死の瀬戸際か、たぶんそこをわずかに踏み越えたところで、息を吹き返しました。すさまじい痛みを感じ、自分の頭部がめちゃくちゃにつぶれて見るも無惨な姿になったのに気づきました。

死や自殺、広い意味での喪失に対する密かな恐怖は、アントワーヌが語ったような悪夢にドラマティックな形で描き出されます。覚醒時はおおい隠されている感情に悪夢がアクセスし、最も心を悩ませている原因を正視させるのです。

恐怖の原因がどんなことであっても、とにかく大切なのは生きのびることです。

人災(Man-made Disasters)

ラジオのインタビューで小説家のニーナ・ボーデンが、2002年のポターズバーで起きた悲惨な列車事故の記憶を語っていました。彼女は1週間のあいだ集中治療室にいたのですが、7人が亡くなり、70人が重軽傷を負ったその事故に自分が巻き込まれたことは覚えていなかったそうです。おぼろげながらそれに気づいたのは、夫が亡くなった夢がきっかけでした。ようやく入院先のベッドの上ではっきりと意識を取り戻し、徹夜で自分の看病をしている家族の姿が目に入った時、彼女は夢が本当かどうかをたずねました。夢で見たことは事実でした。

夢は、意識が通さない情報をもたらしてくれます。災害の生存者は夢で事件の詳細を見ますし、夢によってそのできごとを受け入れていきます。

英国の作家グラハム・グリーンは、彼が5歳の時に見た夢について記しています。タイタニック号の悲劇が起きた夜のことでした。

> 船が沈没する夢を見た。ある場面は60年以上経った今も鮮明に覚えている。押し寄せる高波の弓なりになった波頭の下、防水服を着た男性が甲板の昇降階段脇で体をくの字に曲げているのだ。

他の船舶が沈没した夜も、グリーンは船が難破する夢を見たと語っています。

戦争(War)

戦争といってもその種類は様々です。公式に宣戦し国際法に則って行われる戦争もあれば、信仰の名の下に攻防を行う聖戦(ジハードなど)もあります。戦争の夢は世界で起きているできごとを反映しているのかもしれませんし、あなたを悩ませる内心の葛藤を表しているのかもしれません。

近隣で起きた騒ぎがきっかけとなって争いの夢を見ることもあります。以下のイスラム教徒が見た夢もその一例です。

私の家族と、人間の姿をした悪魔のあいだに「戦争」が迫っている予感がします。敗北を余儀なくされそうです。しかし天使の一団が助けに来てくれて戦いに勝ち、クライマックスを迎えたところで夢は終わります。

この夢を見た本人と家族が引っ越した時、人種間の問題が原因の摩擦も自然と解決したのでした。たとえ交戦中でも、敵味方にあまり変わりはないという認識があると、以下のような夢を見ることがあります。

バルカン地方の大きな城にいる夢を見ました。私は暖を取るための古着を探して走り回っています。戦争の真っ最中で、擲弾《てきだん》を発射するバズーカ砲を手渡されました。ところが私は中立地帯、しかも敵ではなく「味方」の近くに砲弾を撃ち込み続けるのです。

関連事項

- 自分自身との葛藤を抱えているのでは?
- 実生活では意識したくない、何らかの争いに巻き込まれているのでは?

天災 (Natural Disasters)

地震や洪水、台風などに襲われた後、その恐怖を再現する悪夢を見たという報告があります。かつてサウスウェールズのアベルヴァンでは崩れたぼた山が村の学校をのみ込み、多数の児童が死亡しました。からくも生き残った人も、繰り返し悪夢を見ています。生徒の1人、ジェフ・エドワーズは「下級生の女の子がすぐそばに埋まっていて、その後長期間にわたって悪夢を見た」と回想しています。災害に巻き込まれた人の多くが、何年経っても不安をかき立てる夢を見ます。

> 大波にのみ込まれる夢を繰り返し見ます。ある時は海岸にいて、またある時は子供時代によく通った道を歩いていて大波にあいます。波が来るから備えなくてはとわかってはいるのです。準備万端で波を迎える場合もあります。波をかぶっている最中でも、たいていは平静でいられます。時には死んでしまい、そこで目を覚ましたりもします。

深く傷ついたできごとの後、繰り返し悪夢を見ているうちに、次第に実際の事件を間接的になぞる形へと変化する例もあります。2001年9月11日以降、燃えさかる世界貿易センターではなく、津波の夢を見る人が増え始めました。津波は空同様に青い海から襲ってくる、やはり生命を脅かすできごとだからでしょう。

想像上の生きもの (Magical Creatures)

> 庭にいて、何かを探している夢をよく見ました。たくさんの妖精が手伝ってくれています。

想像上の生きものは生涯を通じて夢に現れます。そして心の中の恐怖心を浮き彫りにし、強い影響力のある物語や神話へと結びつけます。サリーは7歳になった時、学校から帰ってきて自宅のドアをノックした夢を見ました。

> 竜が戸口に現れて、とてもていねいにいいました。あなたのご両親は引っ越して、もうここにはいません、と。私は竜に腹を立てました。

こういう夢は、肉親に見捨てられはしまいかという児童期の恐怖心を表しています。

巨人は肉体的な力に加え、精神的な力も表しています。夢に「人々の中の巨人」が現れたら、それは優れた叡智を与えに現れたガイドかもしれません。

昔、ユニコーンの角は毒を探知または中和し、様々な病気を直すと信じられていました。ユニコーンの角として、よくイッカク鯨の角が流通していたようです。

夢の中で胸に重みがのしかかり、ひどく邪悪な存在を感じたと多くの人が報告しています。淫乱な何者かを見たという人もいます。これはインクブスとスクブスとして知られる小さい夢魔です。中世の絵画によく登場し、コントロールできない夢と欲望の世界を象徴しています。

特殊な服装をする
(Wearing Special Clothing)

普通は着ない服を着る夢を見たら、それが何を表しているのか考えてみましょう。いつもと違う服装は、日常の拘束から解放されて自分の隠れた部分を表に出す機会を象徴することが多いようです。

シャーマンの扮装をするのは、神秘と癒しに関する面を表していると思われます。ピエロの衣装は、生活にもっと遊び心とユーモアを取り込む必要性を物語っているのかもしれません。

ネイティブアメリカンの服を身につけたら、動物と大地を大切にし敬うナチュラルな生活様式への結びつきを示しています。

たとえばカーニバルなどのために仮装をしたら、それはいたずらをしてもよい印。そんな夢の中ではいつもの規則が無効になり、あらゆることが可能になります。

過去の時代の服装をする夢は、その時代に抱いている興味の表れか、当時生きていた先祖とあなたがリンクした印かもしれません。

マスクをかぶると、いつもと違った自分になれます――心の内をおおい隠せる《マスク》からです。

警官や看護師、兵士など、何らかの制服を着ていたら、それは権威か知識を望む願望を象徴している可能性があります。

ヒョウ柄や枝角などをつけて動物に変装する夢は、その動物が持つ力や性質を必要としていることを暗示しています。

裸になる(Being Naked)

裸になる夢は珍しくありません。重要ポイントは、その状況をどう感じたかを認識すること。特に気兼ねがなくリラックスしているなら、他人に対して自信があるあかしです。さらし者になっている気がして恥ずかしかったら、引け目を感じている暗示でしょう。ふと気づくとろくに服も着ないまま通りを歩いていて、丸見えの体にうろたえる――これもよくある夢です。

> 小さなシャツだけを着て学校に行く夢を見ました。体を隠そうとしたのですが、全然うまくいきませんでした。

裸になる状態から、全く新しい面を見い出せることもあります。以下の女性はその例です。

> 夢の中の私は必ずしも女性ではないばかりか、人間でもありません。ただ、男性、子供、別の女性の体、動物、その他色々な体をまとっていても、私はいつも「私」です。女性になってから男性になることもできますし、その逆も可能です。

この女性は様々な面を余さず体現しているわけですが、私たちは皆多かれ少なかれ同様のことをしています。うまくバランスを取り、心身ともに円満な状態になるには、自分自身の様々な面を統合する必要があるのです。

エロティックな経験 (Erotic Encounters)

エロティックな夢は思春期の入り口ごろに始まるようです。以下の夢もその例に漏れません。

> 11歳の頃から、古代エジプトで奴隷になったマゾヒステックで性的な夢をよく見るようになりました。

「奴隷」になることで性的なできごとの責任を取らずにすみ、内心感じるはずの罪悪感を逃れているわけです。

性的快楽を味わう夢は、実際の行動に関連があるか、または個人的な欲望を追求している実生活上の一面を暗示している可能性があります。他の人を押しのけてでもという実生活上での態度について、自己本位に感じていることと関係がありませんか？　夢の中でどう感じましたか？　満足でしたか、不満足でしたか、それともオーガズムを感じましたか？　もしかしたら願望充足夢かもしれませんし、性的な欲求不満の表れかもしれません。夢は象徴的であるとともに、現実をそのまま反映することもあるからです。また、夢の中では安全に性的な空想を広げることができます。

> 私が見るエロティックな夢の中の相手は、あまり面識がない男性が多いようです。ある時、大学の講師を採用する面接試験に臨む夢を見ました。口頭試問を受けた後、構内を案内してくれる男性を見つけなければならなくなりました。その男性は図書館にいました。案内してもらっているうちに、彼は私の体に腕を回し始めました。結局構内の説明はそっちのけで彼の部屋に行き、そこでセックスをして午後を過ごしました。

関連事項

- エロティックな夢は、実生活で性を押し込めていることの埋め合わせでは？
- セクシュアリティをより自由に表現できる場を夢が提供しているのでは？

妊娠(Pregnancy)

お腹の中で胎児が成長する妊娠中、妊婦は変化に富んだ夢を見るようになります。妊娠の兆候が力強い夢で始まる女性も多いのです。米国の夢研究家であり作家でもあるロバート・ヴァン・デ・キャッスルは、妻のスザンナが見たこんな夢を記しています。スザンナは夢の中でデパートにおり、乳児用体温計を探していました。と、突然目の前に円形の室内プールが現れました。中にはイルカと女性が泳いでいます。スザンナも下りていってそこに加わりました。ヴァン・デ・キャッスルには、すぐにそれ(「魚」と水の入った円形プール)が受胎のシンボルだと分かりました。その後妊娠判定検査を行ったところ、本当に妊娠中であることが明らかになったのです。夢によって妊娠中の不安感が格段に和らぐこともあります。

> 赤ちゃんが生まれるのを待っている夢を見ました。私は家族や友人に、きっととても痛いから生みたくないと訴えています。怖くてどうしようもなくなった時、突然赤ちゃんが生まれました。しかも全く痛みませんでした。

米国のある産科医は、妊婦が見た不安を表す夢についてきちんと聞くようになってから早産の割合が6.5%から2.8%に減ったことに気づきました。妊娠中に心配な夢を見たら、かかりつけの医師やパートナー、助産師に話してみましょう。きっとあなたをはげまし、妊娠にはつきものの様々な不安に向き合う手助けをしてくれるはずです。

> 私の母が魚の夢を見ると、必ず誰かに赤ちゃんができました。

妊娠した時に魚の夢を見る女性も多いようです。胎児が羊水という水の世界で泳いでいる姿が魚のようで、イメージが重なるのでしょう。

誕生（Birth）

誕生の夢は、妊娠中の誰かに会ったか自分が妊娠したのがきっかけになることもありますし、生殖に関する全過程を示していることもあります。

黒髪でとても愛らしく、触ったら壊れてしまいそうな、おやせさんの赤ちゃんを産む夢を見ました。その赤ちゃんがあまりに可愛らしかったので、今まで見た中でも抜群に楽しい夢だったと思いました。私が実際に出産を迎えた時、まさに夢の通りの赤ちゃんが生まれました。

象徴的な側面からいうと、誕生は新たな自我の現れ——新たな意識とそれまでにない才能の芽生えを表します。

関連事項

- 陣痛の強弱はどうでしたか？　あるプロジェクトを成功裡に完結させるには「産みの苦しみ」が必要なのでは？
- 英語で「昨日生まれたのではない《not born yesterday》」といえば、世慣れていて分別があり、簡単にはだまされないこと。
- 英語で「銀のスプーンをくわえて生まれた《born with a silver spoon in one's mouth》」とは、裕福な家庭に生まれること。
- 出生証明書——アイデンティティや社会で与えられる権利に関連。
- 受胎調節——妊娠能力や予期せぬ妊娠に不安を抱いているのでは？

赤ちゃん(Babiès)

> 妊娠中、子供が生まれたのに数日間忘れていた夢を繰り返し見ました。子供のところに戻ると、放っておかれて餓死していました。

赤ちゃんが誕生すると、それに次いで赤ちゃんの夢を見て、その中で不安を解放することがあります。ただし、夢を見た本人の人生における進歩──眠っている可能性の目覚め、新しい才能や素質の発見に関連づけられる場合もままあります。

> 不意に赤ちゃんがいなくなったのに気づきました。知らない「彼ら」に連れ去られたのです。自分が赤ちゃんを渡し、そのまま黙認していたとは信じられませんでした。悔やみきれない自責の念と不安の波が襲ってきました。

赤ちゃんの世話を放棄する、または何らかの形で守りきれなかった夢は、自分の子供に関する不安を暗示する場合もありますし、自分自身に十分な注意を払っていない事実を示しているのかもしれません。可能性の拒否を指しているとも読み取れます。その反対の意味を表すのが赤ちゃんを見つける夢です。これはそれまで隠れていた自分の可能性や素質にアクセスしている印です。新生児は新たなスタートや新たなチャンス、新しい技術の習得の象徴です。

あなたの都合も聞かず、十分な食事や衣類も添えないまま赤ちゃんをあなたに託して世話を押しつける誰かの夢を見たら、あなたが他人の責任を負っている暗示かもしれません。

夢の中で赤ちゃんが普通と違って子供らしくない振る舞いをし、びっくりまたは当惑させられることもあります。

> 大人のように話したり振る舞ったりする赤ん坊の夢を見ました──あまりよい気持ちはしませんでした。

姿が見えなくなる(Being Invisible)

たとえば魔法のマントや姿を消すパワーを持っているなど、夢で姿が見えなくなれば追われても身を守ることができます。その反面で回りの人の目に見えない状態は、無視されている——愛していると口ではいうのに、自分や自分の生活などまるで気遣ってくれないという思いのサインかもしれません。

部屋にいても、誰も私を気に留めてくれない夢を見ることがあります。まるで私の姿が見えないようで、完全に無視されるのです。

姿が見えなくなる夢は、他の人や自分から隠れている暗示かもしれません。自分の意見や希望、願望を隠していては、他の人がごまかしのない本当のあなたを「見る」ことはできません。この手の夢を見たら、他の人にどう自分を見せるか考え、変化をとげてこの世界に居場所を定める時が来たということでしょう。

関連事項

- 見過ごされて無視されていると感じているのでは?
- 本当の自分を誰にも見られないよう、考えや感情を隠しているのでは?

変身する人間(Shapeshifter)

知っている誰かが何か、または他の人間に変身する夢はとても気にかかるものです。ほとんどの場合で顔などが変わり、突如険悪な表情になったりします。その他、「怪物」が変身する夢もあります。

> 複雑な長い夢を見ました。私は、様々な姿や異様な格好に変身できる「怪物」に捕らえられてしまいます。自由の身になったと思った時、怪物はまたもや別の姿で目の前に現れました。形が定まらず、はっきり見えない黒い固まりです――邪悪極まりないのに、人格があるのです。

親しいけれども次にどんな行動に出るかわからない人が、変身する人間によって表されることがあります。きずなと恐れが象徴的に描かれているわけです。夢の中でどんなにもがいてもその相手から逃れられない――こんなことが起きたら、いつもと違う面を出してあなたを傷つける人、つまりある時はやさしいのに、次の瞬間はとげとげしくなるような人が身の回りにいないか考えてみるとよいでしょう。普段は愛情深いのにアルコールが入ると人が変わってしまう相手もその例です。こんな風にして実生活と関連づけてみて下さい。

『美女と野獣』というおとぎ話のように、野獣が愛によって元の姿に戻れることもあります。この場合、姿を変えるかどうかが一種の心の試験なわけです。ヒロインは野獣の恐ろしい外見の下に潜む美を引き出すことができるでしょうか？

関連事項

- 夢に登場した野獣の皮相の下には何があるでしょうか？
- 夢の野獣《beast》は「役畜《beast of burden》」に関係があるのでは？

第6章

私たちは誰もが、頭上に空が広がり、足元には地面がある自然界に住んでいます。空が灰色でも青色でも、地面が砂漠でも舗装道路でも、暮らしている環境からあふれるばかりのイメージを受け取り、様々な感覚を覚えます。人間は自然の力に影響を受けますし、同時に依存してもいます。夢にはそんな関係が反映されるのです。

自然界の夢を見たら、自分と大地の結びつきをその中に探してみて下さい。意識していても、またはしていなくても、私たちは自然界との結びつきから肉体的・精神的・感情的に重要な知識を蓄えています。ところが、その深い知識はあまり正当に評価されていません。本章では、そんな象徴的関係の重要性を見ていきます。

ニュージーランドに住むマオリ族に伝わる創世記には、自然界の力が見事に描かれるとともに世界を理解し説明したいという人間の心理的要求が反映されています。その創世記の筋は以下の通りです。父なる天と母なる大地が深い闇で抱き合いました。2人のあいだに子供が生まれました。海の神、風の神、森の神、食物の神、そしてもう1人、「荒々しい者」と呼ばれる神です。光に至るために、子供たちは両親を分かたなければなりませんでした。人類のためには必要なことでしたが、誰もが悲しみ、その涙が雨となって空から降るのだそうです。

自然現象

自然現象

悪夢でも夢を見ていたい。夢がなかったら、一晩中何も起こらないから。

ジョセフ・ヘラー：『SOMETHING HAPPEND』

道教の哲学では、人間は自然界、特に山々や木、滝、湖を敬うべきである旨が強調されています。中国の古い絵にもこの精神が見て取れます。悠久の美をたたえる風景が描かれる一方で、人間は描かれているにしても、荘厳な山々のふもとに小さく配されるに過ぎません。

長いあいだに自然物も象徴的な意味を持つようになりました。夢に自然物が出てきたら、表面的な意味だけではなく象徴的な意味も検討することが大切です。たとえばパイナップルの夢を見たとします。それは就寝前にパイナップルを食べたのが原因かもしれません。しかし、別の面を考える必要もあります。17～18世紀、南太平洋から帰還した英国の船員は「帰った」印として門柱に生のパイナップルを刺していました。玄関の装飾として石彫りのパイナップルが今も使われるのはこのためです。つまりパイナップルには旅行者の帰還を象徴するより深い意味があるのです。植民地時代の米国ではもてなしのシンボルでもありました。

この世に住んでいる限り、先の予想

上　天災の夢は、人間が依存している自然の強大な力を思い起こさせる。

はつきません——どんなことも起こる可能性がありますし、実際に起こりもします。いつ嵐や地震に襲われて生活が変わるかもしれません。雨が降らなくて作物が実らないかもしれません。このため、人間は少しでも主導権を得ようと自然界を動かすための儀式を作り上げたりもしています。

アフリカの伝統では、人生は予想のつかない変化や運命的なできごと、偶然の影響に支配されているという悟りを「トリックスター（民間伝承などに登場し、秩序を破壊しまた創造する存在）」が象徴しています。ナイジェリアのトリックスター、エシュは、人生は予測不可能であると全ての人に気づかせます。あなたも夢の中でトリックスターに会うかもしれません。それは人間の姿をしているとは限りません。自然界のカオスに象徴されるトリックスターかもしれません。ネィティブアメリカンは、表面が開いて別の顔が現れる仮面を作ります。トリックスターと同様、別の面についても認識すべきだと示しているのです。

私たちは祭りや歳時の祝いで自然界をあがめます。夢にも自然界のシンボルが登場します。春の始まりを表すイースターの卵もそうですし、厳冬の常緑樹もその例です。常緑樹は、あらゆる成長が止まったように見えても生命が存続していることを思い起こさせてくれます。自然界の夢を見たら、そのたびに自然界との結びつきについて考えてみて下さい。

琥珀 (Amber)

太古の松の樹脂が化石化した琥珀《こはく》は太陽や光、不死のシンボルです。ヴァイキングは琥珀の不思議な性質をあがめていました。琥珀はラテン語で「*electrum*」といい、電気を表す英語「electricity」はこの言葉に由来します。琥珀をこすると静電気が起き、髪の毛が吸いついて逆立ったりします。錬金術師は琥珀を太陽のシンボルと考えていました。癒しにも結びつけられ、目が痛む場合や手足を捻挫した時は患部に琥珀をこすりつけることもあったようです。琥珀が生命を保持することもあります。映画『ジュラシック・パーク』は、琥珀に入っていたDNAから恐竜をよみがえらせる着想がもとになっていました。恐竜の血が樹脂に閉じ込められた蚊に残っていて、そこからDNAを取り出し、絶滅した生物を復活させるわけです。そもそも琥珀とは中国語で「虎魄」と書きます。これは「虎の魂」という意味です。虎のオレンジ色と黒っぽい茶色になぞらえたのでしょう。

バルト諸国では、琥珀のビーズを「女神フレイヤの涙」と称し、関節炎を治すのに使っていました。古代ギリシャでは太陽のニンフであるヘリアデスの涙から琥珀ができたと信じられていました。おそらく、琥珀が太陽の色を凝縮して表しているように見えたせいでしょう。バーバラ・G・ウォーカーが著書『The Woman's Dictionary of Symbols as Sacred Objects』で述べているように、むかし琥珀はヤマネコの尿からできると考えられ、「ヤマネコの石《lynx stone》」とも呼ばれていました。

関連事項

- 琥珀の夢は、生活にエネルギーを充電する必要性を表しているのでは？
- 琥珀の中に閉じ込められた小さな生物のように、自分の本質的部分のどこかが固定化してしまったと感じているのでは？

水晶(Crystal)

他の貴石と同様に水晶は魂のシンボルです。聖書にもそういう記述があり、イエス・キリストは「生ける石」と呼ばれています。水晶はハイヤーセルフをも表します。

現在は電子機器にも水晶の部品が使われています。初期には潜水艦探知用ソナーシステムや、時計などに用いられていました。昔は未来のできごとを知るために水晶を利用しました。水晶をのぞき込めば未来が見えると信じられていたため、その名も「パワーの石」と呼ばれていたのです。水晶玉の中をのぞいて未来を見る方法が始まったのは、古代ギリシャやローマ時代よりも前の時代にさかのぼります。また、しばらく水晶玉をのぞいていると心が無になってヴィジョンが浮かぶといわれます。

日本では水晶のような美しい宝石を珠ともいい、永遠のシンボルとみなしています。純粋さや清澄さとも結びつけられるため、シャーマンがヒーリング儀式に水晶を用いる伝統文化もあります。

関連事項

- 水晶が夢に現れたら、物事が「水晶のように澄んで《crystal》非常に明白《clear》」なことを意味しているのでは?
- クリスタルシャンデリアはよく富の象徴とされます。
- 未来に対する不安と、何が起こるかを知りたいという気持ちが水晶玉として表れることも。

宝石（Gemstones） 古今、強国では宝石が通貨として用いられてきました。宝石類ははるか昔から装身具として使われています。エジプトで発見されたミイラは、美しいネックレスやブレスレット、イヤリングなどを身につけていました。神話では、ドラゴンや大ヘビ、怪物が宝石を守ったりしています。宝石は、秘密の知識や愛、富などの宝物も象徴します。

原石はカット・研磨されて美しさを増し、その上で指輪やネックレスにはめ込まれて装身具となります。スペインではカットずみの宝石を「*piedras de rayo*」といいますが、これは「光の石」という意味です。ダイヤモンドなどの宝石はクリスタルヒーリングに用いられます。宝石の夢は、それぞれの象徴的性質に結びつけられます。

ダイヤモンド——天然に存在する物質中、知られている限り最も硬く、光・生命・太陽・不変を象徴します。

エメラルド——緑色で透明のエメラルドはとても高く評価されています。不死・希望・誠実を象徴します。

ジェット——黒く光沢のある石。悲しみ・喪・旅の安全を象徴します。

ラピスラズリ——金色と白色の班が散る濃青色の石。神の力・成功・能力を象徴します。

オパール——オパールには様々な色があり、アンラッキーとされます。夫に死に別れることや涙を象徴します。

アメジスト——淡いラベンダー色から深いバイオレットまで、様々な濃淡があります。酔いを防ぐといわれます。枢機卿や司教が身につけるため、「司教の石」として知られます。

ルビー——深紅色のルビーやその他の赤い宝石は血を連想させます。王位・威厳・情熱・不屈を象徴します。

サファイヤ——その濃青色が天と結びつけられます。サファイヤは守護のほか、怒りを静め愚かさを正す効果があると考えられていました。

トパーズ——様々な色合いがあり、友情・暖かさ・誠実さを象徴します。

金属 (Metals)

金属は固体になった宇宙エネルギーを象徴し、性衝動とも結びつけられます。この視点から、ユングは素地金属が欲望と「肉欲」を象徴すると主張しました。素地金属を精錬して純度の高い金属に変える作業は、日常生活を送る上で関わらざるを得ない俗事から創造的エネルギーを解放する過程になぞらえられます。夢に登場した金属には、今のあなたにとって一番重要なことが暗示されています。

金——太陽の金属である金は王位を象徴します。イエス・キリスト、すなわち新しい王が降誕した際に東方の三博士がベツレヘムへ黄金を持参したのはそのためです。また、光と霊性を表します。昔はヒーリング作用があると信じられており、ものもらいができると目に金をこすりつけていました。

銀——月や人間の女性的側面を表す金属です。

鉄——マルス神すなわち戦いの神を象徴する金属です。

水銀——マーキュリー神を象徴する金属です。「クイックシルバー」とも呼ばれます。

銅——ヴィーナスを象徴する金属です。ヴィーナスの大神殿はキプロス島（銅を産する）にありました。銅はリューマチを防ぐ目的にも用いられていました。英国で「copper」といえば、「警官」を表す古い俗語です。これが米国で縮まり、「コップ《cop》」といわれるようになりました。

鉛——重くて鈍い灰色の鉛は「鉛のように重苦しい気分」に結びつけられます。悪影響をもたらすという土星とも関連づけられます。鉛は打ち延べやすいため、古代ローマでは柩を内張りして水が入らないようにする目的に用いられました。また、鉛板に呪いの言葉を刻み、神殿におさめることも行われていました。

気（Air）

古代、気は4つの基本元素のひとつであると考えられていました。気は創造性や思考、知性を象徴します。私たちは空気がなくては生きていけません。空気が夢の重要な要素として登場したら、その状態について検討してみましょう。深い霧がかかっていましたか、もしくは薄くかすみがかっていましたか？　すっきりさわやか、透明、それとも汚れていましたか？　その答えによって、実生活であなたを取り巻く雰囲気がつかめます。夢では楽に呼吸ができましたか？　喘息の持病がある人の場合、体が締めつけられるように感じ、夢の中で空気を求めてあえぐこともあります。また、自分以外の生物が息ができずに苦しむ夢もあります。

> 魚が芝生の上に落ちている夢を見ました。どうやら水中から飛び出してしまったようです。川に戻さないと死んでしまうに違いありません。魚は呼吸ができずに苦しんでいました。

夢をよく検討すると、物事の本質が見えたり希望が湧いたりします。以下の夢では「陽光」が差してあたりが明るくなった時がまさにターニングポイントとなりました。

> 以前、暗い森の手前にいて足を踏み入れるのを恐れている夢を見ました。それは急性の不安症の前兆でした。症状が本格的に現れる前に、この恐ろしい夢について精神的な相談相手に話したところ、一緒に祈ってくれました。その時、森に陽光が差し込んで道を照らすのが「見えた」のです。このおかげで、これからつらい時期を迎えるという時も希望を持っていられました。

関連事項

- 「空気」は態度を表す「雰囲気」にも通じます。あなたは「温和でていねいな雰囲気」をまとっていますか、それとも相手をおとしめるような横柄な態度をとっていますか？
- 「暗雲を一掃する《clear the air》」、すなわち本心を述べて立場をわかってもらう必要があるのでは？

土 (Earth)

土、すなわち大地は私たちの基盤です。土も古代に信じられていた四大元素のひとつです。文字通り私たちの足を地につけさせるとともに、生活を支える糧の源でもあります。「母なる大地」は育みいとおしむこと、すなわち生命を生み出す子宮を象徴しています。

以下の夢のように大地が割れたら、何に陥ることを恐れているか、または、不意に「開かれて」白日の下にさらされるものは何かについて考えてみて下さい。

> 兄の後を追って庭を走っている夢を見ます。いつもあと少しで追いつくという時に、目の前の地面が割れます。私はその穴の中に積もっている葉の上に落ちてしまいます。その穴にはどこかへ続くトンネルが口を開いています。

この夢を見た男性と兄のあいだには競争があり、それがトラブルの元となっています。この男性は、不安のせいで実生活でも骨折り損を余儀なくされていないか考えてみるべきでしょう。この夢には、兄に肩を並べると何か悪いことが起こるという思いが表れています。大地が彼を支えきず、「困難に陥って《dropped in it》」いるからです。

万物は世界の一部であり、エネルギーを介して、私たちが住んでいる地上から大気にいたるまであらゆるものに結びついています。

関連事項

◎ 夢の土の状態はどうでしたか？　肥沃でしたか、それとも不毛の地でしたか？　そこにあなたの感情状態が反映されているのでは？

火 (Fire)

火は理性、それゆえに人間がほかの動物と一線を画す神性の輝きを象徴します。やはり古代に生命を支えるとされた四大元素のひとつです。火《fire》は熱やエネルギーを表すとともに、「怒り」を意味する「ire」の象徴でもあります。中世ヨーロッパで魔女に用いられた火による審問は、怒りと無知が生み出した拷問でした。

火は浄化と結びつけられます。「ベルティーン」はメイデーを表すアイルランド語で、「明るい火」という意味です。ベルティーン祭では、春の到来を示すかがり火をたきます。ケルト人はこのかがり火のあいだに家畜を通して清めていました。

アステカ文化の火の神ウェウェテオトルには、その怒りを静めるため人間が生け贄として捧げられていました。

暖炉は住まいの心臓部であり、暖かさの源です。また心臓は、体にエネルギーをもたらす火にたとえられることがあります。あなたの火の夢は心からの感情に結びつけられませんか？　6世紀にイランで起こったゾロアスター教の教徒にとっては、聖火が中心的なシンボルです。オリンピックの開催を示す聖火は、今もフェアな競技精神と競技者間の和合を象徴しています。

関連事項

- 留意すべき何かが湧き上がっていませんか？
- 沸騰するお湯が夢に出てきたら、それは「余分な蒸気を逃がす」、すなわちストレスや緊張を解消すべき暗示では？

水（Water）

水は生命の源であり、四大元素のひとつです。夢では生活の感情的な側面を象徴します。水は深い淀みとなって何かを隠すこともできますし、澄んではっきりと見通せることもあります。ある人はこう語っています。

> しばらく夢を検討してきて、汚れた水が問題を表すこと、そして水が汚ければ汚いほど大きい問題を示すことに気づきました。

バスルームの水は、体を洗う、または排泄する際に使います。体や自分の衣類を洗う夢を見たら、「身ぎれいにし」て「新たに始める」か、または「行いを正し《clean up one's act》」て、先送りにしていたプロジェクトに取り組むべき時期がきたことを暗示しているのかもしれません。

スイミングプールなど囲まれた空間に水が入っている場合は、抑制された感情や自制を意味します。

多くの伝統文化では井戸や湧水に特別な敬意を払っていました。真水の源はすなわち生命の源でもあったからです。また、地中からまるで魔法のように水が湧き出るさまから、ヒーリングや天啓をもたらす特別な力を持つと考えられることもありました。

砂漠(Deserts)

砂漠は不毛の土地で、植物も野生生物もほとんど生息していないと思われています。しかし、実際は多くの植物が生えています。地中深く根を下ろし、地表からずっと下の土から水分を吸い上げて葉に蓄えているのです。花を開くのは灼熱の暑さがやわらぐ早朝か日暮れだけです。一見何ものをも寄せつけないように思えるこの環境に適応した動物もいます。

砂漠の砂はどこまでも続くように見えます。この無限の感じは霊的な性質を連想させます。宇宙は無限であり、私たちもその一部であるという認識があるからです。砂にのみ込まれる夢のように、砂が脅威となることもあります。こういう夢は不確実性を表します。周囲が変移していれば、自分の位置を見失ってしまうからです。

砂漠にいる夢を見たら、孤独感か、または「文化的砂漠」——何の興味も持てない場所にいる状態を反映しているのかもしれません。また「無人島《desert island》」にいる夢は、どこかに逃れてしばらく静かに過ごしたいという願望に関係してはいませんか?

関連事項

- 英語で誰かを「desert」するといえば、見捨てるという意味。夢の砂漠は、置き去りにされたという思いに関係しているのでは?
- あなたの生活が砂漠に似ているのでは?　すなわち、表面は地味でも地下は豊かなのでは?

深い穴(Chasm)

底がないように見える穴は、実生活上はもちろん、夢でも恐怖を呼び起こします。奈落の底にいれば、光は手の届かないはるか彼方です。この場合、霊性に欠けている状態か、「啓発の光《illumination》」を求める気持ちを表しているのかもしれません。また、どん底に沈んでこれ以上ないような絶望を体験してこそ、再び喜びをつかめることも多いものです。このほか、物語が夢のきっかけとなることもあります。

思い出すことのできる最初の悪夢は、寝る前に父が『不思議の国のアリス』を読んでくれた時に見ました。私は何とも嫌な感じの深く暗い地下の洞窟に閉じ込められています。その壁が周囲から迫ってきて、私はここから出してと叫んでいます。向こうには細い通路があり、母と祖母が「着飾って」人ごとのようにこちらを見つめています。

以下の深淵に関する夢には、傷つけられることに対する原始的な恐怖が表れています。

両側が断崖絶壁のとても急な階段を昇っていました。あと数段というところまで来た時、誰かが走り寄ってきて奈落の底に私を投げ落としました。目が覚めたときも特に怖さは感じませんでした。ただ、頂上までたどり着けなかったことにがっかりしました。

谷 (Valley)

谷間は定住地として広く好まれます。谷によって周囲が守られますし、山の尾根よりも風雨にさらされにくく、地味も豊かなため作物や家畜を育てるのに適しています。

谷にはよく川が水流となって注ぎ込んでいます。夢の谷間ではどんな風に水が流れていたか思い出して下さい。水は澄んで流れが速かったでしょうか？　自分のエネルギーの流れについて感じていることが反映されてはいませんか？

ジョン・バニヤンによる寓意物語『天路歴程』の主人公クリスチャンは、天の都すなわち天国に至る過程として死の影の谷を通り抜けねばなりませんでした。聖書の預言者エレミヤはこの谷を「荒野なる、穴だらけの不毛の地、乾ききった死の影の地」と表現しています。これは人生という旅や精神的な探求の旅においてくぐり抜けなければならない試練を象徴しています。

たとえ死の影を歩んでも
私はわざわいを恐れません
あなたが私とともにおられるからです
あなたのむちと杖が私を力づけて
下さいます

詩編23

原生林や森林 (Forests and Woods)

原生林や森林を森たらしめているのはもちろん木です。その豊かな懐の中に人間は住まい、食物や建材となる木を得ます。原生林は暗く神秘的です。未知のものを包含しているため、無意識を象徴します。多くの神話やおとぎ話がこの元型を裏づけています――話の中で登場人物は森林で道に迷ったあげく財宝や知恵を発見します。

古代ギリシャの神であり森林の守護者パーンは、グリーンマン（体が草木の葉などと一体になった自然神）やパック（英国民話の小妖精）、ロビン・フッドなどの姿でも表現されています。

アフリカでは、大地とそこに頼って生きる人間との密な関係が多くの伝統文化に表現されています。カメルーンでは森の精霊に扮した踊り手がジュジュダンスを踊りながら、森や自然環境が破壊された物語を語ります。熱帯雨林の破壊も地球をないがしろにしていることを表す典型的な印であり、また地球の未来に暗雲が立ちこめていることを示すものです。この手の破壊が夢に出てきたら、覚醒時に抱いている環境への危惧か、自分が「打ちのめされる《cut down》」という思いの反映かもしれません。

関連事項

- 「木を見て森を見ず」なら、全体を見ずに枝葉末節にばかりこだわっているため、大局が見えていない恐れが。
- 英語で「木製品をたたく《knock on wood》」といえば、災いや不運を避けるおまじないのこと。

断崖 (Cliff)

見晴らしの利く断崖に立つと、いかにも自分が無防備な気がして恐ろしく感じますが、鳥になったような高みからの広い視界を得ることができます。

手掛かりがろくにない高い断崖に登る夢を繰り返し見ます。あたりは暗くて、あまり視界がよくありません。母がそばにいることもありますが、絶対に手を貸してはくれません。いつも一番上にたどり着く前に目が覚めます。

断崖の頂《トップ》を目指して登るのは、仕事や、他の人と競争している何らかの領域で「トップ」の位置につきたいという野望と願望を表している可能性があります。

断崖から落下する夢の中では、落ちないように自分で夢から覚めようとします。

恐ろしい夢を見た時に目を覚ます能力をもともと備えている人もいますし、前記の夢を見た女性のように経験を経て起きられるようになる場合もあります。この女性は嫌な夢を見た時、大体は自ら目を覚ますことができるそうです。落ちる夢はどれも同様ですが、大変な高所から落ちるのは恐ろしいものです。自分の「安全地帯」を踏み越えていないか考えて下さい。この手の夢は成功にうまく処する能力に対する不安を暗示することがあります。

関連事項

- 崖にぶら下がる、崖っぷちにいる——決断するのを躊躇しているのでは？　緊張を強いられる状況にいるのでは？　医学的検査などの結果情報を待っているところでは？

洞窟 (Cave)

多くの場合、人間は洞窟を最初に住居としたため、洞窟は世界を象徴するようになりました。古代ギリシャやアフリカの神話では、洞窟が人間と神が会うところとされます。太古の洞窟画には、ありとあらゆる獣や、空飛ぶ人間や空中を浮遊する生きものなどの神的存在が描かれています。人類や救世主は全て洞窟やそれに類する場所で生まれるともいわれます。

イニシエーション儀式はよく洞窟で行われます。洞窟は秘められた場所ですし、入り口を警護していれば侵入者によってイニシエーションが妨げられるのを防げるからです。

洞窟に入れば子宮の中のように守られ、かくまわれます。閉ざされた秘密の場所であるところから、女性原理と結びつけられます。まぶしい陽光の届かないところで神秘的なことが起こる場所なのです。ただし、危険がないわけではありません。

氷洞の中にいる夢を見ました。後ろから何かが迫ってきたのですが、振り返るともうそこには何もありませんでした。

日本には、太陽神である天照大神が岩戸を出てようやく世界に光と秩序が戻ったという有名な神話があります。ケルト人は洞窟を抜けて別世界（天国）へ行くと信じていました。

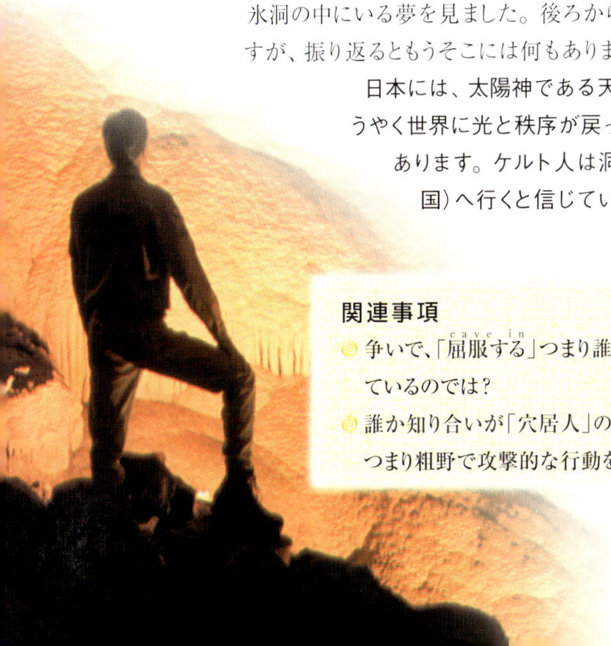

関連事項

- 争いで、「屈服する《cave in》」つまり誰かに負けそうだと感じているのでは？
- 誰か知り合いが「穴居人」のように振る舞っている、つまり粗野で攻撃的な行動を取っているのでは？

石 (Stone)

穴あきの石、すなわち自然に穴があいた小石を持っていると様々な不運から守られると信じられています。たとえば、魔女《ハグ》に苦しめられるのを防ぐため、ハグストーン(穴あき石の別名)をベッドの上につり下げる習慣が昔からあります。このほかベッドのそばに置いて悪夢を防ぐ目的にも使われます。またヒーリング作用があると考えられているので、収集されたりもします。夢に穴のあいた石が出てきたら、何から身を守りたいのか考えてみて下さい。

ユングは晩年、「完全さと同一性の印として汝に」と書かれた大きな丸い石の夢を見ました。これは錬金術の最も中心的なイメージ、すなわち賢者の石で、ユングのライフワークの要を指すものでもありました。このシンボルは、夢や感情、霊性がどのように個人の潜在意識や集合的無意識に象徴されるかを探究しようとしたユングの目的が十二分に達成されたことを示しています。

石臼は小麦をひくのに使われます。重いものを背負わされると「首にかけられたひき臼《millstone around your neck》」のように負担になります。ひき臼の夢を見たら、「すり減らされ《grind》虐げられ《down》」ていると感じているのかもしれません。

アングロサクソン人とヴァイキングはルーンを使っていました。ルーンは石や木を小さな円盤状に切り、特殊な文字を刻み込んだり書き込んだりしたもので、呪術や未来を占う用途に用いられました。

泥 (Mud)

土と水の混合物である泥は、前進を阻み体を汚すぬかるみと結びつけられるのが普通です。夢の中で人や物から逃げようとしても泥に足を取られて進めず、いらだちをつのらせる――そんな夢もよくあります。以下の夢のように、完全にのみ込まれそうになる場合もあります。

恐ろしい悪夢をよく見ました。泥の中を走って逃げようとするのですが、泥は粘りと深さを増して私をのみ込んでしまいます。悲鳴も声になりません。

泥の汚したり染みになったりする性質は「顔に泥を塗る」などのいい回しとして言葉に組み込まれています。こんな夢を見たら、評判が傷つくのを懸念している印かもしれません。

関連事項

- 「泥沼にはまって動けなくなって」いる？ 新しいことに挑戦しようとしないのでは？
- 英語で「泥のように明確《clear as mud》」とは全く明確ではないこと。置かれている状況がつかめていないのでは？

湿地 (Marsh)

泥が深く水はけの悪い湿地帯は、地面と水が渾然一体となって地面とも水面ともつかない領域を作り上げているため、変化の場所を指すことがよくあります。こういうところでは足を取られて沈んだり「動きが取れなく」なったりする恐れもあります。現在、行き詰まっているように感じていませんか？何らかの状況に巻き込まれて抜け出せなくなっていませんか？

湿地の夢を見たら、そこで何を見ましたか。湿地にはマーシュオーキッド、リュウキンカ、マーシュウォートなど様々な独特の花が生えています。ウスベニタチアオイは塩水の湿地に生育し、淡いピンクの花を咲かせます。その英語名は「マーシュマロウ」といい、その根はかつて、マシュマロの原料に用いられました。ここからどんなことを連想しますか？　「マシュマロのようにやわな」な状態ではありませんか？

ここ20年ほどのあいだにイラク南部のマーシュ・アラブ（湿地のアラブ）地帯にある土地の多くが干拓され、湿地が失われました。あなたの夢はこれと関連がありませんか？　「（元気が）干上がって」しまったと感じているか、それまでずっと慣れ親しんでいた故郷や伝統を象徴的に失ったように感じているのでは？

山 (Mountain)

陽光に朝露が消えていく時
私の悪行もヒマラヤの光景に消えていく

ヒンドゥーの伝統的ことわざ

山の頂上は天と地が出会うところです。つまり山はある次元から別の次元への道となっています。ヒマラヤ山脈に住む人々は、地上で一番高いところを楽園の頂点だと考えています。創造主に手が届く聖地なのです。多くの山が巡礼の聖地とされるのはこのためです。山々は向上心や世俗的欲望の放棄、より高い可能性や霊性の追求を象徴します。

夫と母と一緒に山腹を登っていました。滑りやすいから気をつけてと2人にいったところで、自分が足場を失って宙に放り出されました。大変な恐怖を感じました。下にたたきつけられ、体がバラバラになって四方に散りました。

こんな風に、とても高いところから落ちて体が傷つく夢を見たら、実生活であなたを危険な高さに無理矢理押し上げているものは何かを自問して下さい。体がバラバラにちぎれたら、しっかりした統一感がないのかもしれません――ことによると、頭脳と心が調和して動いていないのでは？

海と川(Seas and Rivers)

ネプチューンはローマ神話に登場する海と川の神です。三つ又の鉾を手に、海馬(馬頭魚尾の怪獣)に引かせた戦車に乗って海を駆けめぐります。機嫌が悪いと嵐や洪水、高波、地震を起こすといわれます。

海の脅威にさらされる夢を続けて見た時がありました。当時、私はとても暗い気持ちだったのですが、関心が海に向きました。あの時の夢が私の命を救ってくれたと思います。

終わることのない自然の営みと潮の満ち引きによって起こる規則的な海の動きは永続感と希望をもたらします。前記の女性の場合、海の夢によって視野が広がり、それまで自分自身しか見えていなかったのが、大きな世界の一部としての自分という構図が目に入ってきたわけです。

以下の女性の場合、自ら新しいことに乗り出し、海を見晴るかせる素晴らしい場所を見つけるという形で報われています。

部屋を借りようと建物に入りました。借りられる部屋はわずかしか残っていないといわれましたが、案内人を振り切って進んでみると、面白そうな部屋がたくさんありました。最後に、海岸と海原の素晴らしい景色が見える部屋を見つけました。

この夢は、自分にとって大切なものを見つけるには、自分自身で道を歩む必要があることを暗示しています。それを実践した時、女性の視界(前途)が開けたのでした。

氷 (Ice)

水が無意識を象徴する一方で、氷は凍りついた感情を表します。氷は頑なで変化を阻みます――溶けて初めて再び水が流れるようになります。

氷の中を落ちていく夢は、行き詰まった感情に一大変化が起こることを示します。ただし、その過程にはショックと苦痛が伴います。

氷山は、大きな氷塊のほんの先端しか姿を見せていません。水面上の氷1立方メートルにつき、海面下には最低8立方メートルの氷があります。夢に氷山が登場したら、それは大きな問題の目に見える部分を象徴しているとも考えられます。ここから、取るに足らないように思えることを深く掘り下げて考えよという警告とも受け取れます。氷山は一見とても美しいので、危険が見過ごされることもあります。

表面的には楽しい人間関係や状況に置かれると、つい楽しみにばかり気を取られて影に潜む危険を見落としがちです。ところが夢にこの状態が反映されることがあるのです。大きな氷塊や一面の氷は、夢を見た本人の感情が凍りついている、すなわち抑圧されていることを示します。氷結した水と同様に、表面下に隠れたこの感情が脅威となる恐れがあります。

オーストラリアで「氷山《iceberg》」といえば、よくサーフィンや水泳をする人を指す口語ですが、米国では冷ややかでうち解けない人を表すのに使われます。また英語で「氷の女王《ice queen》」といえば、冷淡な態度で他の人をいたたまれなくさせる《freeze out》女性のことです。

関連事項

- 感情を深く沈めてしまっていて、周りの人はほんの片鱗しか気づいていないのでは？　感情を押し隠していませんか？
- 誰かに対して「氷のように冷たい」気持ちを抱いているのでは？

島(Island)

大勢の人が願ってやまないこと、それは生活上のストレスや緊張から逃れてのバカンス。人やわずらわしいこと全てから逃れてどこかの島に行く──それこそ夢のような話ですが、夢にこの種の島が出てきたら、それが解釈の手掛かりになります。

●熟した果物が実り、水が流れている熱帯の島は、リラクゼーションと充足感を表します。

●避難場所のない、嵐にもまれる島は、何も身を守るものがない危機感を示します。

●森や茂みにおおわれた島は、なかなか進路どおり進めないことや、何かをやり遂げられない状態を指します。

●離島は日常の煩わしさから解放される必要性か、孤立感を表しています。

アイルランドには「聖人の島」の名もあります。あなたの夢はスピリチュアルな方面に関係がありませんか？以下の夢は、何はともあれ1人になりたいという願望が見て取れます。

私は馬と並んで島の砂浜を歩いていました。友人が浜辺の小屋で待っていますが、私は美しい大きな馬と歩き続けたいとばかり思っていました。

この夢のように、夢で島にいても自分1人ではなく、それでも自然とのつながりや邪魔されずに黙考する時間を望んでいる場合もあります。

南極 (South Pole)

地球の自転軸の南端、南極は人を寄せつけないのに想像をかき立てるところです。自らの力と、苦難に耐え忍ぶ能力を試したい人々を引きつけてやみません。南極はエベレスト登山と同様に、困難に立ち向かって乗り越えることを象徴します。実際にそういうところへ赴くわけではないなら、現在あなたの前に立ちふさがっているのは何か考えてみましょう。危険を伴う恐れのある仕事に直面していませんか？　冒険的行為に、十分準備をして裏づけを取っていますか？

1911年、英国の探検家スコット率いる南極探検隊の一員だったあるノルウェイ人は、ノルウェイ人のアムンゼンより先に南極点に到達できるよう、誠心誠意スコット隊のために尽力していました。ところが遠征中、シカゴの通りにいて、アムンゼンのサイン入り電報を受け取る夢を見ました。夢の中で電報を開くと、南極点に到達したと記されていました。つまり内心の葛藤を夢が解決したわけです。心の奥底ではノルウェイに一番乗りの栄誉を担ってほしいと思っていたのです。

南極遠征などの苦しい状態に耐えていると、食物に関する鮮明な夢を見ます。著書『Antarctica』にオットー・ノルデンシェルドは「肉と飲みものを中心に筋が展開する夢ばかり見ていた。ある者などは晩餐会に行く夢を見るのが癖になり、『昨日は3品コースを平らげたよ』と話して悦に入っていた」と記しています。

滝 (Waterfall)

その力とエネルギーから、滝はよく浄化に結びつけられます。山腹から勢いよく流れ落ちる滝は、冷たい水が持つさわやかな新鮮さをたたえています。滝は誰の手も触れていない汚れのない水を象徴します。バプテスマなど浄化儀式に結びつけられるのはそのためです。主に日本で信仰されている神道でも滝は神聖なものとみなされていますし、滝に打たれる浄化儀式は再生を象徴します。

雨か滝に打たれてびしょぬれになる夢は、無意識の構成要素が表面化したことを指す場合があります。これはセラピストのセッションを受けた時や、隠されていた事実を知った時に起こることがあります。

ヒンドゥー教でも水が重要な役割を担っています。ヒンドゥー教では精神の浄化と同様に体の浄化も重要とされるため、教徒は毎日流水で沐浴しなければなりません。

関連事項

- 新規まき直しをしたいのでは？
- たとえば人生の精神的側面などにおいて、イニシエーションを受けようとしているところなのでは？
- あれこれ思い悩まなくてもすむように、押し流されたい、または通り過ぎて欲しいと思っているものがあるのでは？

湖 (Lake)

夢の中で水の世界の中にいました。その時、光に満ちた上の世界に向けて文字通り発射されました。新たな次元を見い出したような感じでした。

湖の囲まれた水は、夢を見た本人が行動に移るのを押しとどめている、内側に押し込められた感情を表すとも読み取れます。重要なのは水の状態です。澄んでいましたか、それとも濁っていましたか？　深くて危険そうでしたか？　湖の水面は静かでしたか、それとも風に波立っていましたか？　湖は周囲を地面に囲まれ、直接海には続いていません。したがって感情もしくは精神的なはけ口がないことを表しているとも受け取れます。

神話との結びつきといえば、アーサー王伝説に登場する「湖の貴女」があげられます。これは女性的な超自然的存在全体を象徴する人物です。ネス湖のネッシーは水の奥深くに生息するといわれますが、誰もはっきりと見た人はいません。あなたの夢の湖は、精神の奥底で作用している神秘的な力を表していませんか？

関連事項

- 湖で泳いでいる夢を見たら、難なく前に進めたか、それとも進みづらかったかを思い出して下さい。実生活上で前進しようとしている状況と関連があるのでは？
- 湖は自己充足していて境界が明確です。ここから、夢の湖も安心感を暗示しているのでは？

火山 (Volcano)

火山には休火山や死火山のほか、周囲に溶岩を噴出している活火山があります。休火山や死火山の夢は、過去のトラブルが収まり、焦熱も静まったことを示します。噴煙や溶岩を吹き出す活火山の夢を見たら、それは奥深くで感情がふつふつとたぎっていて、爆発の可能性を秘めていることを象徴します。実際に爆発した場合、たまたまそこにいた人が溶岩──すなわち感情的な攻撃を浴びる恐れがあります。怒りを抱えていて、今にも爆発しそうになっていませんか？　もしそうなら、爆発の過程で無関係の人を傷つけないように注意して下さい。

黒い外套と長い白髪といういでたちの老賢者に、暗いところへ連れて行かれる何やら嫌な夢を見ました。老賢者はそこで私に背中を向け、両手を上げています。闇のあちこちに噴火口や赤熱した地の裂け目があります。足元は見えず、でこぼこしています。それでも彼の導くままについていかねばなりませんでした。

この夢には火山という危険と足場の不安定さがありますが、元型的な「賢者」から叡智をもたらされる見込みもあります。この夢を見た男性も、暗闇の中で勇気を失わないでいれば、闇をくぐり抜けて一層賢明な人間になれることがわかっています。

空と雲(Sky and Clouds)　人々はいつも空を神秘的な世界、すなわち神々の住まう場所、天国への道ととらえてきました。ヒンドゥー教の神であり、人間の運命を司るヴィシュヌ神は、よくワシに乗って空を翔る姿で描かれます。やはりヒンドゥー教の神話に登場する金色の翼のガルーダは太陽の鳥で、太陽を象徴する円盤を運んでいる姿で表現されることも多いようです。ヒンドゥー教の聖典リグヴェーダ中、最も有名なインドラ神はヒンドゥー教における天空の神です。天候を司るとされます。

雲は天界や神々に関係することに結びつけられます。天使は雲に座った姿で描かれますし、システィナ礼拝堂にあるミケランジェロの絵画では、雲から神の手が伸びています。トーラー(モーゼ五書)でも、雲で神を象徴する記述が数多くあります。

> そして雲が臨在の天幕をおおい
> 主の栄光が幕屋に満ちた。

出エジプト記　40:34

ヴァイキングの時代、雲はワルキューレの馬であるとされていました。

> 以前、空高く昇る夢を見ました。オーストラリア大陸全体が明るい光で縁取られ、オーストラリアを照らしていました。世界がいかに大きいか、この夢で気づきました。

雲からは雨が降るため、大地への慈悲とも結びつけられます。雨を乞い、作物が確実に成長するように願う儀式は数多くの伝統文化で行われています。

関連事項

- 不幸を恐れ、「雲がかかったようにふさぎ込んで《under a cloud》」生きているのでは？
- 英語で「頭を雲に突っ込んでいる《head in the clouds》」といえば「上の空」のこと。つまり集中できず明晰な思考ができないのでは？

星と星座(Stars and Constellations)

星座は人間が星をグループにまとめたものです。大昔、人間は星とその配列をながめているうちに様々な形をそこに見い出し、その恒星群に名前をつけました。こうすることで航海中に現在地を知るための基準点も得られ、暗い夜空も親しみのあるものになりました。西暦150年、ギリシャの天文学者プトレマイオスはそれまでに伝わっていた記録に基づいて48個の星座リストを著しました。星図を見ると、動物や神話上の存在にちなんで名づけられた星座が数多くあります。

ケルト人は星を崇拝していました。「ドーンの王宮(ドーンは冥界の支配者)」と星を呼び、祖神と見なしました。様々な星座と星々が生まれた由来が物語となって伝えられています。たとえばケルト神ドーンの息子グウィディオンは魔術師で、花から女性を作り出して自分の息子の妻にしました。花から生まれた女性が夫を殺した時、グウィディオンは天国への道として天の川を作り、殺された息子を見つけるよすがにしたといいます。

五芒星であるダビデの星(注:現在は六芒星ですが、ルーツは五芒星)は14世紀にユダヤ人のアイデンティティのシンボルとして使われ始めました。また一筆書きができるこの五芒星は、中東では「ソロモンの紋章」、またの名を「終わりのない結び目」として知られます。これは強力な守護のシンボルで、完全な世界と昔から伝わる「気・土・火・水」の4大元素とスピリット(精霊)を著しています。古代ギリシャで最初に使われたこの星形は、現在魔術師の印とされています。

関連事項

- 夢に登場した星は敬虔な大志と関係があるのでは?
- 「スターのような主役を務める」、イベントで何かを演じるところでは?
- 「星回りが悪い」、すなわち運勢の星に見放され、運が悪いのでは?
- 誰かに対し、「星がきらめくように目を輝かして《stars in one's eyes》」お熱なのでは?

惑星(Planets)

太陽系の惑星には、それぞれ異なる意味があります。以下に関連事項をあげてあります。夢の解読に役立つでしょう。

金星(Venus)――占星術では月と愛に結びつけられます。金星は朝方と宵に輝く星で、相対するものの統一を著します。

土星(Saturn)――かつての黄金時代と第七天国の支配者。現在は再生をもたらす破壊の道具、大鎌を手にした老人の姿で著されます。

海王星(Neptune)――万物の源――生命が生まれた原始の海を表します。

木星(Jupiter)――拡張、創造性、エネルギッシュな組織体に関連づけられ、時に戦車に乗った神人の姿で表されることがあります。

火星(Mars)――時に戦いの神として知られ、武装した男性の姿で表されるマルスは男性的なエネルギーや情熱、恐れを知らぬ大胆不敵さを表します。

水星(Mercury)――古代神話のマーキュリーは神々のメッセンジャーでした。現在はコミュニケーションと結びつけられます。闘技場で殺された剣闘士の体は、マーキュリーに扮した奴隷が運び出しました。これは、自由に天国へ旅立てる状態になった剣闘士への敬意の印でした。

英語で「マーキュリー」といえば水銀の意もあります。水銀は「クイックシルバー《quicksilver》」とも呼ばれます。

天王星(Uranus)――無限の空間を象徴する天王星はしっかりした形を取っていないものを表します。ここから、潜在的な可能性を示すこともあります。

冥王星(Pluto)――古代には知られていなかった惑星で、隠れた力を象徴することがあります。

月(Moon)

月は女性の直観的側面・母性・感情・照応原理・サイキックな結びつきを表します。銀や宝石のセレナイトにも関連づけられます。古代ギリシャ文化において月の女神はセレーネーと呼ばれていました。

4つある月相(新月・上弦・満月・下弦)は潮や女性の生理周期に影響します。

ケルト暦でも月が重要な位置を占め、4期に分けた1年の区切りとして火祭りが行われます。

サーウィン(11月1日)はケルト年の始まりで、冬に備えて家畜を取り込む時でもあります。1年で一番厳しい時期、すなわちケルト人が「あの世」にいる神々を最も身近に感じる時期の到来の印でもありました。現在はこの日をハロウィンおよび諸聖人の日として祝い、死者に思いをはせます。

インボルグ(2月1日)は早春と新たな始まりを表し、子羊によって象徴されます。現在のキリスト教でこの時期に重なる節目はイースターです。

ベルティーン(5月1日)は夏の始まりを表す節目で、家畜を放牧します。豊穣のシンボルであるメイポールもケルト祭に由来します。再生の時期でもあります。

ルーナサ(8月1日)は収穫の始まりの節目です。

関連事項

◎ 月の木——古代アッシリアの月を崇拝する宗派から生まれた、女神を表すシンボル。この宗派は女性原理をあがめていました。

太陽 (Sun)

ようこそ、空高く進む盛夏の太陽、
天宮の高みにあるそなたの歩みは力強く、
そなたは星々の燦然たる母

ケルトの伝統歌

太陽は至高の宇宙エネルギーを表します。地球上にいる私たちにとっては最も明るく重要な天体であるため、神の力と同一視されます。インカ人からオーストラリアのアボリジニまで、古代ギリシャでは光明の神ヘリオスとして、ローマでは太陽神アポロとして、太陽は世界中で崇拝されています。男性的なエネルギーを表し、黄金と結びつけられます。

古代文化の太陽は2つの面、「黒い太陽」とその双子である「天の太陽」と名づけられた側面を持つと考えられていました。昼が終わり、「天の太陽」が没すると「黒い太陽」が闇の中を巡ります。黒い太陽は深い闇を巡行して、再び金色に輝く日中の太陽として昇ると信じられていたのです。これも二元性という思想、生命の陰陽を表す例のひとつです。時が経つにつれ、黒い太陽は冥界の神々をも表すようになりました。

関連事項

- 夢の「太陽＝サン《sun》」が「息子＝サン《son》」を表しているのでは？
- 太陽が隠れていたら、自分の、太陽のように快活な面、すなわち明るさや暖かさを隠していることを暗示しているのでは？
- 夢の中で太陽にじりじり焼かれたら、日光浴の際にもっと注意をすべきという警告かもしれません。

虹 (Rainbow)

虹は激動の後の希望と小休止のシンボルです。天と地、世俗と神性の架け橋でもあります。ネイティブアメリカンの伝説では、虹があの世に続くはしごであるとされます。同様にスカンジナビアの伝統では虹がビフロストと呼ばれ、「アスガルド（天国）への揺れる道」であるとされました。他の神話にも、地上から天国へ行く際、よい人生を送った者の道程は易く、そうでない者は火に焼かれると語られています。
オーストラリアでは、世界でもずば抜けて強力な創造力である聖なるヘビと結びつけられます。キリスト教文化にとってのアダムとイヴ、科学界にとっての「ビッグバン」のように、アボリジニにとって「虹蛇」は創世を理解するのに欠かせない存在です。

オーストラリアのアーネムランドに住むアボリジニは、「母なる虹蛇」が世界を作り、あらゆる肌の色の人間全てを生み出したと信じています。西欧社会では、虹がゲイプライドのシンボルに使われるようになりました。虹に様々な色が含まれるように、人間にも様々な色があります。虹はあらゆる色と全ての人類を象徴しているのです。

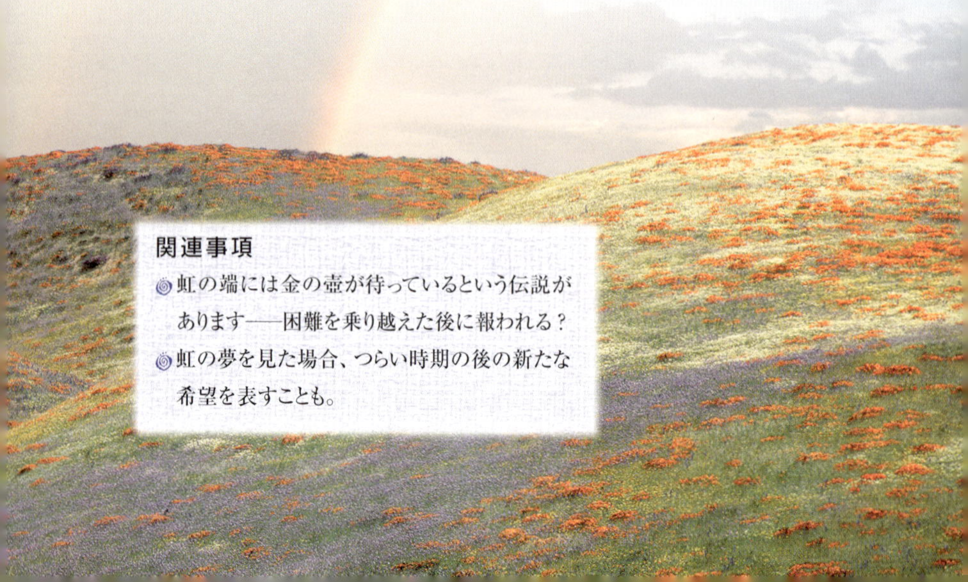

関連事項

- 虹の端には金の壺が待っているという伝説があります——困難を乗り越えた後に報われる？
- 虹の夢を見た場合、つらい時期の後の新たな希望を表すことも。

雨 (Rain)

天から雨降りて大地孕み
大地草木を生み出し
人と動物のための穀物を実らす

アイスキュロス

雨は生命力です──太陽と同様に、豊穣の源です。雨は、私たちが最終的に依存しているあらゆる植物の成長に欠かせません。また、しばらく続いた干ばつ後の聖なる恵みとも見なされています。天の神々は例外なく雨を降らせて大地を豊かにします。

アステカの雨の神、トラロクのシンボルとして使われたのは双頭の蛇でした。ネィティブアメリカンの上着やモカシンのフリンジは降ってくる雨を象徴しています。水は無意識のシンボルです。雨となって天から降り注ぐ水は、より高次の思考や決意を表します。人間はある程度水域をコントロールできますが、大自然の力を統御することは不可能です。雨はその時が来ないと降りません。落ちてくる雨が流れる涙の比喩になることもあります。

関連事項

- 夢で雨が降っていたら、農業や豊穣に関連があるのでは?
- 「青天の霹靂」、出し抜けにやってくるものに注意を払う必要があるのでは?

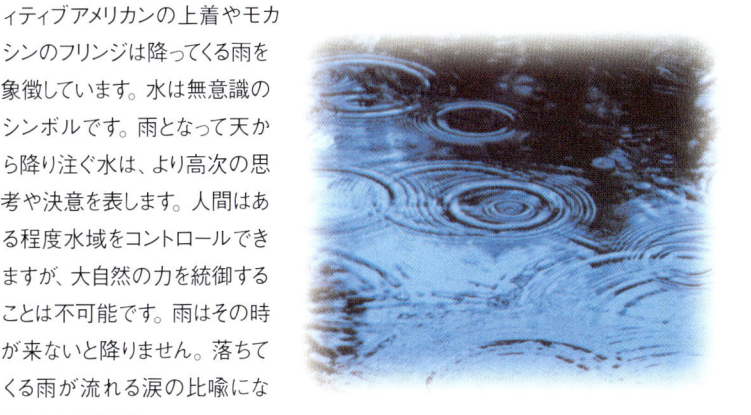

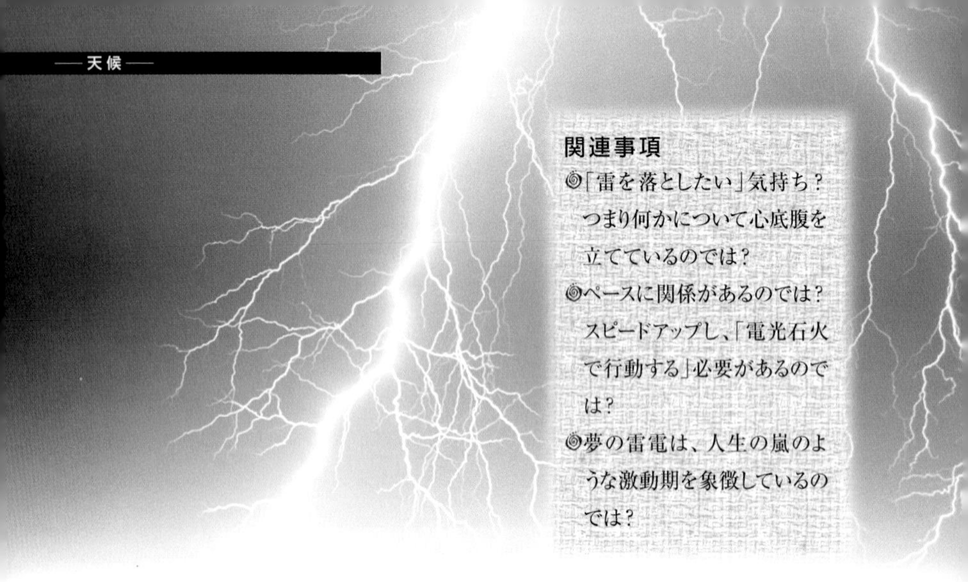

関連事項

◎「雷を落としたい」気持ち？つまり何かについて心底腹を立てているのでは？

◎ペースに関係があるのでは？スピードアップし、「電光石火で行動する」必要があるのでは？

◎夢の雷電は、人生の嵐のような激動期を象徴しているのでは？

雷鳴と稲妻(Thunder and Lightning)

雷鳴と稲妻は差し迫る嵐の前触れであり、実生活における「嵐のような」時期を浮き彫りにします。走る稲妻は空を照らし、雷の轟音は注意を引きつけずにいません。

北欧文化では、雷鳴を「神の声」「神の怒り」であるとも考えています。神話では、落雷を神が地上に投げつけた武器であるとみなしています。また、シャーマンは雷に打たれるのはイニシエーションが起きた印と信じています。儀式に参加する際、ジグザグに走る稲妻を額に描くシャーマンがいるのはそのためです。

稲光はインスピレーションのひらめきや天啓、不意に真実を察知することを象徴します。陽光と同様、稲光は破壊と豊穣両方の力を表しているのです。

英国の民間伝承では、庭の木にワシの羽を吊しておくと落雷を免れると信じられています。

雪(Snow)

氷と同様に、雪も凍りついた感情を暗示します。ただし、多少の変動があります。雪は降り、舞い、柔らかいからです。雪解けはかたくなな態度が解けたこと、または感情の解放を象徴することがあります。

雪が降ると風景は一面白くおおわれ、音が吸い込まれて静かになります。夢にこういう風景が出てきたら、それは新たなスタートを切りたいという願望の表れです——「処女雪」は誰も足を踏み入れていない場所に第一歩を記し《make a new mark》、新たな景観に最初の痕跡を残すチャンスをもたらすからです。革新的な冒険に着手しているのでは？　名をなしたい《make one's mark》のでは？

雪つぶてや雪だるまを作って雪の中で遊ぶこともあります。そんな夢を見た場合、チャンスが向こうから訪れたら最大限に利用すべしという暗示かもしれません。チャンスというものは、存分に生かす前に雪のように溶けて消え去ってしまいかねないからです。

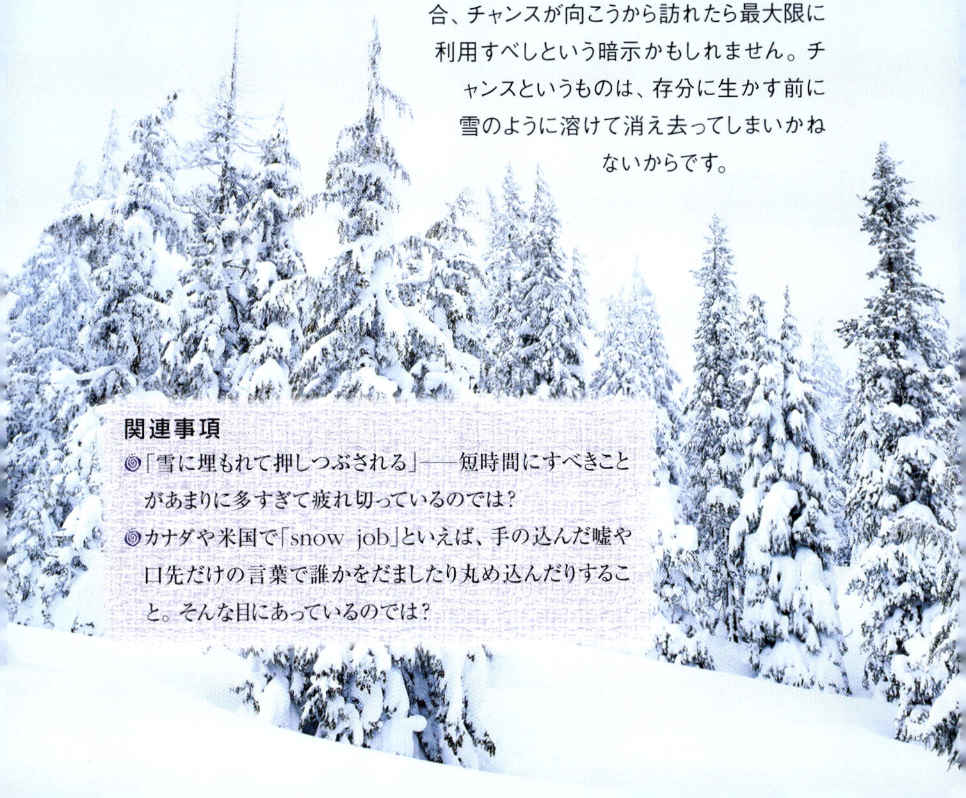

関連事項

- 「雪に埋もれて押しつぶされる」——短時間にすべきことがあまりに多すぎて疲れ切っているのでは？
- カナダや米国で「snow job」といえば、手の込んだ嘘や口先だけの言葉で誰かをだましたり丸め込んだりすること。そんな目にあっているのでは？

嵐 (Storm)

嵐は恐怖だけを与えて過ぎていくこともあれば、破壊をもたらすこともあります。夢の場合、嵐が単に脅威に終わったか、それとも混乱の渦に巻き込まれたかを考える必要があります。嵐はうっ積した感情か、抑制を失って秩序を壊す感情を象徴的に表します。「怒って飛び出す《storm out》」のは、感情が高ぶった状態の表れです。

時には自分が気づかないのに、他の人が嵐の到来を察知する夢を見ることもあります。

> 夢はバスに乗って街に出かけるところから始まりました。ところが反対方向に行くバスに乗ってしまいました。それに気づきはしたのですが、バスに乗り続けました。バスの中で、普段はあまり親交のない友人2人に出会いました。2人はバスの外の嵐について話していますが、私がいくら窓の外を見ても、あたりは暖かく晴れているのです。結局友人らはバスを降りましたが、私はそのままバスに揺られていました。

関連事項

- 英語で「コップの中の嵐《strom in a teacup》」といえば、何かで大騒ぎをしてすぐに忘れること。
- 英語で「急襲《storm》」とは、ハイジャックなど人質が取られたところに突入して人質を解放すること。

季節 (Seasons)

四季は一年という長さを満たす
人間の心にも四季がある

ジョン・キーツ:『THE HUMAN SEASONS』

季節の移り変わりは森羅万象のサイクルの一部です。夢では人生の変化を象徴します。

春——若さ・新たな始まり・新たなスタート・これから芽吹く可能性。冬の寒さを追い出す穏やかな暖かさをもたらします。

夏——全てがたけなわの、豊穣さの盛り。英語で「心の中で永遠に夏を保つ《keep summer eternally in one's heart》」とは希望を持ち続けること。人生における生産性と行動能力の最盛期。

秋——生命と自然が実を結ぶ収穫期。過去の努力の利益を刈り入れる時期です。

冬——闇が訪れ、暖かい家の中に引きこもる時です。輪廻の輪が新たな生命を生み出すため暗闇に備える、沈思と充足の時期でもあります。

ケルトの祭事であるサーウィン・インボルグ・ベルティーン・ルーナサはケルト暦による1年の季節の節目を表します。ケルト人は火を焚き、食物をそなえ、儀式を行ってこれを祝い、守護と豊穣を祈りました。ケルトの「良き神」であるダグダは特別な竪琴を持っていて、その音は季節の移り変わりを助けたといいます。彼は、人間を眠らせ、笑わせ、悲しませる3つの特別な旋律を竪琴で奏でることができました。

洪水(Flood)

洪水には建物や地面、人間を押し流す力が備わっています。定期的に氾濫するナイル川のデルタ地帯のように、土壌を押し流すと同時に新たな栄養素をもたらすため、土地の再生に一役買う一面もあります。洪水はあるサイクルの終わりと、新たなサイクルの始まりを表します。ただし感情的な面からいうと、夢に洪水が登場するのは無意識によって押しつぶされそうになっている表れかもしれません。

大洪水に関する神話は数多くあります。聖書の洪水物語では、神の命を受けたノアが生きものの命を絶やさぬための箱船を作ります。その後、神は世界を破壊するような洪水を2度と起こさない印として虹をかけました。

下水管が破裂して、汚水が空中に噴き出す夢を見ました。あちこち水浸しになり、私たちは水に囲まれてしまいました。

関連事項

◎現在、なんらかのできごとか感情が押し寄せて背負いきれないのでは?

干ばつ(Drought)

水がないと死の脅威にさらされます。私たちは水なしでは生きていけないからです。水が感情を象徴するとなれば、干ばつは気持ちが干上がり、みずみずしい感情が不足していることを表します。こういう状態は、誰かが愛情をかけてくれなくなった、または親しい人に死に別れたなどの大きな喪失感によって引き起こされる場合があります。

年を重ねたり、あまり長時間日光浴をしたりと皮膚が乾くと、干上がった川底や地面がひび割れた光景が夢に登場するケースもあります。太陽が皮膚を乾燥させる働きと加齢がドラマティックに表現されているわけです。

近年気候が変化し、干ばつと洪水の発生が多くなりました。こういう好ましからざる変化についての懸念が夢に反映される人も増えています。この種の夢の中では、どうしてこんな痛ましい状況が引き起こされたかと悲しんだり、よい方向へ事態を変化させようとしているあなたがいるはずです。干ばつの夢は、環境問題に積極的に関わるよう後押ししていませんか?

関連事項

- 英語の「干ばつ《drought》」が「のどの渇き《thirst》」を表す古い言葉であるように、干ばつの夢は脱水状態に結びつけられるのでは? 健康維持に十分な水を飲んでいますか?

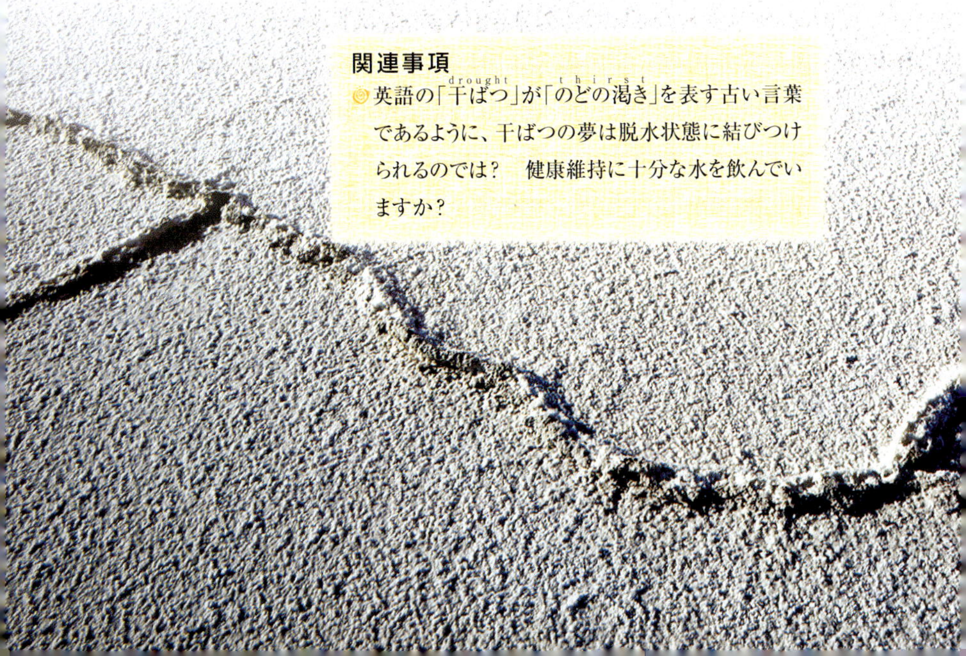

台風と竜巻 (Hurricane and Tornado)

地震と同じく、台風と竜巻は惨たんたる変化をもたらします。台風はその進路上にあるもの全てをなぎ払うため、シンボル的にいえば古いものの一掃と、静穏が戻ってからの新たな構築を表します。

台風のエネルギーは、大騒ぎしながらせわしげに突進するため、やはり進路上にあるものを残らず押しのけてしまう人になぞらえられます。この点があなたや同僚に結びつけられませんか？　または、かけずりまわると重要なことがはねのけられたりおじゃんになってしまうと感じているのでは？

関連事項

- 誰かの圧力によって、自分の意志に反して押し流されていると感じているのでは？
- 変化の風が生活を変えるところでは？

地震(Earthquake)

イエス・キリストは十字架に架けられて死ぬ時に「父よ、我が霊を御手にゆだねます(ルカによる福音書23:46)」といいました。イエスが息を引き取ると間髪を入れず地震が起こり、エルサレムの神殿のいくつかが壊れました。以来、地震は神の怒りとパワーの印であると解釈されています。

地震の夢を見たら、家庭か職場での大きな変化によって生活にもたらされた大激動を表しているとも読み取れます。列車事故や飛行機の墜落事故など心に深い傷を残す事件の後は、自分ではいかんともしがたい天災に襲われる夢を見るケースが多いようです。地震はエネルギーの爆発であり、地下の活動(通常は断層に添って起こります)によって不意に発生します。突然地下から突き上げて表面化しそうな比喩的「断層」がありませんか?

攻撃を受けているらしい家の中にいました。家は地震にあったように崩れ始めました。

この夢を見た女性は、結婚生活が失敗に終わった時に受けた心の傷が潜在意識下で表現されているに違いないと思いました。その体験による精神的重圧から、自分が壊れそうに感じていたそうです。

なだれ (Avalanche)

英語でなだれを表す言葉「avalanche」はフランス語で「下に行くもの」という意味の句「à *val*」に由来します。普通なだれといえば、不意に雪や氷、土砂が山腹から大量に崩れ落ち、進路上にあるものをことごとくのみ込む現象を指します。ここから、打ちのめされたり不意をつかれたという思い、何かの重圧下で息もつけずあえいでいる状態を指すことがあります。

雪が積もった山にいる際になだれの夢を見たら、なだれに巻き込まれるのではという不安を指しているか、またはなだれが起こる気配に反応した結果かもしれません。これが当てはまらないケースでは、達成すべき仕事が多すぎて対処しきれないという心配の暗示かもしれません。「山積みとなってなだれを起こしそうな事務書類」という表現もよく使われます。これが心配の元ならば、仕事量を減らすべく現実的な方法を考えて下さい。

一方、英語では「なだれ」が大量に押し寄せるものを指すため「押し寄せる大喝采《an avalanche of applause》」「埋もれそうなほどたくさんの花束《an avalanche of bouquet》」などのポジティブな意味合いにも使われます。この手の夢を見たら、才能か、過去の努力が報われている印でしょう。勤勉さが認められ、成功をつかんだのです。

高波(Tidal Wave)

のみ込まれ押し流されそうな高波が夢に現れるのは、脅威を感じている暗示です。おそらくは突然精神を混乱させられたのが原因でしょう。「足元をさらわれる、なぎ倒される」という強い恐れを感じていると思われます。こういう正体の分からない、または予期できない内的な力は、それまでの安全をくつがえしてしまいます。

どこからともなく高波が現れる夢を見ました。逃れる術もなく、波は私におおいかぶさってきました。

津波は海中火山の爆発や地震が原因で起こる破壊的な高波です。津波の夢を見たら、潜在的または水面下で行われている何らかの活動に脅威を感じているのではありませんか？

部分的に人の手が加わった、ごつごつと突き出た岩棚の下を歩いています。岩棚はとても丈夫そうでしたが、何もかものみ込んでしまいそうな高波が近づいています。緑色の高波は見上げるほど高くてすさまじい勢いです。私はたたきつけようとするその波に身構え、岩にしっかりしがみついていれば流されずにすむように、ひさし状の岩陰に水が入らない空間ができるようにと祈りました。

高波は古い信念の残滓や自己破壊的な習癖を一掃することもできます。高波によって運ばれた結果、新たな岸辺が前途に見えてくるかもしれません。

化石(Fossil)

化石は古代の遺物です。歴史と地理を示すひとこまであり、かつて何が生きていたかを教えてくれます。化石の夢は、過去に起こったできごとに対する興味を表します。夢の意味を解読するには、夢の主な要素となった化石がどの生物や植物であったかが手がかりとなります。

「化石」は、考えが古く過去にばかりこだわる相手を指す軽蔑語でもあります。夢の化石は知人の誰かを象徴していませんか?　または、あなた自身が時代に遅れたと感じているのでは?

関連事項

◎化石燃料――自然に生成された石炭や石油などの炭素燃料。これに関する夢を見たら、果物や野菜などのより自然な「燃料」を取ってエネルギーレベルを上げる必要があるのでは?

貝殻・甲羅 (Shell)

海洋生物の殻やカメの甲羅は保護の役目を果たします(参照→P.275〜276)。危機が迫った時や休息を必要とする時にはこれに引き込もることができます。

ホタテの貝殻は聖ヤコブのシンボルとされています。スペイン北西部のサンティアゴ・デ・コンポステラにある彼を祀った聖堂への巡礼者は、巡礼を終えた印としてホタテ貝の殻を身につけます。8月5日、聖ヤコブの祝祭日になると、子供たちが岩屋を作り、カキの貝殻で飾りつけるのが伝統になっています。昔ほど盛んではありませんが、これは現在でも行われています。

伝説によれば、ギリシャ神話の愛の女神アフロディーテは海から生まれてホタテの殻の上に立ち上がったといわれています。ホタテの貝殻は子安貝と同様に膣を象徴するため、セクシュアリティとも関連づけられます。

ごく古くから使われているシンボルのひとつが渦巻き模様です。様々な大きさの右回りまたは左回り模様が単独または対で描かれています。これは螺旋状の煙や竜巻、貝殻などの形を取った自然の力を表したのでしょう。ヨーロッパ各地にある聖地でも、装飾を施された建物の表面に巻き貝が埋め込まれたり、描かれたりしているケースが多いようです。

関連事項

- 自分の殻から出る必要があるのでは?
- 貝殻の夢は、退却・避難の必要性を表しているのでは?

クモの巣（Web）

クモの巣は時間と運命を象徴します。念入りに作られたその罠に入ったものは全て捕らえられます。つまりクモの巣の夢を見たら、何かに捕らわれて逃げ出せないように感じているのかもしれません。

ギリシャ神話には機織りのうまいアラクネという少女が登場します。アラクネはアテナに機織りの競争を挑んだ後、クモに姿を変えられてしまいました。アラクノフォビア（クモ恐怖症）とは、クモに対する病的な恐怖心のことです。クモの夢はこの恐怖症の反映かもしれません。また、クモはたいてい穴蔵や地下室、暗い場所にいるので、黄泉の国や無意識を象徴することもあります。クモに群がられる夢を見て、目が覚めたらベッドから払い落とそうとしている最中だった――私はそんな悪夢の話を大勢の人から聞きました。ただし、クモに関する夢が全てネガティブなものとは限りません。

> 巨大なクモがいました。皆そのクモをつついていますが、私はそっとしておくよう頼みました。と、クモは大きな巣をかけ、守ってくれたお礼とでもいうように巣で私を包みました。私の恐怖心はどこかへ行ってしまいました。

この夢を見た女性は、薄いベールに包まれたように感じています。数多くの問題を独力で処理することを余儀なくされた後だったため、糸の強さに人心地がついた思いがしたといいます。また、彼女は「被造物の網（万物は互いに結びつきあい影響し合うという思想的イメージ）」に自分を結びつけている糸の存在にも気づいたそうです。

色彩（Color）

夢の中で色は特に重要なものを浮き彫りにし、強調するという重要な役割を持っています。全体的には白黒かセピア色のトーンの夢なのに、1人の人だけが色つきだったり、または重要な衣服だけがたとえば赤などの色を帯びていたりする場合もあります。

以下は夢に登場する色についての主な特質です（より詳しいガイドが必要な場合は、私の『Creative Visualization with Color』が役立つと思います）。

緑――元気・豊穣・多産。ヒーリングカラーであり、肥沃さと自然の豊かさに関連します。ナイル川のデルタ地帯に立つ神殿の床は、種まきと作物の刈り入れがうまくいくことを願って緑に塗られていました。

赤――情熱・危険・熱・力を表します。

青――永遠・誠実・清浄・無限。海や天空のように、天に関することも象徴します。

黄――太陽の暖かさ・光のパワー・春とその花。ネガティブな面では臆病さと背信に結びつけられます。

白――純粋さ・無垢・徳と関連づけられますが、死人のような白さや経帷子とも結びつけられます。シーク教など、多くの宗教伝統では白が喪の色とされています。他の色を混ぜずに赤と白の花だけを取り合わせるのは縁起がよくないとされます。血と包帯を表すからです。カソリックの典礼では、白がキリストやマリア、殉教しなかった聖者の祝日と結びつけられます。

藍――サイキックおよび直観的側面に関連づけられます。

黒――夜・喪・抑うつ・まだ具現化していない可能性を表します。

オーロラ(Northern Lights)

北極光とも呼ばれるオーロラ・ボリアリスは、北半球の大気現象によって起こる揺れ動く光のカーテンです。時に「世界のはざまのカーテン」と呼ばれるにふさわしく、様々な色彩が連なり、地上と天界のあいだで美しく揺らめきます。(南半球に現れるオーロラ・オーストレリスは南極光と呼ばれます)。

帯電粒子が原因とわかるまでは、戦いや疫病の前兆だといわれていました。現在はその美しくも不思議な光景を見るため、わざわざ人里離れた場所まで行く旅行者もいます。オーロラの夢を見たら、それは全く予想もしなかったこと——ショックを受け、驚く何かが起こる暗示かもしれません。また、あらゆる形の光に共通するように、オーロラも啓蒙や叡智に結びつけられます。ここから、最近得た新たな知恵か、手に入れたい知識についても考えてみて下さい。

食(Eclipse)

夢の中で天体がいつもと異なる振る舞いをする場合、自然な秩序の変化を表すか、波瀾の時期を暗示するとも受け取れます。古代ギリシャ人とローマ人は、食《しょく》を悪い兆しととらえていました。アテナイ将軍ニキアスは月食にひどく怯え、シラクーザ(イタリアの古代都市)の人々と戦おうとしませんでした。その結果全軍が散り散りに分断され、ニキアスも敵に処刑されました。

世界の本質を理解しようと模索する民俗的な宇宙論でも、空の怪物が太陽や月を食べるせいで日食および月食が起こると考える場合が多々あります。象徴的にいうと、この現象は私たちの中に住み、照り輝こうとする能力を害する「怪物」を表していると思われます。

メキシコの古代人は、太陽と月の喧嘩が原因で食が起こると信じていました。太陽と月が互いに青あざができるほど打ち合うせいで光が輝き出なくなると考えたのです。

関連事項

- 光を遮られて自分の影が薄くなっている、自分の光が暗くなっていると感じているのでは?
- 食の後は新たな光が照り出します。暗い時期をくぐり抜けて向こう側に顔を出したところでは?

第7章

古代ギリシャのアールテミドーラスが著した夢の本には、リースやガーランドに用いる花それぞれが持つ意味が記されています。花言葉、すなわち花の意味が非常に重大に受け止められていたのです。花があらゆる儀式に使われたのは、その象徴的意味が認識されていたからでしょう。花の夢を見た場合も、その意味が常に重要視されました。やはり現代でも、夢に登場する木や花、植物には様々な象徴的意味があります。

落葉樹は秋になるたびに葉を落とし、誕生・死・再生の尽きることのないサイクルを思い起こさせてくれます。常緑樹は根源的な本質と高潔な大志を表します。果樹は時が熟した際に私たちが手にする自然の恵みの象徴です。

花は生活に彩りを添え、美や優雅さと結びつけられます。栽培された花は、私たちが自然の発展に手を加え、コントロールできることを示します。いっぽうで野生の花や雑草は、自然の豊かさがありとあらゆる形質を取って現れることを物語っています。植物の花は例外なく営みの絶頂期を表します。

つる植物は上や外側へ広がっていくその能力から、視界や知識の幅を広げることを意味する場合があります。とげのある植物は、時に人生における行き詰まりを表すことがあります。

木・花・草

木・花・草

中世に作られた本の挿絵や、イランとトルコの絨毯のデザイン、フランスや中国産ファブリックの模様には様々な植物が用いられています。

「ケルズの書」として知られるケルト的な福音書には、ケルトの結び紐飾りからイメージを得た曲がりくねるつる模様が描かれています。さらにそのつる模様の中には小鳥や植物、動物の絵が織り込まれ、極めて装飾的な図柄が生み出されています。

そもそも私たちは、食物としての実際的な必要性と、元型的シンボル（参照→P.17）への関連性、その両面の意味から植物がこの世に欠かせない存在であるととらえています。そしてその反映として植物やつる植物の夢を見るのです。

錬金術師やヒーラーは変化をもたらすために植物を用いました。ヨーロッパに自生していたアルケミラ（ハゴロモグサ）は錬金術師《アルケミスト》が用いた草です。錬金術師はアルケミラの葉から露を集めて薬を作り、傷を癒す目的に利用しました。ちなみにアルケミラは聖母マリアの花とされています。

夢には花に限らず雑草も出てくるでしょう。雑草といっても、野の花が都合の悪いところに生えただけだという人もいます。確かに庭の花壇では招かれざる存在です。特にむやみにはびこり、デリケートな栽培種の生育を阻む場合はなおさらです。雑草の夢を見たら、自分自身が押しやられて排除されていないか、何かに取って代わられたり、何かの影になったりしていないかどうか考えてみて下さい。「草」はマリファナの隠語でもあるため、ドラッグの使用やコントロール喪失への恐れとも関連づけられます。英語で「雑草を抜く《weed out》」といえば好ましくないものを取り除くことです。生活のどこかで、または友人に関してそういう必要があるのでは？　ことによっては自分自身が歓迎されていないと感じているのでは？

「生命の樹」は世界中で強力なシンボルとされます。キリスト教では、生命の樹が十字架をも表しています。イスラム教のスィドラ木は人知の及ぶ範囲と神の神秘を隔てる境界を象徴します。キリスト教では、生命と知識両方のシンボルでもあります。中国では生命の木が「蟠桃」と呼ばれ、地上の楽園「崑崙」の山腹に生えているとされました。仏陀は菩提樹の下で悟りを開きました。このように、樹と霊性の結びつきは数多く見られます。夢に出てきた木それぞれの意味を探る際は、様々な伝統文化を通じて木が持っている霊的意味を念頭に置いて下さい。

花などの植物は、自然界における美と成長を思わせます。夢の中の植物が鉢植えだったら、束縛かケアを怠っている状態を示している可能性があります。花が元気良く咲いていたら、エネルギーと健康的な成長を象徴しているか、不摂生の兆候を表している場合があります。

現在13歳のローズマリーは、8歳の時にこんな夢を見ました。

> 今まで見た中で一番恐ろしかったのは、水ぼうそうにかかった時の夢です。眠っている最中に見始めたのに、目を覚ましてからも幻覚のように続きました。木々や巨大な植物がつかみかかってきて私をつかまえ、殺そうとする感じでした。あまりの怖さとショックで悲鳴を上げたほどです。

夢の植物がどんな形を取っていても、その性質をよく検討すれば夢をうまく解釈する一助となるはずです。

上　夢にとげを持つ植物が登場したら、困難の多い問題を表している可能性が。

トネリコ(Ash)

トネリコ(アッシュ)は堅固さ、ものとものを束ねる固定性を表します。北欧神話に登場するイグドラシルは強固なトネリコで、天・地・地獄を連結する世界樹です。分別の樹としても知られています。

「マウンテンアッシュ」とも呼ばれるナナカマドには、守護する魔力があるとされています。英国ランカシャー州では、ナナカマドの小枝をベッドに置いて悪夢を追い払っていました。ある地方では、新生児のベビーベッドにナナカマドの小枝を入れ、邪悪な魔女や妖精を追い払う習慣もありました。古い民間伝承では、ナナカマドの実がお産を軽くするといわれています。

立石が並ぶケルトのストーンサークルのそばには、あらゆる災厄から石を守る目的でナナカマドが植えられました。現在でも、家や家族を守る木として住宅のそばにナナカマドが植えられます。ナナカマドを切り倒すと災難を招くといわれています。

関連事項

- 夢の「トネリコ《ash》」は「灰燼《ashes》」、すなわち火事や焼却によって破壊された何かに関連があるのでは?
- トネリコの守護する性質が必要なのでは?

ブナとシラカバ(Beech and Birch)

古代ケルト人が最も尊んでいたのがブナの木でした。ブナは世界の知識全てを持っているとされたためです。ケルト人はブナと、トゥハ・デ・ダナン神話に登場する勇猛な戦いの神オグマを関連づけました。そしてオグマはケルト神話初期の神、オグマ・グランアネッヘ(太陽のかんばせ)となったのです。ケルト人が使っていたオガム文字は彼が発明したともいわれています。ドイツとスウェーデンでは「ブナ《beech》」を表す言葉と「本《book》」を表す言葉のあいだに言語学的な結びつきがあります。アングロサクソン語でも同様です。ヨーロッパではブナを古代の知恵の木と見なし、学びの神および人間の知性と結びつける文化も多いのです。

ブナと結びつけられる神はその他にも数多くいます。ギリシャ神に登場する、神々の使者でもあるヘルメス、古代エジプトの数学と知恵の神トト、ルーン(古代ゲルマン語のアルファベット)を与えられた北欧の神オーディンもその例です。オガム文字と同様、ルーンも占いに用いられました。また創造力を増強するためのタリズマンとしてブナの木と葉を身につけることもありました。

ネィティブアメリカンはカバ《birch》の樹皮でカヌーを作りましたし、多くの部族にとってカバは神聖な木でした。英国で「birched」といえば、カバの枝でむち打たれることを指します。カバの夢を見たら、何らかの形で罰と関連があるのでは?

関連事項

- もっと「本」を勉強して自分の可能性を高めたいのでは?
- 「ブナ＝ビーチ《beech》」の夢は、実は「浜辺＝ビーチ《beach》」に関することでは?

サンザシ(Hawthorn)

英国の民間伝承では、サンザシが魔法の木とされています。魔女のほうきの柄はメイと呼ばれるサンザシの小さな白い花で飾られているという伝説もあります。冬の死を表す古代の祭典、ベルテーン祭の開催日はサンザシの開花時期によって決められました。メイは夏の到来のシンボルだったからです。豊穣のシンボルであるメイポールも、昔はサンザシやオークで作られていました。

サンザシの木を切り倒すのは縁起が悪いとされます。またその強烈なにおいから死と結びつけられることもあります。これはおそらく、サンザシの1種である西洋サンザシ(*Crataegus monogyna*)の花に、腐った肉や遺体に含まれる化学物質と同じ物質が含まれているからでしょう。

英国チェシャー州のアップルトンでは、村を上げて「bawning」(「装飾する」という言葉の方言)をする伝統がありました。現在、赤いリボンと花輪でサンザシを飾るのは主に子供の役目になっています。サンザシに飾りつけをした後、特別な歌を歌いながらその回りを踊ります。アップルトンのサンザシが植えられたのは西暦1125年に遡り、グラストンベリーの聖木から取った枝の挿し木が根づいて育ったとされています。

サンザシは豊穣と再生に結びつけられます。英国の詩人ジェフリー・グリグソンはその麝香《じゃこう》のような香りが官能とセックスを思わせると語っています。サンザシが夢に現れたら、それは自分自身の新たな再生の感覚か、精神または物質の面でより創造的になる暗示かもしれません。

シダレヤナギ(Weeping Willow)

しなやかで優雅な姿を見せるシダレヤナギは、数あるヤナギ種のひとつです。ヤナギは種でも繁殖しますし、折れた枝が川を下っていき、川岸のぬかるみに根づくこともあります。逆境を生き抜いて再び花を咲かせるヤナギの性質から、ヤナギの夢は吉兆です。

建材以外にもヤナギの用途は数多くあります。この用途の多さも、夢としてはポジティブなサインです。ヤナギの樹皮をロープ状にしたものはバスケットを編む材料になりますし、幹は焼くと炭になります。

ヤナギの木は水と落涙《weep》、悲嘆と失恋にも関連づけられます。英語で「ヤナギを着る《wear the willow》」といえば「喪に服する」という意味ですし、愛する相手が亡くなった場合、ヤナギの葉で作ったガーランドを身につけます。とらわれの身となったヘブライ人はヤナギの木にハープを吊し、失われた祖国への悲嘆を示しました。

ケルト神話の神エススは、昔からヤナギを切っている姿で描かれます。中国の神話では、観世音菩薩の木がシダレヤナギです。観世音菩薩はヤナギの枝で甘露を注ぎます。ヤナギは知恵の重要なシンボルであり、枝を通して天界と、根を通して地界と結びついているとされます。

関連事項

- 夢に登場したヤナギは、大切にしていた人か物を失ったことの象徴では?

オーク(Oak)

オークは力と長命のシンボルであり、昔はヨーロッパ中で聖木とされていました。北欧の人々やケルト人にとってもオークは聖なる木だったのです。オークの葉は信仰の強さを象徴します。古代ローマでは愛国の士や勝利者の頭にオークで作ったガーランドをかぶせました。

ドルイドという言葉は「オークの知識」という意味で、ドルイド僧たちはオークの林や森で祭祀を執り行いました。オークの森は侵略を進めるローマ人の手の届かない聖域ともなりました。オークに寄生するヤドリギもドルイド僧にとっては神聖な植物でした。ヤドリギはその薬効ゆえに重んじられたほか、不妊の薬としても用いられました。これはおそらく、厳冬期に宿主のオークが枯れたように見えてもヤドリギだけは繁茂しているためでしょう。クリスマスの季節になるとヤドリギを屋内に取り込んで上から吊す慣習もあり、そのクリームホワイトの実(強い毒があります)の下を通る際は互いにキスをしてもよいということになっています。

オークやオークのドングリの夢を見たら、人生の新たな段階をスタートさせるところに来ている暗示かもしれません。「小さなドングリからオークの大樹が育つ」という英語のことわざは、思いがけない大成功も小さな一歩から始まるという意味です。

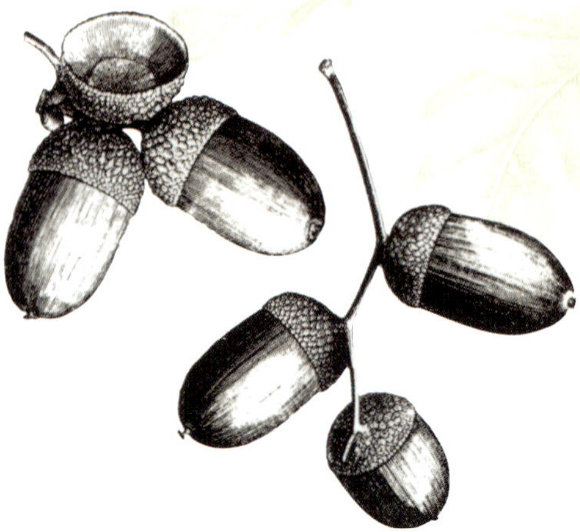

常緑樹（Evergreens）

常緑樹は絶えることのない不屈の生命力を表します。クリスマスのお祝いや葬儀に常緑樹が用いられるのはそのためです。イエス・キリストの降誕の際に訪れた東方の三博士は、常緑樹から採取した乳香と没薬という甘い香りの樹脂を携えてきました。乳香と没薬には治癒作用があり、遺体の防腐処理にも用いられました。現在、クリスマスの季節に家を飾るヒイラギとアイビーは、キリストの永遠の臨在の象徴といわれていますが、この季節にヒイラギとアイビーを用いる習慣は、もっと昔の古代多神教信仰に由来するものです。ケルト人はヒイラギに魔力があると信じていました。

常緑樹はあの世の存在を信じる思想を表し、不死を象徴します。常緑樹であるゲッケイジュ属の一種、ゲッケイジュは復活と結びつけられます。根元まで枯れてもよみがえるからです。昔からゲッケイジュは葬儀のリースに用いられています。英国の民間伝承では、庭にゲッケイジュの木を植えると落雷から家を守り、悪霊を遠ざけると信じられていました。古代ローマでは雷雨から身を守るお守りとして、皇帝がゲッケイジュのリースを身につけたそうです。

イチイの木は有毒ではありますが、地と不死を象徴し、英国にある教会の墓地には必ずといってよいほどイチイが植えられています。イチイはとても寿命が長く、枝から根を出して繁殖することもできます。イチイを傷つけるのは縁起が悪いとされています。

関連事項

- 夢の「イチイ＝ユー《yew》」が「あなた＝ユー《you》」を表しているのでは？
- 夢の常緑樹は、永遠に続く生命の循環への信仰を表しているのでは？

モミ(Fir)

モミという名称は、世界中に分布し球果を結ぶモミ属の総称です。

ヨーロッパモミは夏になると幹にテレビンが油滴となってにじみ出ます。北米のバルサムモミからは「カナダバルサム」と呼ばれるテレビンが取れます。これは光学的特性がガラスに似ているため、顕微鏡標本を接着する用途に使われます。モミが夢に現れたら、この透明さが重要なのかもしれません。

古代ギリシャ人は新ワインにテレビンを加えて腐らないようにしました。ここから、モミはワインの神であるバッカスの数あるシンボルに加えられることとなりました。

他の木にも共通することですが、立派なモミを切り倒すのは不敬の行為だとされています。木の魂を殺してしまうからです。とはいえ、昔から冬至近くになると切り倒されて屋内に運び込まれ、クリスマス時には飾りつけがなされます。常緑樹は再生と不死のシンボルであり、1年のうちで一番暗い時期でも、生命は生き続け、いつかは明るい日々が来ることを思い起こさせてくれます。モミは「yuletide tree」ともいわれますが、これはアングロサクソン語で「輪」を意味する「*geol*」という言葉に由来します。この輪は太陽の絶え間ない運行と、古い年の死および新しい年の始まりを表しています。

関連事項

- モミの夢は、新しい始まりに向けて動き出すにあたって、人生のある期間が終わったことを象徴しているのでは?

レバノンスギ (Cedar of Lebanon)

常緑樹のレバノンスギはレバノンの神聖な木（国花）であり、力・耐久性・不死を象徴しています。昔レバノンにはレバノンスギの森が広がっていました。しかしこの木は非常に需要が高く、多量に伐採されたのです。追い打ちをかけるように戦争が起こり、かつて「地中海の宝石」といわれたレバノンを荒廃させてしまいました。

エルサレムに最初に建設された神殿はレバノンスギの木材で造られていました。この木材はとても丈夫で長持ちするため、聖書を記した詩人や預言者は繁栄と長命のシンボルとしてとらえました。ソロモン王は、モーセの十戒を納める箱である「約櫃」を安置する内陣をスギで作るよう命じました。レバノンスギは聖母マリアとも関連づけられます。

古代エジプトでは小船や柩を作るのに最も適した材料としてスギが重宝されました。耐水性があって腐食しにくかったからです。歴史上最古の書物のひとつであり、不死を求めた英雄ギルガメシュの夢が記録されている「ギルガメシュ叙事詩」にもスギが登場します。

関連事項

- レバノンスギの夢は、目前に立ちはだかる困難にきっと耐えられるという励ましでは？

ジャイアントセコイア(Giant Redwood)

ジャイアントセコイアは地球上で最も背の高い針葉樹といえるでしょう。アカスギともいわれ、実に樹齢2000年を超える種もあります。球果は毎年落ちるわけではなく、20年以上も木についています。カリフォルニアでは何ヶ所かに渡って分布し、風景の中で異彩を放っています。また分布域周辺をカバーするようにレッドウッド国立公園が設置されています。

ジャイアントセコイアの夢を見たら、自然や遠い昔に亡くなった人との深い結びつきに関連があると思われます。この樹は人間よりもはるかに長生きするからです。セコイアには地球の歴史が刻み込まれています。また、継続性の象徴でもあります。

ネィティブアメリカンにはセコイアが持つ天との結びつきを尊び、セコイアを神聖視する部族もあります。樹冠があまりに高いため、人間の手の届かない神秘で満ちていると考えられているのです。樹の色も重要です。赤は血・心臓・情熱の色だからです。

関連事項

- セコイアの夢は長命と関連があるのでは？　それまで病気だったり、医学的検査の結果を待っている場合は、そんな夢がはげましとなることも。

果樹 (Fruit Trees)

果樹は食物を提供してくれると同時に、風景に彩りを添えます。果樹の種類ももちろんですが、樹の状態、成長段階(苗木または成木でしたか?)、どれくらい果実が実っていたかによってさらに意味が加わります。

キリスト教では、リンゴといえば象徴的にイヴとアダムへの誘惑と結びつけられます。ここから、アダムとイヴがエデンの園を去らざるを得なくなった原因、知識・セクシュアリティ・堕落に関連づけられることになります。

ユダヤ教の新年祭ロシュ・ハシャナでは、リンゴを蜂蜜につけて食べ、互いによい(甘い)新年を祈ります。米国と英国のハロウィンでは、水に浮かぶリンゴをくわえるのが伝統的なゲームです。

あなたの夢に登場したリンゴは熟して無傷(よい前兆)でしたか? 地上に落ちて虫に食われて(生活の中でなおざりにしているものがある暗示では?)いましたか? ビッグアップル(ニューヨーク)か、「目に入れても痛くないほど《apple of one's eye》の存在」に関連があるのでは?

「ナシ＝ペア《pear》」は何らかの「ペア《pair》」を表している可能性もあります。ペアを組む必要のある誰かと夢が結びつきませんか?

果実と種の成熟は受胎を象徴しているとも考えられます。「実を結ぶ」といえば「仕事の成就」「子供ができる」という意味にも受け取れます。

関連事項

◎願いが実を結ぶところなのでは?

ヤシの木(Palm Tree)

古代エジプトではナツメヤシの木で板を作り、神殿など重要な建物の建設に利用しました。直立して伸びる堂々たる姿は、正義・名声・勝利を象徴します。その形状から男根のシンボルでもありますが、房状になるナツメが乳房に似ているため、女性をも象徴していると考えられます。

ヤシは老樹になるまで実をつけるので、長寿と豊かな実りを表します。アラビアの伝統文化では生命の木であり、キリスト教徒にとっては群衆に勝利者として喜び迎えられてのキリストのエルサレム入城を象徴し、パームサンデー(信者がキリストの進む道にシュロの葉をしきつめたのが由来)として銘記されています。ヤシの枝は栄光と死に対する勝利を表すとともに、ローマのキリスト教徒にとっては聖地に巡礼した印でもありました。

決してその葉を落とさず常緑で飾られるヤシ
その木の力は人々に好まれ、勝利を表すにふさわしい

プルタルコス

ユダヤの伝統では、ヤシが行いの正しい人の象徴でした。また、エジプト脱出後のユダヤの印でもありました。

関連事項

- 引き受けた仕事の成功を表すのでは? ヤシの「ナツメ=デイツ《dates》」が重要な「日付=デイツ《dates》」を指すのでは?
- 大切な日が間近に近づいているのでは?

オリーブの木(Olive Tree)

ギリシャ神話の女神アテナは、アテネの人々にオリーブの木を与えた後にそのパルテノン神殿を捧げられたという伝説が残っています。ローマ神話ではヘルクレスとして知られるギリシャ神話の神ヘラクレスのお気に入りの棍棒は、オリーブの木を切り出したものです。古代から、オリーブを栽培してオリーブオイルを採取する産業はギリシャの経済にとって欠かせないものでした。

オリーブと関連づけられるのは、不死・多産・平和などの性質です。オリーブオイルはとても有益な商品だったので、裕福さも表します。ハトと一緒になると、オリーブの小枝は平和を象徴します。オリーブの葉は生命の再生を表し、オリーブの小枝をくわえたハトは安らかに眠る死者の魂を象徴します。古代ギリシャでは、競技や戦いの勝利者にオリーブの葉で作った冠が与えられました。当時のオリンピック競技の勝利者にもオリーブの枝の冠がかぶせられました。キリスト教のイコン(聖画像)には、オリーブの枝を持つ大天使ガブリエルが描かれた受胎告知図もあります。

関連事項

- 成功をほめたたえ、「冠をかぶせるように栄誉を《crown》授ける」か、祝福するようなできごとが最近あったのでは?
- 誰かに和平を申し入れる必要があるのでは?
- 英語では風波を静めることを「波立つ水面に油を投《pour oil on troubled water》ずる」といいます。平和を取り戻そうと努力していたのでは?

ユーカリの木(Eucalyptus Tree)

ユーカリはオーストラリア原産の木で、ブルーガムやアイアンバークも同じ仲間です。いずれも薬用になる油を葉から採取する目的で栽培されています。葉には細かい穴があいていて、そこから淡い黄色の油がにじみ出ます。この油は樟脳に似た強い香りを持ち、風邪の治療薬のほか、殺菌剤としても使われます。

オーストラリアの代名詞でもあり、葉がコアラの主食となるユーカリは世界で最も背が高くなる樹木のひとつで、威風堂々たる姿を見せてくれます。若木は1年間に4メートルも伸びることがあります。家具や船の材木としても用いられるほか、ミツバチが好む花蜜をたくさん分泌するので養蜂家にも重宝がられています。

ユーカリの幹からは粘りけのある《sticky》樹脂《ガム》がにじみ出るため、「ガムツリー」ともいわれます。ユーカリの夢を見たら、現在直面している「厄介な《sticky》状況」の象徴かもしれません。

関連事項

- 何らかの形で閉塞状況にあり、「頭をすっきり」させて前進する必要があるのでは？
- 現在、急速な発展をしつつあるのでは？

ワスレナグサ(Forget-Me-Not)

希望はやさしい宝石
愛らしい勿忘草

コールリッジ

青く繊細なワスレナグサの花は、引き裂かれた恋人たちのシンボルです。中世から伝わるこんな話があります。ある日、騎士が宮女と一緒に散策をしていました。女性が川岸に青い花が咲いているのを見つけ、やさしい騎士はその花を集めて花束を作ろうと川岸に下りました。最後の花に手を伸ばした瞬間、騎士は足を滑らせて川に落ちてしまいました。急流に流されながら、騎士は「私を忘れないで！　私を忘れないで！」と叫びました。こうしてその花は「ワスレナグサ」と呼ばれるようになったのでした。

ワスレナグサの夢を見たら、現在の人間関係と関連がないかどうか考えてみて下さい。恋人があまり関心を払ってくれなくなった、またはあなたの感情を気に留めなくなったと感じてはいませんか？

関連事項

- 人間関係が終局を迎えつつあると感じているのでは？
- もっと人々の心に残るよう、今以上に努力をすべきなのでは？

キツネノテブクロ (Foxglove)

キツネノテブクロは英語で「foxglove」といいますが、これは「folk's glove」が変形したものともいわれます。ちなみに「folk」は「小さい人《little folk》」、すなわち妖精や小悪魔などの精霊を指します。優美なキツネノテブクロは偽りの花として知られます。その美しい外見とは裏腹に、多量に摂取すると死に至りかねない天然の強心剤、すなわちジギタリスと呼ばれる物質を含んでいるからです。時に「死者の指《dead men's fingers》」よばれるのはそのためです。ジギタリス(ラテン語で指を意味する「*digitae*」に由来します)は心臓病などの病気に薬として用いられます。

花が手袋の指に似ているため、キツネノテブクロは「指の花《finger flowers》」と呼ばれることもあります。キツネノテブクロの夢を見たら、手を守ったり隠したりできる手袋の用途について考えて下さい。ことによると、その夢はあなたが隠したがっていることがあることを暗示しているのかもしれません。「キツネ」に関する面(参照→P.260)についても検討してみましょう──欲望を満たすために人目をはばかって策略を巡らしていませんか?

関連事項

- 晴れやかな外見の下に何かを隠していませんか?
- 心に何らかの形で刺激が必要なのでは?
- 現在、何かに関してキツネにつままれたように「戸惑っている」のでは?

スイセン(Daffodil)

スイセンは英語で「daffodil」といいます。これはスイセン属の総称で、スイセン属はヒガンバナ科に属します。スイセンは「レントリリー」呼ばれることもあります。キリスト教の四旬節《レント》の頃に咲くからです。冬の終わりを告げるように真っ先に咲く花のひとつであり、その鮮やかな黄色い花は早春に明るさを添えてくれます。この場合、スイセンは希望と再生を象徴します。

ギリシャ神話に登場し、冥界と関係する花として最も有名なのが、スイセンにも似たユリのような花アスポデロス(冥界の野に咲くといわれる花)です。また、デメテルの娘ペルセポネは、シチリアの春の野原で花を摘みながら散歩していました。そこへ冥界の王ハデスが現れ、ペルセポネをさらいました。伝説では、ハデスが触れた時にペルセポネの白い花が黄色に変わり、それ以来スイセンがその地に咲くようになったといわれます。ホメロスはその広い野原をおおう花を「死者の巣窟」と描写しています。ペルセポネはハデスがご機嫌をとろうとして与えるものを全て拒否します。ここからスイセンは報われない愛のシンボルにもなりました。

イランではスイセンを「黄金」、トルコでは「黄金のボウル」と呼びます。スイセンはウェールズの国花でもあります。

関連事項

- 単純明快な元気を得て生活を明るくする必要があるのでは?
- スイセンの夢は新たな春、すなわち新しいプロジェクトの明るいスタートを象徴しているのでは?

アイリス (Iris)

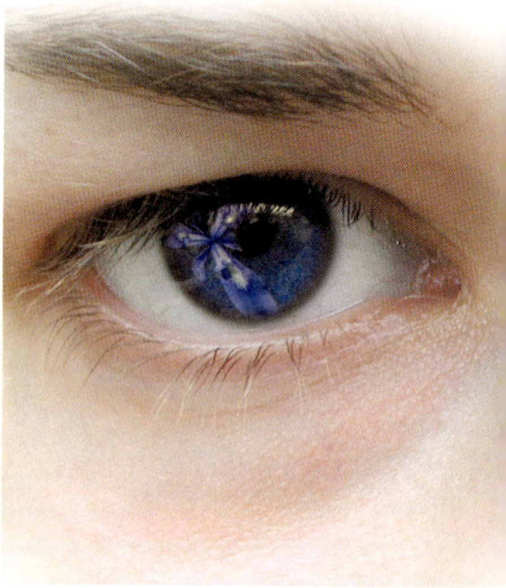

ペルシアのアイリスはかぐわしい香りで有名ですが、この花には様々な色があるので合わせると虹のように見えます。ここから、よいニュースのみをもたらす虹の女神イリスの名にちなんでアイリスと名づけられました。ギリシャ神話では、人間と神に争いが起こった時に女神イリスが中に入って取りなせるように、神々が天と地のあいだに虹の橋を架けるとされています。

ローマの詩人ウェルギリウスが著した『アイネーイス』では、女性の魂を集めるべくイリスが送り込まれます。ここから、イリスは女性の不安と、終了に関連づけられます。アイリスは「フラ・ダ・リ」という紋章としても描かれます。これはフランスのシンボル、ユリ形紋章でもあります。アイリスと、純潔・平和・復活を表すユリは、シンボリズムにおいて多くの点で共通項があります。

グラジオラスはアイリスの仲間です。「*gladiolus*」という言葉はラテン語の「小さい剣」を表します。グラジオラスにその名がついたのは、葉が剣の形に似ているためです。「剣のアイリス」としてグラジオラスは、その心臓が悲しみの剣で貫かれるだろうと予言された聖母マリアの悲しみを表します。

よく見られる黄色のアイリスは「フラッグ《旗》アイリス」と呼ばれます。黄色のアイリスの夢を見たら、注意を引きたいか、気にしている何かについて「旗を振って注目を促したい」と思っている暗示かもしれません。

関連事項

- 夢のアイリスは、目の「虹彩《iris》」を表しているのでは?
- あなたが女神イリスのように、仲裁者なのでは?

ユリ (Lily)

凛として威厳を示す花ユリ《リリー》は純潔・平和・復活と関連づけられ、神話に登場する全ての処女神の聖なる花です。カソリックを信仰するほぼほとんどの国で、白ユリが聖母マリアの印となっています。ダンテはユリを称して「信仰の花ユリ」と表現しています。

ユリは地母神の豊穣さを表し、天の女王ヘラの花でもあります。東洋でハスが表すシンボリズム（参照→P.241）を、西欧ではユリが担っています。ユダヤの伝統ではユダ族の紋章がユリであり、神への信仰も象徴しています。

キリストはイスラエルの民に、彼らの君主であるソロモンがいかに豪華な服装を凝らしてもユリの威厳にはかなうべくもないと語り、「（飾り立てなくても美しい）野のユリを見よ」とさとしました。ユリはその名がイースターの語源となった女神エイオストレの名を取って、英語で「イースターリリー」とも呼ばれます。日本でいう「カラー」は英語で「アルムリリー」といいますが、美しい白色のアルムリリーは葬儀と関連づけられ、家の中に持ち込むのは縁起が悪いとされます。

スズランは英語で「リリー・オブ・ザ・ヴァレー」または「フェアリーベル」といわれます。魔女がヒーリングにスズランを用いたため、魔女と結びつけられます。スズランには、ジギタリスに似た物質であるコンバラトキシンのほか、心臓病の治療に用いられる20種類以上の物質が含まれています。

関連事項

- 教会内にユリがある夢を見たら、結婚式か葬儀に結びつけられるのでは？
- あなたが受けている心臓の治療と関連があるのでは？

ポピー(Poppy)

ポピーは死と再生のシンボルです。英国の英霊記念日曜日は、戦死者を偲ぶ印として紙やプラスティック製のポピーを身につけるため「ポピーディ」ともいわれます。これは元来、第一次世界大戦中にフランスとベルギーの戦場で亡くなった人々を記念する日でしたが、現在では戦争で死亡した人全てを追悼する日となっています。米国では昔から退役軍人の日がこれと同じ主旨の日となっていますが、やはり記念の印としてポピーを身につけます。かつて兵士が塹壕を掘り、後に彼らの血を吸うこととなった戦場がありました。その後、そこにポピーが乱れ咲いたのだそうです。ここから赤いポピーは戦死者の犠牲を悼むリースに用いられるようになりました。

睡眠と無意識、そしてギリシャ神話の睡眠の神モルペウスもポピーに結びつけられます。モルヒネとヘロインの材料となるアヘンはケシ(オピウムポピー)の未熟な莢から取れます。これもまたポピーと休息の関連を深めています。ちなみに種にアヘンは含まれていないので、食材としてよく使われます。

ポピーはたくさん種をつけるために豊穣とも結びつけられます。ポピーの種は何百年ものあいだ休眠状態を保ち、条件が整った時に眠りから覚めて発芽することができます。また大母神のシンボルであるとともに、あらゆる月と夜の神々の花とされています。

関連事項

- ポピーの夢は何らかの習癖や耽溺に関連がある?
- しばらく休息や息抜きの期間が必要なのでは? 落ち着いて眠っていますか?

バラ (Rose)

目に美しく映る花もあるが、
心に染みて美しく感じる花もある。

ゲーテ

太陽の花バラは、世界中で愛と情熱を象徴するのに用いられます。バラはまた心と和合の象徴でもあります。多くの女神の花であることから女性性・豊穣・美をも表します。赤いバラは情熱だけではなく欲望や浪費を象徴することもあります。英国の国歌もバラです。白バラは無垢・純潔・霊性の開花を象徴します。山吹色のバラは完璧を象徴します。米国では黄色のバラが友情を表し、白バラが婚礼、赤いバラが葬儀に結びつけられます。

バラ園は楽園のシンボルです。バラ園にいる夢を見たら、実生活における現在の状況に、この上なく幸福な満足感を感じている印かもしれません。ローマ時代は死後の復活の印として墓地の庭にバラが植えられていました。春に催されるローマのロザリア祭では、姉妹の女神であり、美と魅力に関連する三美神の上にバラの花びらがまかれます。

バラにはトゲもあります。夢にトゲ《thorn》のあるバラが出てきたら、バラに象徴される報償を得るために取り組まねばならない難しい《thorny》問題を表しているのかもしれません。トゲの多いバラの夢は、ロマンティックな関係における問題と関連するとも読み取れます。

関連事項

- 夢に登場した香り高いバラは、あなたを傷つけかねないトゲ、すなわち危険を隠しているのでは?
- 夢の中でバラをもらったら、色と数の意味について検討を。ちなみに12本の赤いバラを贈るのは愛の印です。

スノードロップ(Snowdrop)

早春、他に先駆けて繊細な白い花を咲かせるスノードロップは、希望・新たな生命・闇が続いた後の新たな機会を象徴します。ヴィクトリア時代の英国では逆境の友を表すとされました。スノードロップは毎年春になると雪を押しのけて姿を現し、新たな生命の繁栄と冬将軍の退却を告げるからです。

スノードロップの学名は「*Galanthus*」といいます。これは「ミルクの花」という意味で、花の色に由来します。キリスト教では聖母マリアの象徴です。また、聖母マリアがイエスを神殿に連れて行って捧げものをした日を記念し、2月2日に行われる聖燭節の象徴でもあります。

雪が降ったあとにスノードロップの夢を見ることがあるかもしれません。つまり雪(=スノー)が落ちる(=ドロップ)からスノードロップを連想したわけですが、あなたが農業を営んでいるかスキーをするなら、特別な意味が出てくる可能性があります。夢が、大雪によって計画が影響を受けるのではという懸念を表しているともとれるからです。

関連事項

- スノードロップの夢は、つらい時期の後にかすかに輝く希望を表しているのでは?
- 体調がすぐれない時期のあと、健康が戻りつつあるのでは?

チューリップ(Tulip)

チューリップは豊穣のシンボルです。原産地とされるイランでは、完璧な愛または愛の宣言を意味します。トルコのオスマン家の紋章もチューリップですし、オランダの国花でもあります。オランダでは5000種類以上のチューリップが栽培され、世界中に輸出されています。

チューリップの美しい色はヨーロッパで大評判になり、17世紀にはオランダで「チューリップマニア」という事件が起こります。誰もが競い合って珍しいチューリップの球根を手に入れようとしたため、球根の価格が暴騰し、とうとう球根1個を買っただけで破産に追い込まれる人が出るまでになりました。お金がある人なら猫も杓子も豪華な花が咲く球根を手に入れようとする有様だったようです。チューリップの球根とタマネギを間違えて食べてしまったある船員は、後に半年間も投獄されたとか！

中国のシンボリズムでは、調和と洗練を備えた「全人」をチューリップが表します。

関連事項

- チューリップの夢は、生活にもっと彩りが必要というサインでは？
- あなたの夢は、チューリップから連想されるオランダとの関連があるのでは？

ラン(Orchid)

ランからは格調・華やかさ・豪華さなどの性質が連想されます。ここから、ランの夢を見たら周囲を取り巻く豊かさについて検討してみましょう。英語でランを表す「orchid」はラテン語で睾丸を意味する「*orchis*」という言葉に由来します。球が2つ並んでできる球根が睾丸に似ているためです。英国でも同様の理由で「ドッグズ《犬の》・ストーンズ《たま》」といわれます。こういう男性生殖器との関連から、ランは勢力のシンボルや、ものごとの成就・繁殖を助けるお守りとして用いられるようになりました。ランの一部は「惚れ薬」の調合にも使われます。『博物誌』を記した大プリニウスは、男性がランの球根を手に持つと性欲をもよおすと語っています。

男性から女性にランを贈る行為は、その相手を誘惑する意図か、ずばり性交の同意を望む意志を表していました。現在でもこのエロティックな含みは失われていず、高校卒業パーティなど特別なデート時には今もランが贈られます。

ランを咲かせるには世話が大変ですが、いったん花開くと、適切な条件下であれば数ヶ月も咲き続けます。

関連事項

- 夢のランは性的関係を象徴しているのでは？
- 自分の能力を十二分に発揮するにはケアが必要だと感じているのでは？

ハス(Lotus)

ハスは世界中で強力なシンボルとされていますが、特に東洋ではその傾向が強く、創造のあらゆる面をハスが表します。ハスは太陽と水が和合して生じたものだとされ、精神と物質、火と水を表しています。深い泥から汚れることなく生まれるという神の誕生のシンボルです。

古いヒンドゥー教の文献には、世界が創世される前、存在したのは金のハスだったという記述があります。このハスは「母なる蓮（マトリパドマ）」と呼ばれる宇宙の子宮だったのです。インドでは蓮が女神ラクシュミーやパドマに結びつけられますし、赤いハスはインドの象徴です。

ハスの花は仏教の絵画や彫像によく登場します。泥中に根を張るハスは、「悟り（開いた花）は泥水に象徴される人間としての苦しみの中で得られる」という信仰を表しています。また、その花が太陽に向かって伸びることから霊性の発展をも意味します。

仏教における「千弁の蓮華」は妙法と悟りを象徴しています。

関連事項

- 自分の創造力のあらゆる面を最大限に使っているのでは?
- 夢の蓮は霊的・精神的なことへの関心を新たに鼓舞しているのでは?

野草(Wildflowers)

アネモネは風の花として知られ、その名はギリシャの風の神アネモスに由来します。赤いアネモネは、死と再生を象徴するギリシャ神アドニスの血の滴がしたたったところに生じたといわれます。鮮やかな黄色の花を咲かせるバターカップ(キンポウゲ)は、シンプルな喜び・晴天の日・金色の太陽の際立つ豊かさを意味します。

英語で「キューピッズ・デライト《キューピッドの喜び》」「ラブ・イン・アイドルネス《無為の愛》」「ハーツイーズ《心の平和》」などとも呼ばれるパンジーは不滅の愛を表します。

デイジーは無垢と子供のような純真さを象徴します。

ブルーベルは森林地一帯に群生して咲きます。鐘《ベル》形の花を咲かせる花の例に漏れず、ブルーベルの夢はニュースの伝達を表します。マスコミュニケーションのシステムが発達する前のヨーロッパでは、どこでもニュースを布告する前にベルを鳴らすのが伝統だったからです。

関連事項

- 野草の夢は、自然の素朴な魅力を重んじるシンプルな生活を送るべきことを暗示しているのでは?
- もうすぐ花開くと感じている、すなわちまもなく能力を十二分に発揮する機会が得られるか、またはひと仕事終わりそうなのでは?

ハーブ(Herbs)

セント・ジョーンズ・ウォートには高い抑うつ効果があり、抑うつを総合的に治療する際にその一環として用いれば明晰夢を見られるという好ましい一面もあります。

ハーブは昔から病気の治療や風味づけに用いられています。シソ科のベトニー(カッコウチョロギ)はかつて不安をかき立てる強迫観念や悪夢を緩和する目的に使われていました。マグウォート(オウシュウヨモギ)は緊張と抑うつの緩和に用いられます。アロエベラには様々な用途があります。汁は苦いので、爪に塗って爪をかむ癖を止めさせるのにも用いられます。日焼け部分に葉をつけると痛みがやわらぎます。

セージには歯を清潔にし、歯茎の炎症を緩和する薬効があります。知恵や聡明さも表します。

カモミールは鎮静効果を備え、「逆境における忍耐」を表します。

17世紀、英語で「パセリ畑」といえば女性器を、「パセリ」は陰毛を遠回しに指す言葉でした。ヘンルーダは英語で「ルー《rue》」といい、記憶を表すハーブで、悲しみと後悔を象徴します。「〜という日を悔いる《rue the day》」という表現もあります。

関連事項

- ハーブの夢は、実生活で使っているハーブに関連があるのでは?
- カモミールティーの夢は、落ち着く必要があることを暗示しているのでは?

つる植物(Climbing Plants)

ハニーサックルは、蠱惑的な香りと他の植物にからみつく様子からエロチックな愛を象徴します。アイビーはつるで張りつきながら伸びる丈夫な草で、世界中で見られます。常緑植物なので不死と永遠の命を象徴します。初期文明では、アイビーの葉がギリシャ神話のワインの神ディオニュソスと関連づけられ、酩酊状態を直し、また起こすと信じられていました。張りつく性質から、要求ばかりする依存性を表すことがあります。

クレマチスは英語で「トラベラーズ・ジョイ《旅人の喜び》」とも呼ばれ、ブドウのつるのように、行く手にあるもの全てに巻きついてしまいます。時に「レディズ・バワー」「バージンズ・バワー《聖母マリアのあずまや》」とも呼ばれます。生い茂ると葉が重なり合って天蓋のようになり、影を作ったり庭の木陰が外から見えないように遮ったりするからです。

ブドウの木は豊穣と繁殖を表します。キリスト教の芸術作品では、ブドウの木と小麦がキリストの血と肉すなわち聖体を表します。ギリシャではブドウの木が葡萄酒を飲んでの大騒ぎで有名なバッカス神のシンボルです。

アメリカヅタは相当な高さまで伝い伸びていきます。秋には葉が赤くなるため、美しい紅葉を楽しむために植えられます。

関連事項

- つる植物の夢は、職場における昇進に関する願望に関係があるのでは?
- あなたは社会的地位を高めたいという願望を持った「野心家《social climber》」なのでは?

トゲのある植物
(Prickly Plants)

サボテンは過酷な環境でも力強く成長しますし、そのとがったトゲは季節を問わず本体を守り、人間や動物を近寄らせないよう警告を発する役目を果たしています。バラやエニシダ、サンザシなどトゲを持った植物は数多くあります。植物にとっては身を守るものですが、動物や人間が近づきすぎるとけがをしてしまいます。イエス・キリストはローマ人から「ユダヤ人の王」とあざけりを受け、無理矢理イバラの冠をかぶせられました。イバラは負傷や妨害を象徴し、神話やおとぎ話にもよく登場します。イラクサは触れるとチクチクと大変痛みます。シェイクスピアは、ハムレットに拒否されたオフィーリアが死に際して身につけていた花輪の材料にイラクサを含めています。またイラクサはトゲがありますが、お茶やスープにすることもできます。

関連事項

- やっかいな問題を解決しなければならないのでは?
- 誰かがあなたの「苦痛の種」で、常にちくちく刺すように苦労や心配をかけているのでは?
- 身を守らねばならない状況にあり、周囲に防御バリアを巡らせているのでは?
- 現在「イラクサで刺されるようにいら立たしく思っている《nettled》」、すなわち腹を立てているのでは?

第8章

夢には、動物や鳥、昆虫、海の生物のほか、伝説や神話に登場する異形の生きものも現れます。それらは本来の性質や特徴に限らず、何千年ものあいだに付与されてきた象徴的意味をも表しています。さらに、私たちの中にある動物的な性質を意味する場合もあります。古代エジプトからケルト時代の英国、オーストラリアのアボリジニからカナダのイヌイット族と、古今東西で動物はあがめられてきました。

動物は私たちの生活の中でとても大きな役割を担っています。ウシやヒツジなどの家畜は食肉や乳に加え、人間の体を保護する皮や羊毛などの資材も提供してくれます。イヌやネコなどはペットとして可愛がられます。野生動物は美しく神秘的ですし、場所によっては人間のほうが彼らから身を守らねばなりません。キリスト教信仰では魚のシンボリズムが重要な部分を占めていますし、伝説や古代から伝わる物語には魚が頻繁に登場します。

鳥は多くの神話で天と地のあいだに結びつけられています。空中や大地、水上など様々な環境に住んでいるからです。また、空高く飛んで天の高みへと消えるため、メッセンジャーと見なされることもあります。

大小様々な生きもの

大小様々な生きもの

生きものが登場する夢は、まるで神話のような雰囲気を帯びていることがあります。ヴィッキが語った以下の夢もその例です。

図書館である本を取ろうと手を伸ばしているところでした。ところが私の体の10倍は大きい蛇が柱に巻きついていて、本が取れません。そこで図書館から自宅に場面が変わり、私の髪の中でたくさんの小さいヘビが絡み合《tangling》っているのに気づきます。

伝説のゴルゴンのように、ヴィッキの髪はもつれるヘビの固まりと化しています。彼女は今なお勉強に関することに「とらわれて《tangled up》」いるのでしょう。本と図書館が夢の重要な要素となっているからです。大ヘビからは逃れたものの、「小さなヘビ」という軽微な問題は残っており、なおも悩まされています。

夢に様々な生きものが現れても不思議はありません。動物は私たちの本能的・原始的な性質を象徴します。だからこそ動物は私たちの心をとらえるのです。動物の皮を身につけることでそのパワーを取り入れることもあります。北欧の戦士は戦場に赴く際にクマの毛皮をまといました。「凶暴な」という意味の「berserk」という英語は本来北欧人の恐ろしい戦いぶりを示すものであり、この故事に由来しています。言語的には「*bern*」は「bear」を、「*serkr*」が「coat(毛皮)」を意味します。

中世には「動物寓話集」という彩色本の一種が大変な人気を博しました。実在する動物と想像上の動物の挿絵とともに、それらが持つ人間的な特徴の点から解説がなされています。また、こういう本によってユニコーンやフェニックスなどの想像上の動物が広く知られるようになりました。本章で解説するシンボリズムの多くは、これら中世の「動物寓話集」に端を発するものです。私たちが使う言語には、動物や昆虫の

性質に関わる表現が数多くあります。夢の情景にもこういう表現が顔を出します。ある女性は、ナメクジ《slug》が胸にはい上がってくる夢の話をしてくれました。彼女はなぜ夢にナメクジが現れたのか首を傾げていたのですが、言葉の連想ゲームを始めて「不活発《sluggish》」という単語を思いついた時に意味を悟りました。当時、彼女の消化器系がまさに「不活発」な状態だったのです。こうしてナメクジの象徴的意味を理解した彼女は食生活を改善し、以来ナメクジの夢を見ていません。

「ケルズの書」というケルト的な彩色本には、神話に登場する獣のほか、本章でも取り上げた、私たちになじみのある動物も描写されています。動物の特徴を考える場合は、その美しさとともに、人間に対して無関心な部分も検討する必要があります。そして「この動物は自分のどの部分を表しているか、なぜ今夢に現れて、自分に対するどんなメッセージを携えているか」を自問してみて下さい。

ネコ（Cat）

飼いネコのほか、ライオン・トラ・ジャガー・チーター・ヒョウなどネコ科の動物は昔から人間の女性的・直感的な面に結びつけられます。古代エジプトではネコが崇拝されていました。災厄をもたらすネズミの増加を抑制してくれたからです。ネコの頭に女性の体を持つ姿で表されるネコの女神バステトは、愛と豊穣の神でもありました。当時、ネコはミイラにされて飼い主とともに埋葬されるか、専用に作られた墓地に葬られました。

古代ギリシャではバステトを女神アルテミスと結びつけました。アルテミスは中世になると魔女の女王として知られるようになり、闇・夜・災いを意味するイメージを持つこととなります。北欧神話に登場するネコは天候と関連づけられ、風をコントロールすると考えられました。魔女に変身して嵐の夜空を飛ぶとされたのです。ネコの夢は、誰かがあなたを裏切るという警告かもしれません。

関連事項

◎夢のネコはあなたの「暗い」部分を表しているのでは?

◎ついていると感じているのでは?

◎直感に注意を払う必要があるのでは?

イヌ (Dogs)

忠実さと人なつこさで、イヌは「人間の最良の友」であり、最初に飼い慣らされた動物でした。オオカミの末裔でもあるため、番犬や盲導犬として、または麻薬探知犬として役立ってくれる犬種もあります。

古代エジプトでは、生者と死者間のメッセンジャーとされていました。黒いジャッカル（時にイヌと誤解されます）の頭部を持つエジプト神アヌビスは、死者の神であり、死体防腐処理の発明者でもあります。憂うつとの関係はこのアヌビスこと「黒いイヌ《black dog》」に端を発するものでしょう。英語では「black dog」に「意気消沈」という意味があります。ウィンストン・チャーチルもうつ病の発作に悩み、うつ状態を「私の黒いイヌ」と称したそうです。

イヌはよく夢に登場します。ある女性は、うなったりよだれをたらしたりしているイヌたちに腕をかまれる夢を続けて見たと語ってくれました。数ヶ月後、この女性はボクサー犬にかまれてひどいけがを負ってしまいました。その後、イヌにかまれる夢は1度も見ていないそうです。夢には彼女の恐怖心が表れていたのでした。女性は、夢によって覚悟を決め、ひとたびかまれてしまうと恐ろしい夢からも解放されたのです。

関連事項

- イヌに導かれる夢を見たら、おそらく、ある状況から抜け出る方法をなかなか探せないでいる印。

雌ウシ（Cow）

聖書に出てくる有名な話があります。ある日、ヨセフはファラオが見た7匹の太った雌ウシの夢を解釈するよう求められ、エジプトの地に7年間豊作が続くことを表すと述べました。太って健康的な雌ウシがよいシンボルと見なされるのは理解に難くありません。さらにヨセフは7匹のやせた雌ウシは7年の凶作を示すと解釈し、これによってファラオは策を講じ、国中の食料を蓄えさせることができたのでした。

雌ウシは月の女神と関連づけられます。月の女神は、その多くが雌ウシの角を頭につけた姿で表されます。雌ウシは母性のシンボルでもあります。お乳を出して栄養源となり、初期に家畜化された動物のひとつだからです。貨幣が使われる前の時代、乳牛は物々交換品として大変高い価値がありました。現在英語で「cash cow」といえば、多額の収入をもたらすものを示します。

関連事項

- 乳を搾られるように「搾取」されている、つまり何らかの形で利用されているのでは？
- 現在誰かに相当な奉仕をしているのでは？

雄ウシ(Bull)

雄ウシの性質には、頑丈さ・頑固さ・力が入り混ざっています。雄ウシは星座のタウロス(牡牛座)や、北欧の雷神トールと結びつけられます。雄ウシのうなり声は雷鳴にたとえられます。またアッシリアの神話では、雄ウシの角が三日月を表しています。

この夢を見た女性は「雄ウシが横行する」地域に住んでいて、実際に雄ウシに対する恐怖感を抱いており、それがきっかけで思いがけない夢を見ました。

> 雄ウシに追われる夢を見ました。後ろから走ってきた雄ウシに殺されそうになる瞬間、しゃがみこんで足を持ち上げると空に舞い上がることができました。こうすれば飛べるとわかり、とてもうれしく思いました。

この女性は何とか逃げのび、襲いかかる脅威をかわして高く舞い上がる能力を得て力強く感じています。

関連事項

- 英語で「瀬戸物屋の雄ウシ《bull in a china shop》」といえばはた迷惑な乱暴者のこと。誰かがそんなふうに暴れ回り、あたりをめちゃくちゃに荒らす夢を見たら、ペースを落としてもっと注意を払うべき暗示の場合も。
- 「雄ウシの目《bull's-eye》」は英語で的の中心のこと。標的の中心を射る夢を見たら、狙っている目標に手が届く印。
- 夢の中で「威張り散らして《bully》」いたら、自分の意志を押しつけようとしているのかもしれません。反対に威張り散らされる夢は、勝手なやり方を強制しようとする誰かに立ち向かうべきという意味のことも。

去勢した雄ウシ（Ox）

去勢した雄ウシは英語で「オックス《ox》」、時には「スティア《steer》」と呼ばれ、役牛として使われます。去勢するとおとなしくなるため、普通の雄ウシ（bull）よりも扱いやすく、抗うことなく長時間に渡って働いてくれます。去勢ウシを犠牲と結びつける伝統もあります。自らの生殖能力を犠牲にして、飼い主のために文句もいわず労役を引き受けるからです。

キリスト教聖書に含まれる4つの福音書の著者の1人、聖ルカは、7世紀に編まれた『ケルズの書』というケルト的装飾本の中で「オックス」と称されています。去勢ウシはたゆみない重労働を象徴します。

中国占星術では、去勢ウシが特別な位置を占めます。十二支の2番目に来るのが「丑」であり、丑年生まれの人は信頼がおけ、思いやりがあるとされます。

歴史上、去勢ウシは時に法律で保護されることがありました。重労働を担ってくれる動物の肉を食べるのは恥ずべきことだと考えられたためです。

関連事項

- 辛抱強く打ち込まねばならない仕事に従事しているのでは？
- 自分自身の中に去勢ウシのような力を見いだせるのでは？

雄ジカ(Stag)

角が枝のように別れているため、雄ジカは「生命の木(参照→P.217)」と関連づけられます。また角が落ちては再び生えてくることから、再生と成長のサイクルも象徴します。角のある動物、特に雄ジカは男性のセクシュアリティと結びつけられます。角は性交能力を高めるための催淫剤としてもよく用いられます。

北米のシャーマンは、天と地の結びつきをもたらす、または求めるシンボルとしてよく雄ジカの角を身につけます。この伝統文化では、雄ジカが神の使者であると信じられています。

中世、雄ジカは一人清らかな生活を送ることと関連づけられました。聖ユベールは角の間に十字架を浮かび上がらせる雄ジカを見てキリスト教に改宗しました。英国国王リチャードII世は白シカを自らの紋章にしていました。

ケルト族は雄ジカを大変重要視していました。雄ジカは獣の王、ケルヌンノス神と結びつけられました。ケルヌンノスは豊穣・再生・狩りの神で、鹿角を生やしていました。また、富の神としても知られています。

関連事項

- 再生の過程を経ている最中か、またその必要があるのでは?
- 多角化し、新たな関係を結ぶ時なのでは?

ウマ(Horse)

古代ケルト人にとって、ウマは富と力のシンボルでした。英国オクスフォードシャー州アフィントンにある丘陵の白亜層に刻まれた白馬は、いかにウマが重要視されていたかを物語っています。ウマはケルトの女神リアノンの動物とされ、原始的なエネルギーの力を表します。また、セクシュアリティにも結びつけられます。種ウマは男性の力と繁殖能力を表します。以下の夢もその例です。

> 私は何もないところで美しいウマを乗り回していました。すると、不意にウマが私のボーイフレンドに変身しました。

ペガサスはギリシャ神話に登場する翼を持ったウマです。ゼウスはペガサスに雷を運ばせたといわれます。

関連事項

- 夢に登場したウマは野生でしたか、飼い慣らされていましたか？　あなたの行動のどんな点がそこに表れていますか？
- 乗馬していた場合、ウマをコントロールしその力を抑制することができますか？

ロバ(Donkey)

頑固で愚か、性欲過剰な動物としておなじみのロバですが、それでも背中に浮かび上がる十字の模様ゆえに高く評価されます。この十字模様は、パームサンデーにイエス・キリストをエルサレムへ運んだ後に現れたといわれ、ロバが祝福された印であるとされます。

ロバとラバ(ロバとウマの雑種)は文句もいわずに重い荷物を運んでくれます。ここから、忍耐強く境遇を受け入れることを象徴します。ロバは役畜として利用されるため、英語で「ロバの仕事《donkey work》」といえば退屈でつまらない仕事を指します。

ミダス王が大胆にも自分のほうが音楽の善し悪しがわかるとアポロ神にいい放った後、王にロバの耳が生えてきたという伝説もあります。アポロが、ミダス王に人間の耳はもったいないからかわりにロバの耳を与えようといい、耳を変えてしまったのでした。ミダス王はこれを恥じて死んだということになっています。

関連事項

- 背負いきれないほどの重荷
- を抱えていると感じているのでは？
  ロバの夢は、あなた自身の強情さを暗示する場合も。問題についてあくまでも譲歩を拒んでいるのでは？
- 有名な「くまのプーさん」の漫画に登場するイーヨーは、いつも元気のない性格で知られるロバ。あなたも何らかの形で活力を失っているか、落ち込んでいるのでは？

ゾウ(Elephant)

ゾウは野生の動物ですが、飼い慣らすこともできます。ゾウの力と信頼性は、その記憶力のよさとともに伝説になるほど有名です。ゾウは平和・誠実・幸福を象徴します。インド神話では、ゾウが天空を支えていると信じられていました。現在も、寺院の屋根を支える柱の根元に彫刻されたゾウの装飾を見ることができます。

古代インドでは、強いセクシュアリティのシンボルでした。インドの象神ガネーシャは処女神マーヤーを妊娠させ、そのマーヤーから釈迦牟尼が生まれました。シヴァ神は時にゾウの姿で現れます。象牙は多くの国で強力な魔力と催淫効果があるとされています。

車で猛スピードを出しながら走っていました。そんな風に騒ぎ回っていると、あたりがジャングルになり、ゾウがこちらへ突進し始めました。ヘッドライトを点滅させ、ホーンを鳴らしましたが、それでもゾウはものすごい勢いで走ってきます。あわやという時になって、ゾウは向きを変えて走り去りました。

この夢では、夢を見た女性を抹殺しかねない動物的衝動をゾウが表しています。しかし、最後の瞬間になってゾウは脇へそれ、女性は助かります。この場合、生活のどの部分が彼女を危機に陥れるジャングルにたとえられるか、検討する必要があります。夢の中でも運転席にいるのですから、断固たる行動を取れば事態をコントロールできるはずです。

関連事項

- 任務を遂行するために、ゾウのような力が必要なのでは?
- もう手放すべきなのにこだわっている記憶があるのでは?

カバ(Hippopotamus)

英語でカバを表す「hippopotamus」という言葉は、ギリシャ語で「ウマ」を意味する「*hippos*」と「河」を指す「*potamos*」に由来します。この「河馬」は水に入った女神の化身だとも考えられていました。雄カバは作物を踏み荒らしたり食べたりするため、古代エジプトでは害獣扱いされ、組織的な狩りが行われていました。後にカバは悪霊の撃退を象徴するようになり、神殿の絵画にも描かれています。攻撃的でなわばりを固守するといわれますが、これは現代的な見地からしても本当です。

雌カバはエジプトの女神、タウェレトを表します。英語でいう「生命の鍵《key of life》」、アンク十字とも関連づけられます。タウェレトは出産と家庭の女神として人気がありました。埋葬室では青いガラス製のカバ像が数多く見つかっていますし、これは復活とともにナイル川の再生力を表すと信じられていました。

カバは集団生活を好む動物で、泥の中で転げ回り、のんびりと気楽な生活を送っているように見えます。カバの群れの夢を見たら、それは日常の心配事を忘れ、友人たちと集いたいという願望を表しているのかもしれません。

関連事項

- カバの夢は、生殖能力や出産に関する関心を表しているのでは？

キツネ(Fox)

中世時代、キツネは悪魔のシンボルでした。ネィティブアメリカンのトリックスターがコヨーテであるように、ヨーロッパでは、ルナール(中世の物語に登場するキツネ)がトリックスターでした。ルナールは一見普通のキツネなのですが、まさに神業のごとく窮地から見事脱出したり、人間の声色で話す能力があります。これは夢に登場する不思議な動物の多くとも共通する特徴です。

キツネは毛皮を取る目的のほか、英国では「スポーツ」として狩られます。キツネ狩り用の正装もあるほどです。雌ギツネはあくまで追っ手を振り切り、子供たちを守るために縄張りからハンターを誘い出そうとするので、キツネの母親はとても子供思いであるとされます。

また、農村などでは人目につかないよう、非常に巧妙にニワトリ小屋を襲います。しかし、市街地でもコヨーテのようにごみをあさっているキツネが増えているので、人間に依存する度合いが高まっているようです。生存本能によって高い適応性を得たことで、結果的には野生で生きていく能力が損なわれたのかもしれません。

北欧では、オーロラを「狐の光」呼ぶことがあります。

関連事項

- 現在「キツネのように策略をめぐらす」必要があるのでは?
- 夢のキツネは保護を必要としていましたか?　その場合、あなたの生活で結びつけられる部分はありませんか?

関連事項

◎オオカミに追われて助けられる夢を見たら、救助者とのよい関係の暗示。

オオカミ (Wolf)

獰猛な捕食動物であるオオカミは本能的な生存を象徴します。オオカミはよく死者の神の眷属として表現されます。古代ローマとエジプトでは戦いにおける勇気を表し、守護者として描かれることも多いようです。

おとぎ話や神話では、相手に襲いかかってむさぼり食うネガティブな力とされるのが普通です。しかし、ローマ神話では雌オオカミが双子の兄弟ロームルスとレムスを育てたことになっています。この2人は長じてローマの建設者となりました。

オオカミは極めて社会的な動物で、群れの中で決まった地位と役割を担うなど複雑なシステムに基づいて生活しています。群れのメンバーはリーダーの口をなめ、遊びを兼ねた形式的な喧嘩をして力の序列制を確認します。

ケルト神話では、夜にオオカミが天父である太陽をのみ込み、月を輝かせるといわれます。月に向けた荒涼たる遠吠えも月との関連を強めています。キリスト教では邪悪・残酷さ・人目をはばかることを表しますが、グッビオという町に出没して人々を恐怖に陥れていたオオカミを手なずけたといわれる、アッシジの聖フランチェスコの表象でもあります。人間のよき友人である飼いイヌは、飼い慣らされたオオカミの末裔です。

ヒツジ(Sheep)

その従順さゆえに、地方によっては鈍重な動物と考えられているヒツジですが、家畜として肉・乳や羊毛を利用でき、ニュージーランドなどでは経済的にも重要な存在となっています。

黒いヒツジを吉兆とする国もありますが、普通は一族の中でトラブルの種となったり面汚しとなる者を指すほうが多いようです。黒いヒツジは群れに混ざっていても目立ちます。あなたの夢に登場した場合、黒いヒツジは誰、または何を表していますか？

子ヒツジ《lamb》は無垢と真実のシンボルで、たやすくだまされてしまう存在です。夢に子ヒツジが登場したら、それは「（畜殺場に引かれる子羊のように）おとなしく《like a lamb to the slaughter》」、抵抗もせず静かに死を迎え、過越しの祭りに捧げられる子ヒツジのことかもしれません。

人里離れた山の牧草地でヒツジの世話をするヒツジ飼いは長期間1人で過ごさねばならず、必然的に自給自足するようになりました。ここから、ヒツジ飼いは簡素でナチュラルな暮らしかたを象徴します。

関連事項

- 英語で「ヤギからヒツジを分ける《separate the sheep from the goats》」といえば、あるグループの中から優れた者を選り分けるという意味。
- 「ヒツジのよう《sheepish》」といえば、特に失敗した時や恥をかいて当惑したりまごついたりしている様子のこと。

ヤギ（Goat）

ヤギはキリスト教と古代多神教の両方で何らかの意味を担っています。イスラエルでは贖い《あがない》の日という贖罪の行事がありました。この際、部族の罪を象徴的に「贖罪のヤギ《スケープゴート》」に負わせ、追放する儀式が行われました。今でも、無実なのに他の人による行いの責任をかぶせられた人のことを称して「スケープゴート」と呼びます。

また、ヤギは過剰な性衝動や色欲と結びつけられます。英語で「horny（hornはヤギなどの角のこと）」といえば性的欲望と同じ意味ですし、「角《horn》」という言葉はペニスを指すのに使われることがあります。以下の女性は、夢の中でヤギに脅かされています。

> 私は数頭のヤギといっしょに野原にいます。そのうちの1匹には大きな角があり、その角で私を突こうとします。恐怖を感じましたが、攻撃される前に目を覚ましました。

ヤギは知恵とも関連づけられます。モーゼやアレキサンダー大王は、知恵の印として角をつけた姿で表されることがあります。シャーマンや知者たる呪術医も、よく角とともに描かれます。

ギリシャ神話の神パーンは半人半獣の姿をしています。パーンは自然界と密接な関連があるとともに、多神教の中ではヤギとの結びつきを最も色濃く体現している存在です。

また、伝説上の怪物「キメラ」は、もともと「雌ヤギ」という意味です。

ネズミ (Rat)

ネズミは闇の生きものであり、古代の神話では夜のシンボルでした。賢しく、鋭く光る目を持ち、様々なものを食い荒らすうえに伝染病やワイル病を媒介するネズミは死・腐敗・病気・汚物を象徴します。英国には、ネズミが家具をかじるのは死の印であるという迷信があります。

ネズミには予知能力があるといわれます。たとえば、船が沈没する前に、それを察知して逃げ出すことがあります。一方、ヒンドゥー教の伝統文化では思慮深い動物だとされ、ありとあらゆる障害物をうち砕くガネーシャはネズミの背中に乗っているといわれます。

> 子供の頃から見続けていて、今でも病気になると見る夢があります。その夢には大きなネズミが登場します。私の回りを取り囲み、私に向かってキーキーと鳴き声をあげながら脅すように騒ぎ立てます。

この夢を見た本人にとって、その大きさと騒がしさゆえにネズミは恐怖の源となっています。暗闇から現れる未知のものをネズミが象徴しているのです。

関連事項

- ◎ネズミに攻撃される夢は、友人か同僚の風当たりが強いという思いを表しているのでは?
- ◎英語で「rat」といえば、「裏切り者」の意。夢のネズミは、あなたを見捨てたか、あなたの信頼を裏切った友人を象徴しているのでは?

ハツカネズミ（Mouse）

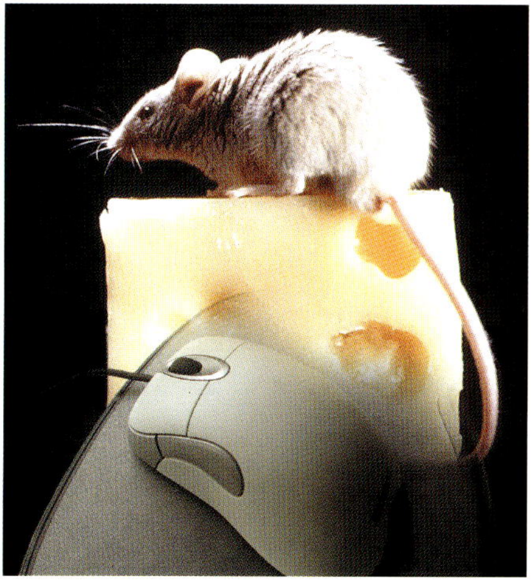

ハツカネズミは、ひたすら穀物を食べるハツカネズミのように黙々と精を出して事に当たることを表すこともあれば、建物に群れをなして侵入し人間用の食物を食い荒らすケースのように、社会の害悪を意味する場合もあります。解釈には、何といっても夢の中の状況設定が重要です。ハツカネズミが場違いなところにいたら、それは何かが不適切なことを指します。夢に登場したハツカネズミ《マウス》は、コンピューターの「マウス」を表していて、職場との関連があるかもしれません。

中世では、死者の魂はハツカネズミが口にくわえて運び去ると信じられていたため、ハツカネズミが魂のシンボルになりました。死を迎えると、魂がハツカネズミの姿になって口から走り出すと語られるおとぎ話もあります。

関連事項

- 自分がハツカネズミになった夢は、覇気がなくどうでもよいと感じていて、できれば背景に溶け込んでいたいという思いの表れでは？
- ハツカネズミの夢は、自信のなさを表しているのでは？　自分がちっぽけで取るに足りない人間だと感じているのでは？

ウサギ (Hare)

ウサギは月の主なシンボルです。多くの文化では、月の模様を人ではなくウサギに見立てています。犠牲のシンボルとして広く用いられ、キリスト教ではイースターと関連づけられます。養兎家が死ぬよう命ずるとウサギは自ら死んでしまうので、ウサギは自分の身を捧げることを知っているという伝説もあります。またウサギはアングロサクソンの女神エイオストレの動物とされ、イースターエッグのいわれにも関係しています。イースターは本来アングロサクソンの宗教に由来するものですが、月のウサギがよい子に食用の卵を配って歩くといういい伝えがあります。もっとも、現在のイースターエッグはチョコレートで作られているのが普通です。月のウサギは「イースターバニー《復活祭のウサギ》」に姿を変えつつ、現在も身近な存在として残っています。

ウサギは元型でもあります。シンボルとしてのウサギが世界中の神話に繰り返し登場する事実は、偶然の一致だけでは片づけられません。ウサギは魔女の眷属である、または姿を変えた魔女であるという迷信から、縁起が悪いと考える人もいます。英国の一部では、船員が海に向かう際、ウサギが前方を横切ると乗船を拒むという風習がありました。

3月になるとウサギは発情期に入って興奮状態になります。「(3月の交尾期のウサギのように)正気を失った《mad as a March hare》」といういい回しや「(ウサギの頭のように)向こう見ずな計画《hare-brained schemes》」などの表現はここからきています。

関連事項

- 現在犠牲を払っているのでは?
- 筋道立った思考ができていますか? または、信頼のできない冒険的事業に関わっているのでは?

ブタ (Pig)

ドイツとケルトの文化では、ブタが神聖視されていました。ケルト神のダグダは、毎日殺して食べても次の日には生き返り、再び食べることのできる魔法のブタを持っていました。このおかげで誰も飢えることはなかったとされます。北欧でもこの魔法のブタが信仰されており、クリスマスにリンゴをくわえさせたブタの丸焼きを食べる習慣は、年末、豚を屠殺して神へと捧げた北欧のユールに由来します。

豚は本来とても清潔好きな動物ですが、汚い環境で飼われることが多く、そのせいで不潔なイメージを負っています。「ブタ」といえば、時に汚くて貪欲な、または行儀の悪い人間の形容に使われます。ユダヤ教やイスラム教の伝統文化では、ブタが退けるべき動物、すなわち「不浄」とされ、食べてはいけないことになっています。

英語の「ブタが飛ぶかもしれない《pigs might fly》」といういい回しは、あり得ないことを表します。

関連事項

- 一見不可能な冒険に直面しているのでは？
- 英語で「子ブタ型貯金箱《piggy bank》」といえば、お金を入れて未来のために貯金するところ。ブタの夢は貯金に関連しているのでは？

クマ (Bear)

クマは動物の本能的パワーと独立のシンボルであり、凶暴さを発揮したり威嚇的になったりすることがあります。北欧の言語では、「雷神」と「クマ」を表す言葉が同じです。クマには数多くの迷信があります。クマ皮の上で眠ると腰痛が治る、またはクマの毛皮が盲目にならないお守りになると信じている人もいます。ネィティブアメリカンであるスー族の伝統ではクマが癒しをもたらすと信じられており、呪医はクマの扮装をしていました。またクマ皮のコートを身につけると、子供を守るためには情け容赦なく戦う雌グマの力と勇気を得られると考える伝統文化もあります。クマの女神アルティオは森とクマを守るとともに、狩猟の守護神でもありました。

冬になると冬眠し、春に姿を現すため、死と再生を象徴します。黒クマは勇気と内省を象徴する獣の精霊とされます。ネィティブアメリカンの伝統では、クマが受容的な女性エネルギーを表します。クマの巣穴に入ることは、自らの中にある暗い部分を癒し、大母神のエネルギーに感応し、その慈しみを受け取ることとされます。言葉を変えれば、内側へと向かい、自らを認めて自己充足するということなのです。

関連事項

- クマの夢は、クマの力を身につける必要性を暗示しているのでは?
- 「bear up」といえば、「元気を出す」こと。くじけず持ちこたえるか、そのための助力を得るべき?

サル（Monkey）

一般的に、サルは人間の低級な本能と無意識を象徴します。ただし、これにはポジティブな一面もあります。無意識からは不意の洞察や直観的なインスピレーションのひらめきが得られ、驚かされることが多いからです。中国でもこの点が取り上げられ、サルには健康と幸福を授ける力があると考えられています。香港でも毎年猿王の祭りが開かれ、火渡りを行って猿の王が中国人巡礼者に賜った加護を祝います。

古代エジプトでは、人間に非常によく似た姿と知性ゆえに猿が高く評価されていました。猿の死骸は防腐処置を施され、大切に埋葬されたそうです。

インドではハヌマーンとして知られるヒンドゥー教の猿の神が存在し、猿も尊ばれています。

関連事項

- 夢に登場した猿は、あなたの放縦な側面の表れでは？
- 三猿とは、目·口·耳をふさぎ、邪悪を「見ざる·いわざる·聞かざる」の猿たちのこと。自分の意見を胸に秘めておく必要があるのでは？

ライオン(Lion)

百獣の王ライオンは力と、その金色の毛並みゆえに太陽を象徴します。ヘラクレスは、恐ろしい「ネメアのライオン」を素手で退治した後、自らの力の印としてそのライオンの毛皮を身にまとったといわれます。ライオンは世界中の神話で強く賢い存在に描かれますし、王家は自らの偉大さを表すシンボルとしてよくライオンを用います。

伝統的宗教にはライオンのイメージが数多く含まれています。女神ハトホルはスフィンクスとして獅子頭の姿で表され、時にはライオンに乗った姿で描かれます。光輝に囲まれた獅子頭はミトラ教の太陽信仰における太陽のシンボルでした。仏教ではスインハーサナ、すなわち「獅子座」が神聖なものとされました。殉教に備えるシーク教徒は聖水で清められ、ライオンを意味する「シング」という名前を与えられました。

「シンガポール」という都市名は「ライオンの都」という意味です。

癒しをもたらすというお守りの多くにはライオン像が刻まれています。聖ヒエロニムスとライオンにまつわる話では、聖ヒエロニムスがライオンの足からトゲを抜き、以来ライオンは忠実な従者となったという伝説があります。この物語の中核には、慈悲の力は力にまさるという思想があります。

コウモリ(Bat)

キリスト教の伝統文化では、コウモリは「悪魔の鳥」として知られます。サタンはコウモリの翼を背につけた姿で描かれます。仏教では「無明」を表します。コウモリには多くの迷信がついてまわります。たとえば、コウモリが家に飛び込むか窓にぶつかると死の前兆だとされます。
ネィティブアメリカンの伝統では雨をもたらすと考えられ、吉兆とされます。

中国では富・幸運・長寿の象徴です。中国の民間伝承では、5匹のコウモリがそろって現れると、伝統的な五福、すなわち「健康・富・長寿・平和・幸運」の印ということになっています。

コウモリは夜行性であり、ソナー(超音波探知)に似た、音響信号を発してその反響を認識するエコーロケーション(反響定位)というシステムを使います。これはつまり、コウモリは視力がよくなくても構わないということです。コウモリの登場する夢は、現在の生活にどう関わっていますか？　五感のうちひとつが損なわれたせいで、他の感覚が強化されていませんか？　それとも、身の回りのできごとに対してこれまでになく敏感になったのでは？

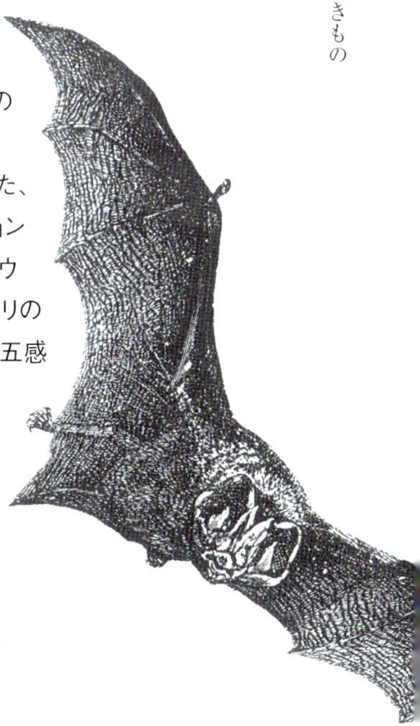

関連事項

- 英語で「コウモリのように盲目《as blind as a bat》」とは、全く見えないこと。コウモリの夢は、どう行動すべきかが見えないか、見たくないという暗示のことも。
- 「コウモリのような《batty》」とは、社会の規範にほとんど注意を払わない、軽率でエキセントリックな人のこと。そんな振る舞いをしていませんか？

カエル（Frog）

カエルは両生類なので、陸上と水中どちらにいても平気です。ここから、土と水の要素の和合を象徴します。水から上がって冬にはいなくなり、春が来て初めてまた姿を現すため、復活も表します。また豊穣とも関連づけられます。これはおそらくたくさんの卵を産むからでしょう。カエルの皮膚は汚染物質を通しやすいので、カエルがいるのは環境が健全な印です。

オーストラリアには、こんな神話があります。ある時カエルが世界中の水を全て飲み込んでしまい、大干ばつが起こりました。そのままだと地球が滅んでしまうため、極めて深刻な状態になりました。何とかするには、カエルを笑わせるしかありません。とうとうウナギが成功しましたが、カエルの口からあふれ出た水の勢いが強く、世界が洪水になってしまいました。これも創世神話における洪水伝説の一例です。

中国では「井の中の蛙」といえば視野が限られ、大局的な見通しができない人間のことを指します。

関連事項

- 「カエルの王子（魔法をかけられてカエルの姿になったが、唯一、乙女がキスをしたら元の姿に戻れる）」の夢は、変容の過程の象徴。
- 英語で「frog-marched」といえば、手足を持たれて無理矢理運ばれること。そんな夢は、意志に反してどこかへ行くか、何かをするよう強いられていることが原因の場合も。

クロコダイル (Crocodile)

古代エジプトではクロコダイル（ワニ）が尊ばれていました。口を開け、流れに逆らう姿で描かれるクロコダイルは、死を免れないこの世の制約からの解放と、死後の生活の発見を象徴します。エジプトの遺跡発掘現場で、ミイラにされたクロコダイルが何千と発見されるのはそのためでしょう。陸上でも水中でも生活できるため、人間の2面的な性質も表しています。

クロコダイルの頭を持つエジプト神セベクの善の姿は、分別を表します。クロコダイルの目は眼球をおおう粘膜が下りていてもはっきりと外が見えるからです。悪の姿では、残忍・邪悪・裏切りを表します。アリゲーターのように、クロコダイルも陰に隠れつつ不意にしかける攻撃に結びつけられます。また、力と隠れたパワーとも関連づけられます。

古代エジプトでは、冥界の守護者であると信じられていました。夢の中では冥界が無意識界を表します。クロコダイルの夢は自らの潜在意識の動きについて、今まさに新たな認識を得ようとしている状態を表している可能性があります。

関連事項

- クロコダイルが月をのみ込み、嘘の涙を流したという神話があります。ここから「クロコダイルの涙《crocodile tears》」は、形だけ心配している人が流す空涙を表します。クロコダイルの夢は、友人に裏切られているという暗示の可能性も。

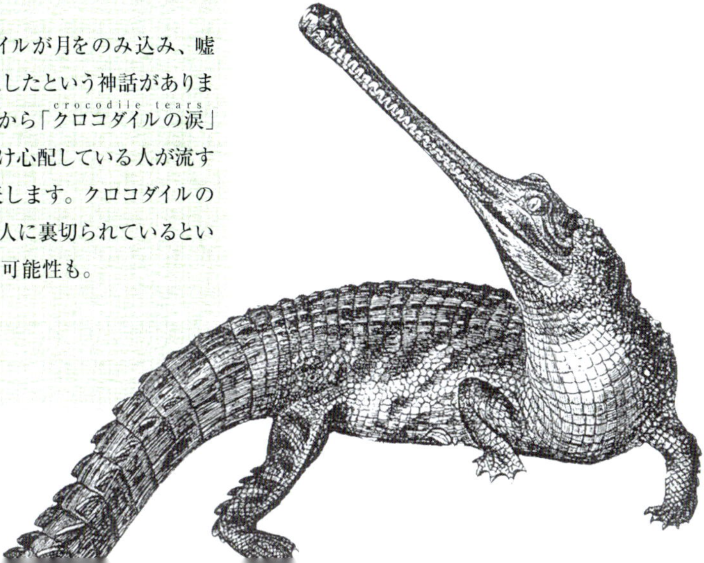

ヘビ(Snake)

ヘビは心身の癒しを表す古代のシンボルです。アスクレーピオスはギリシャ神話に登場する癒しの神で、ヘビと一緒の姿で表されます。2匹のヘビが巻きついている「使者の杖」はこれに由来し、今も世界中で医術を表すシンボルに使われています。

ヘビは脱皮するので、再生や復活を象徴します。聖書(詩篇58)では、コブラ《adder》は耳が聞こえないとされています。類が類を癒すという原則にのっとり、コブラの毒は難聴や耳痛の治療に用いられていました。雌の母親コブラは危険が迫ると子供をのみ込み、安全になると吐き出します。

タルムード(ユダヤの律法)では、ヘビが富と豊かさを表し、ヘビを殺す夢は、富を全て失う印です。

イヴをそそのかして善悪を知る木の実を食べさせたのもヘビです。そのせいでアダムとイヴはエデンの園から追放されました。アダムとイヴの純真さは失われ、初めて恥と罪を知ることとなったのでした。このヘビは不服従の結果を象徴します。

かぎ爪にヘビをとらえたワシを見かけることもあります。この構図は卑俗で邪悪なヘビのパワーに精神的なパワーが勝る、すなわち神と罪悪の元型的な戦いを表しています。性的エネルギーもヘビと関連づけられます。

関連事項

- 言葉遊びも検討を――「コブラ《adder》」は、生活に何かを「加える《add》」ことに関係するのでは?

カメ (Turtle)

陸ガメと同じくカメには甲羅があり、その中に身を隠すことができます。外側は硬く、内側は柔らかいのです。東アジアでは、その形から宇宙と結びつき、丸みを帯びた甲羅が天を、平らな下側が地を表すとされました。カメは他のどんな事象よりも、大地の堅固さを象徴するのが常でした。

カメは水陸両方で生活することができ、長命で、知恵と関連づけられます。ゆっくりと落ち着いたペースは着実な生きかたと無理のない発展を表します。カメは一夫一婦を守り、誠実さと忠実さが特性です。

ヒンドゥー教では、ヴィシュヌ神の化身のひとつが海をかき混ぜるマンダラ山を支えるカメ、クールマだとされます。

古代、中国の道士はカメの甲羅を用いて未来を占いました。甲羅に灼熱したものを置いてひび割れをこしらえ、それを占者が読んだのです。儒教の流れでは、後に占いの法則をまとめた『易経』も作られました。

見よ、冬は去り、雨も止んで去った
地には花が現れ、
鳥がさえずる時が来た。
この地にも亀の声が聞こえる。

雅歌(2:11-12)

関連事項

自分の身を守る殻を作る必要があるのでは?

陸ガメ
(Tortoise)

東洋では、大地が陸ガメの背中に支えられているという世界観があります。陸ガメは永遠の命を象徴していました。ヒンドゥー教の神話では、生きとし生けるもの全ての創造主が「カーシャパ(亀)」と呼ばれることがあります。中国の神話では、宇宙卵(混沌とした万物の元)が爆発して最初に生まれた存在を盤古といい、盤古は龍・麒麟・鳳凰・亀を伴っていたとされます。

古代ギリシャの神話では、最初のリラは陸ガメの甲羅から作られたとされています。作ったのはヘルメス神で、甲羅をきれいにしてから縁に穴をあけ、ウシの腸の弦を7本張ったそうです。ヘルメスは演奏用のプレクトラム(ピック)も発明したとされます。

『ウサギとカメ』の寓話では、断固たる意志と集中力ゆえに、ゆっくりした歩みで進んだカメが競争に勝ちました。ウサギと違って過剰な自信を持たなかったカメが結局は勝利を得たのでした。

関連事項

◎ 陸ガメの夢は、猪突猛進するよりも、ゆっくり確実に前進すべきことを暗示しているのでは?

甲虫(Beetle)

英国では、子供の咳を直すには甲虫を捕まえ、子供の首の回りに吊しておくという民間療法がありました。甲虫の死骸が壊れていくにつれ、咳も止まると考えられたのです。

黒い甲虫を踏むと雨が降る。
拾い上げて埋めれば
再び太陽が照る。

英国のいい伝え

古代エジプトでは、フンコロガシともいわれるスカラベが崇拝されていました。スカラベは太陽や創造、復活のシンボルだったのです。不死・聖なる叡智・自然の生産力も象徴しています。この聖なるスカラベをかたどって底面に銘を刻んだ印も作られ、封印や文書の調印に使われました。また、スカラベの形をしたアミュレットを幸運のお守りとして身につけることもあれば、永遠の命を授かるように願って墓に置くこともありました。

アフリカのコンゴではスカラベが月のシンボルとなっており、永遠の再生を表します。

関連事項

- 英語で「beetle about」といえば、ちょこまかと走り回ること。甲虫の大群に群がられ、払いのけようとして目を覚ます夢を見る人も。これは多数の小さな問題に悩まされていることを表しているとも読み取れます。

- 甲虫はかみます《bite》。つまり、何かがあなたの注意を引くために「袖を引いている《biting at》」のでは？

ミツバチ(Bee)

中世、ミツバチは賢く神秘的な虫だと考えられていました。「神の鳥」といわれていたほどです。教会のキャンドルはミツロウから作られますし、ハチミツは聖書中、神の恵みのシンボルとなっています。

昔の英国ではよく働いてくれるミツバチへの感謝の印として、家庭内の行事にミツバチを参加させたり、祝事の際は巣を飾ったりしていました。家族の誰かが亡くなると、ミツバチの巣に黒布をかけたりもしました。死をミツバチに知らせないとハチたちが去り、2度と家族のためにハチミツを集めることはないと考えられていたのです。

ミツバチは魂を表すため、ムハンマド(マホメット)は楽園にミツバチが入るのを許可したといわれます。

勤勉にハチミツを集めるその性質から、よく財を成すことに関連づけられます。また、アリと同じく、巣の全てのハチが共通の利益のために働いて一致団結した強さを見せつけます。英国では勤労と成功の印として、商業ビルの装飾にミツバチのデザインを採用する都市も数多くあります。

関連事項

- 巣に戻るミツバチは最短距離《beeline》を飛びます。あなたも目的に猛進しているのでは? 他の選択肢を見ずに直進していませんか?
- 夢のミツバチは、あなたの勤勉さを表しているのでは?
- 英語で「帽子の中のミツバチ《a bee in one's bonnet》」といえば、「必要以上にこだわる」こと。他の人にはどうでもいいことなのに、どうしても頭から離れない何かがあるのでは?
- ミツバチに刺される夢は、傷つけられるのを恐れている暗示のことも。

チョウ (Butterfly)

昔者、荘周夢に胡蝶と為る。
栩栩然として胡蝶なり。
自ら喩しみ志に適えるかな。
周たるをしらざるなり。
俄にして覚むれば、則ち蘧蘧然として周なり。
知らず、周の夢に胡蝶と為れるか、胡蝶の夢に周と為れるか。

荘子　4世紀の中国の思想家

これは『胡蝶の夢』という有名な故事です。夢と現実のどちらが本当だと思いますか？　どちらも私たちの本質には欠かせない、本来そなわっているものなのです。

中国では、チョウが喜びと結婚生活での性的楽しみを表し、ヒスイ製のチョウは愛の象徴です。結婚式の日、花婿が花嫁にヒスイ製のチョウを贈ると縁起がよいともされています。

ギリシャ語の「*psyche*」は「魂」という意味と「チョウ」という意味があります。これは、魂はチョウとなって新たに生まれ変わる体を探すという思想に由来します。ケルト文化では、魂がチョウかハエになり、新たに宿る母親を捜して飛び回っていると考えられました。

たおやかな姿のチョウは、幼虫からサナギ、そして成虫のチョウになる変容の過程の絶頂といえます。また、動かないサナギの段階では死んだように見えながら新たな形をとって再び現れるため、死と復活をも象徴します。

関連事項

- チョウの夢は変容の時期にいるという暗示の場合も。変化が起きつつあるのでは。

サソリ(Scorpion)

サソリは蛛形《しゅけい》類に属するクモの仲間です。昔から、刺激されたり窮地に追い込まれたりすると、場合によっては死に至る毒を持つ尻尾で刺すことが知られています。ただし、あごと尻尾の両方に毒腺を持つものもいます。日中は石の下に隠れ、夜になると出てきて獲物を物色し、襲います。

サソリは伝統的に死と結びつけられます。中南米のネィティブアメリカンは、天の川の終わりにある家で、母なるサソリが死者の魂を受け取ると信じています。星座の蠍座は冥界・死・秘密と関連づけられます。また、ねばり強さ・セクシュアリティ・生殖とも結びつけられます。

イランの砂漠地帯では、サソリを捕らえてオリーブオイルの瓶に入れます。サソリの体液には治癒効果があるとされるためです。サソリの成分が浸出したオリーブオイルは濾過され、切り傷などに塗って治癒を早めるのに用いられます。

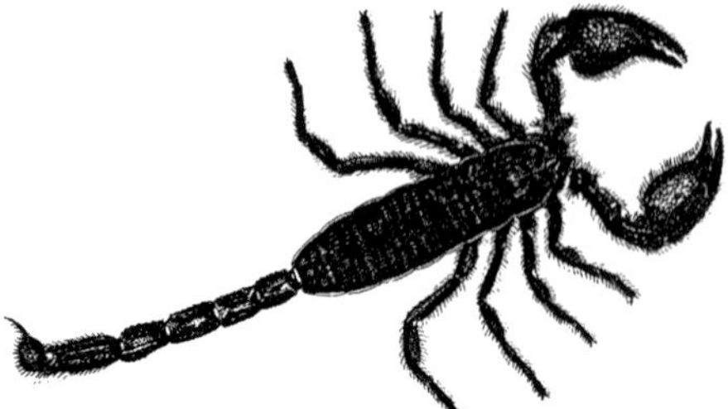

関連事項

- 夢のサソリは一撃、すなわち苦痛を与えようとしていることを表しているのでは?
- 誰かに傷つけられたのでは?

クモ(Spider)

クモは大母神の元型で、運命の糸の織り手という面を表しています。自分の運命について大きな決断を下す時、すなわち人生を織りなす糸を新たに張り直すべき際、クモはよく夢に現れます。

クモが登場する話では、必ずその鋭い知性が取り上げられます。ネィティブアメリカンのチェロキー族に伝わる創世神話では、クモが穴の底から太陽を引き上げたことになっています。クモは網で太陽をすくい上げ、空のしかるべき場所に置いて世界を照らせるようにしました。このクモは賢く、自分の巣網に太陽をほんの少しとっておき、人間に火をもたらしたのでした。同じくネィティブアメリカンのナバホ族はクモを大切に保護しており、勤勉な布の織り手になるように願ってクモの巣を女の子の赤ちゃんの腕にこすりつけます。

サラグモ（金運をもたらすとされるクモ）という小さなクモは、新たな富を表します。

クモの巣は昔から、魔女が魔法をかけるときに必要な秘薬を大鍋で作る際の材料でした。出血を止めるために傷口にクモの巣を当てる伝統文化もあります。クモの巣の治癒作用は現在西洋医学でも認められており、皮膚移植の際にも利用されています。

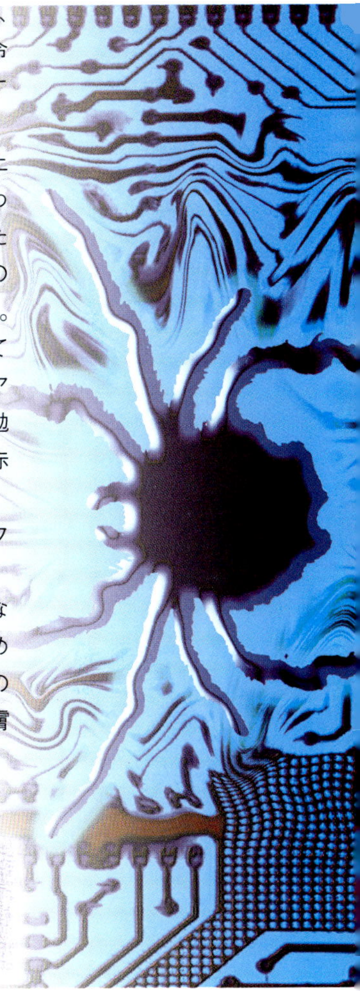

関連事項

◎ クモの巣は英語で「web」。WWWとの関連から、クモの夢は世界的なコミュニケーションの暗示の場合も。

鮮やかな色の鳥
(Bright Birds)

カワセミやインコ、極楽鳥、クジャク、ハミングバードのように鮮やかな羽色の鳥は、その美しい色から、輝くような雰囲気を放っています。これらの鳥はあたたかさと元気を象徴しています。

ハミングバードという名は、花の前でホバリングをする際に高速で羽をはばたかせる音がハミングのように聞こえることからつけられました。この鳥は長い舌を使って花蜜を吸ったり、小さな虫を捕まえたりします。飛ぶために大変なエネルギーを使うので、毎日自分の体重と同じ重さの花蜜を摂らなければなりません。

ハミングバードは赤色がとても好きで、後ろに飛べる唯一の鳥です。これらの特徴が現在の生活に当てはまりませんか？　波に乗っていて止まることができず、止まったら倒れてしまうのでは？　戻って何かを取り消したい？

アステカ族の戦士は、死んだ後太陽神とともに4年過ごし、それからハミングバードになって地上に戻ると信じられていました。

関連事項

- これらの鳥の夢を見たら、原生地や、その鳥を見た場所について一考を。

暗い色の鳥(Dark Birds)

暗い色の鳥は、常にではありませんが、死と不幸に結びつけられることがあります。カラス類やコンドル類はごみをあさったり死んだ動物の肉を食べる腐肉食の鳥であるために死と関連づけられるのでしょう。カラスの甲高い声は死の前兆だいわれます。

黒いハシボソガラスは「戦場の鳥」としても知られ、ケルト神モリアンの化身のひとつでした。モリアンは死と戦いの女神であると同時に、セクシュアリティと多産の女神でもありました。

北欧神話では、ワァルキュリヤ(戦場を飛び回る乙女たち)がワタリガラスの羽を身につけ、天上へ連れて行く戦死者たちを選んだとされます。やはり北欧の文学では、戦場で死んだ者が「カラスの給餌者」と称されています。

ネィティブアメリカンのホピ族とauni族が崇拝するクローマザー《母カラス》は全てのカチナ(雨の精霊)の母親であるとされ、同時に黒い聖母《ブラックマドンナ》(大母神、女性原理)の顕現であるとされます。

> 私は自分が死ぬ夢を見た。死の黒い鳥がそのかぎ爪で私をつかみ、闇の女王イルカルラの宮殿、塵の館へと運んでいった。

エンキドゥの言葉　『ギルガメシュ叙事詩』より

関連事項

- 「カラスの足跡」とは、年を取るにつれて目尻にできる小ジワのこと。加齢を気にしているのでは?

渡り鳥(Migratory Birds)

季節によって住む場所を変える鳥を渡り鳥といい、多くの種類があります。群れをなして移動するのが普通で、ガンもその例です。ガンがV字型を作って飛ぶのは、前方のガンによってできた気流に後続のガンが乗ってエネルギーの消費を少なくし、休まず長距離を飛べるようにするためです。

空を飛ぶ鳥のパターンを見るのも、ドルイド僧の占い、すなわち未来を読む方法のひとつでした。古代ギリシャ人とローマ人はツバメの飛びかたを見て天気を予想しました。

ツバメは女神イシスとヴィーナスの鳥でした。春と果てしない時のシンボルでもあります。家のひさしにツバメが巣を作るのは縁起がよいとされますし、2つに分かれた尻尾の形から「スイッチチック」とも呼ばれます。
エジプトの女神ハトホルは「ナイル・グース《ガチョウ》、黄金の卵の母」とも呼ばれました。ケルト人はガチョウを聖なる鳥と見なし、食べることはありませんでした。

関連事項

- 世界にはガチョウを番犬代わりにする地域もあります。近寄らないよう警告されているのでは？　または、誰かに境界を超えないよう警告する必要があるのでは？

雄鶏(Rooster)

雄鶏は英語で「cock」ともいわれ、太陽や太陽神と結びつけられます。ただし、北欧およびケルト神話は例外です。雄鶏は男性らしさと勇気を表します。また用心とも関連づけられます。四方八方を向き、近づく危険を象徴的に見張る風見鶏によく使われるのはこのためです。雄鶏は夜明けになると大声で時をつくって皆を起こします。

仏教では、肉欲とプライドを象徴します。フランスでは同様のイメージが好まれるため、雄鶏はフランスのシンボルでもあります。フランスが1998年に開催したサッカー世界選手権大会、ワールドカップのシンボルには、雄鶏のキャラクターが使われました。中国では剛勇と忠実を象徴します。赤い雄鶏は火事よけ、白い雄鶏は幽霊をよせつけないお守りです。雌鶏とペアで庭にいる構図は牧歌的生活の楽しさを象徴します。中国では、白い雄鶏を殺して、古い生命の終わりと新しく純粋な生命の始まりを表すイニシエーション儀式もあります。

ユダヤの伝統文化では、雄鶏と雌鶏が新郎新婦を表すとともに、男性による庇護をも意味します。雄鶏はつがいの雌鶏を守るために死ぬまで戦うからです。日本における神道のシンボリズムでは、雄鶏が太鼓に乗っています。古代ペルシアの宗教であるミトラ信仰では、雄鶏が太陽神であるミトラ(参照→P.374)の鳥でした。

英語で誰かを「cocky」であるといえば、好戦的で男性的エネルギーに満ちていることを表します。「cock」はペニスを表すスラングでもあります(参照→P.61)。

ハト(Dove)

洪水の後、ノアの箱船にオリーブの小枝を持ち帰ったハトは平和の象徴です。ハトは素朴さ・優しさ・信頼性・愛情のシンボルです。

羽のある生きものの例に漏れず、ハトはインスピレーションと霊性を表します。東欧には、魂がハトの姿をとって飛んでいくと考えられている国もあります。イエス・キリストが洗礼を受けた後、聖霊はハトの姿で下ってきます。オリンピック競技の開会式で最後にハトを放すのは、試合のスピリットの象徴です。

ハトはギリシャ神話の愛の女神、アフロディーテとも結びつけられます。ゼウスにアムブロシアーという神の食べものを運び、ゼウスの不死を保ったのはアフロディーテのハトでした。

英語で「ハトがくちばしを触れ合《bill and coo》ったり、優しい声で鳴き交わす」といえば、恋人たちがむつみ合っている様子を指します。これはハトの求愛行為に由来する表現です。ハトは一夫一婦を守り、帰巣本能が非常に高く、驚くような距離を超えて巣に帰りつくことができます。2度の世界大戦中、他に連絡方法がない場合は伝書バトが長距離を超えてメッセージを運びました。

関連事項

- 現在の生活に、ハトのような落ち着きが必要なのでは?
- 誰かに平和を意味するオリーブの小枝を差し出すべきなのでは?

クジャク(Peacock)

雄クジャクの絢爛たる色彩と複雑な羽飾りから、クジャクは必然的に多くの伝統文化で取り上げられています。中国では観音の鳥とされ、皇帝から手柄を讃える印としてクジャクの羽が与えられました。キリスト教では復活と不死を表します。クジャクは羽を再生させることができ、羽についた「百の目」が「全てを見通す(カソリック)教会」を表しているからです。ヒンドゥー教では、知恵・音楽・詩の女神サラスヴァティーのシンボルでした。またヒンドゥー教神話では、目に似た羽の模様が星座の星々を表すとされました。

クジャクは太陽のシンボルであるとともに、樹木崇拝と太陽崇拝にもそのイメージを見いだすことができ、愛・長命・不死を象徴しています。現代ではプライドと虚栄を表すようになりました。仰々しく尾羽を見せつけるからです。『ケルズの書』では、キリストの体が朽ちないことを象徴しています。

また、「クジャクの王座」はインドのムガール帝国とイランのシャーの権勢の象徴でした。

クジャクは雨が降りそうになると落ち着かなくなるので、嵐と関連づけられます。

関連事項

◎クジャクの夢は、最近成し遂げたことを誇らしく思う気持ちを表しているのでは？

カッコウとコマドリ
(Cuckoo and Robin)

カッコウの声は春の訪れの印なので、新たなスタートに関連づけられます。他の鳥の巣に卵を預ける習性から、「妻の不義《cuckold》」と結びつけられるようになり、古代ローマでは不義を犯した者をラテン語でカッコウを表す言葉で呼びました。

民間伝承で「カッコウの巣《cuckoo's nest》」といえば、女性の性器を指します。また英語の「cuckoo」は気がふれた人を表すのにも使われます。

コマドリは胸が鮮やかな赤色で、英国では冬とクリスマスに結びつけられます。米国では昔から春の印とされます。コマドリの胸が赤くなったいきさつには、こんな伝説があります。コマドリがキリストのイバラの冠からトゲを抜こうとした時にトゲが胸に刺さり、以来、胸が赤く染まったままなのだそうです。伝承童謡「誰が殺したクックロビン？」では、矢で射殺されてしまいます。これは古代多神教の英雄が犠牲となって命を落とす時によく見られる死にかたです。

英国のケンブリッジシャーでは、コマドリが家に入ってくるのは家族の誰かが死ぬ前触れだと信じられていました。

夢の中で雪の中を歩いていると、不意に自分がコマドリになってしまいました。

この夢を見た女性は、クリスマスが近づいて用事が増えるのを懸念していました。コマドリに変身したことで、人間としての責任からすっかり逃れられたわけです。

関連事項

- 夢のカッコウは、あなたが本来いるべき場所からあなたを押し出そうとしている誰かを指しているのでは？

フクロウ(Owl)

夜行性の猛禽類であるフクロウは、知恵や鋭敏な視力と聴力で知られています。音もなく飛ぶので、獲物に気配すら気づかせません。エジプトのヒエログリフ文字では、フクロウを死・夜・寒さの象徴に用いています。その象形文字には死んだ太陽、地平線下に沈んだ太陽という含みがあります。

根拠はありませんが、フクロウの鳴き声は死や悲惨な事件と結びつけられ、死の前触れとされます。シェイクスピアは『マクベス』で、ダンカン暗殺の前、マクベス夫人にフクロウを「忌まわしい夜番の鳥(坪内逍遙訳)」と呼ばせています。劇『ジュリアス・シーザー』では、悲劇の予兆として「夜の鳥(フクロウの意)」が現れます。中国では骨壺にフクロウを彫刻します。「小さなフクロウ」は古代ギリシャにおける知恵のシンボルであり、女神アテナの鳥でもありました。

関連事項

- 夢のフクロウは知恵と新たな洞察をもたらしてくれるのでは?

ワシ（Eagle）

鋭敏な視覚や力強いくちばし、鋭いかぎ爪を備えるワシやタカのような猛禽類は凄腕のハンターです。イヌワシは2キロメートルほど離れた距離からでもウサギを見つけることができます。多くの猛禽類は翼を広げると相当な大きさになります。空高く悠々と飛ぶため、これらの鳥はインスピレーション・大気・威厳と関連づけられます。また、人間の中にある霊的要素とも結びつけられます。ハクトウワシは米国の国鳥です。

キリスト教では、ワシが4番目の福音書記者、ヨハネのシンボルです。再生を象徴するため、教会の聖書台や洗礼盤に彫刻されてもいます。ワシは太陽の近くを飛んでから水中に飛び込んで若さを取り戻すという伝説もあります。さらに、キリストの昇天・人類の霊的な進路・（自分との戦いではなく）外的な戦いへの勝利をも象徴しています。

古代エジプトの神話だと、タカは太陽のところまで飛んでも傷つくことなく帰還できるとされています。そのため、太陽神はよくワシやタカとともに描かれます。ワシやタカは天・力・権威を象徴しており、ホルス神は隼頭の男性として描かれますし、ホルス神やラー神は鷹頭の男性の姿をしています。

関連事項

- ワシの夢は、高い目標を狙い、夢をかなえる勇気がついに湧いたことを指すのでは？
- 猛禽類の夢を見たら、自分のどんな面が「食いものにされている」か検討を。または、何かを探している暗示の場合も。

ハゲワシ (Vulture)

ハゲワシは腐肉を主食としています。腐敗して地に返るのが遅い動物をきれいに食べてくれるのですから、生命のサイクルにとってはありがたいことです。スカベンジャー《清掃動物》であるハゲワシは好ましからざる遺骸を片づけるわけですが、死を待って周囲を飛ぶ姿は無慈悲な日和見主義も表します。

古代エジプトでは、ハゲワシが上エジプトのシンボルでした。伝統的に、ハゲワシは女性、ワシは男性と見なされます。ハゲワシは母親による世話と庇護を象徴していました。母なる神イシスはハゲワシの姿をとりましたし、他の女神らはハゲワシの頭飾りをつけていました。

ギリシアーローマの神話では、ハゲワシがアポロの鳥となっていました。ゾロアスター教を信ずる、主に西インドに住むパールシー教徒は死者の体を「沈黙の塔」という専用の鳥葬台に安置し、ハゲワシに食べさせます。こうすると死者の再生が約束されると信じているのです。

チベットの仏教徒はハゲワシをとても縁起がよい鳥だと考えています。死んだ動物の遺骸を食べ、病気が蔓延する危険を減らしてくれるからです。

比喩表現的には、ある人を称して「ハゲワシのようだ」といえば、誰か(普通は手も足も出なくて途方に暮れている人)を食い物にしていることを指します。欲深で情け容赦のない「ヒモ」もハゲワシになぞらえられます。

関連事項

- あなたがミスをするのを待って、誰かが回りをうろうろしているような気がしているのでは?
- 誰かに食いものにされているのでは?

ハクチョウ(Swan)

優雅で美しいハクチョウは神聖な純潔のシンボルです。土・気・水のいずれの要素の中でも移動できるので、これらを結びつける存在です。アイルランドの『リルの子供たち』という物語では、嫉妬心を燃やした女王が継子をハクチョウに変えてしまいます。ところが子供たちは話す能力と音楽の才能は失わず、人々は湖を新たな住まいとした子供たちのもとを訪れ、座ってその歌声に耳を傾けるのです。

はくちょう座は北十字星の星座名です。古代ギリシャでは、ゼウス神が数多くの浮気相手(この場合はレーダー)のところに通う途上でハクチョウに変装した姿を表すと考えられていました。レーダーは後に女の子を産み、この少女は世界一の美女、トロイのヘレンとなりました。

カナダのイヌイット、Dunne-Za族には、ハクチョウが英雄になって生命を生み出したという創世神話が伝わっています。

ある女性が事故に遭い、緊急治療室に運び込まれて床についていると、夢の中でハクチョウが天使になって看病してくれたそうです。この夢によって女性は自分がきっと回復すると確信したということです。

関連事項

- 夢で、あなたか誰かが「ハクチョウのように《swan about》」、すなわち優雅だけれども権高に振る舞っていませんでしたか?
- 英語で「ハクチョウの歌《swan song》」といえば、辞世の歌のこと。つまり別れのあいさつをするか、別れを告げようとしているのでは?

海鳥（Seabirds）

海鳥はどれも旅行と広い海および空を象徴します。飛行範囲が大変広いため、天界や神、不屈の精神と結びつけられます。夢に登場する海鳥は数多くいますが、アジサシ・カモメ・ウもその例です。

アホウドリが広い海を越えて長距離を飛ぶことができるのは翼がとても大きいためです。大きな翼のおかげで滑空も可能なのですが、飛び立つ時はかえって苦労します。アホウドリは忍耐力が強いことでも知られます。海上で見かけたら、天気が悪くなって海が荒れる前兆です。また、死んだ船員の魂の化身だともいわれます。サミュエル・テイラー・コールリッジ作『老水夫行』では、アホウドリを殺した船員が、以後罰として永遠に海をさまよう運命を負わされるくだりが出てきます。この詩にはアホウドリの神聖さと、アホウドリを殺すと負わねばならないと思われていた苦しみが描かれています。

英国沿岸部の伝説では、カモメは溺れ死んだ船乗りと漁師の魂だといわれています。

関連事項

- 自由に空を飛び回る海鳥の夢は、逃げ出して全てから解放されたいという願望の表れでは？

コウノトリ(Stork)

　コウノトリの夢は子供が生まれる前触れ、女性が見た場合は妊娠の前兆だとする伝統文化もあります。オランダでは屋根の上にコウノトリが巣をかけることがありますが、巣をかけられた家の女性は子沢山で安産になると信じられています。布で赤ちゃんをくるんだ包みをコウノトリが運び、新しい両親の家に落としていく図はおなじみです。赤ちゃんはどこから来たのかという子供の質問に、コウノトリが運んできたと答える場合もあります。

　英語でコウノトリを表す「stork」という言葉は、ギリシャ語で「母性愛」「大きな愛情」を意味する「*storge*」に由来します。

　コウノトリは魚を食べるので、水と創造性にも結びつけられます。春の到来と新たな生命を象徴する縁起の良い鳥です。

　古い神話では、コウノトリは幸福の島に飛んでいって死を迎え、そこで人間に姿を変えると信じられていました。コウノトリは家族への貞節、子供への献身・年輩者への配慮を象徴します。また、浣腸や膣洗浄に用いる注射器様洗浄器にも結びつけられます。コウノトリは排泄時に大量に排出するからです。

関連事項

- 家族に新しく一員が加わるのでは?

ペリカン(Pelican)

ペリカンは自分の胸から流れる血でひな鳥を育てる姿で描かれることが多く、自己犠牲と奉仕、育成力を表します。また、象徴的にキリストと血の贖いにも結びつけられます。ペリカンはくちばしで胸を裂いて流した血でひなの命を救うという伝説のように、キリストも人間を救うために血を流したからです。ダンテは「キリスト、我らがペリカン」と記しています。

ペリカンはくちばしの下についている大きな袋を利用する習性があります。ひなにえさを与える際、親鳥はこの袋の中に小魚を入れて細かく砕きます。そして袋を胸に押しつけながら、この魚の血と肉片が混ざり合ったものをひな鳥の口に入れてやるのです。この光景を見た人間が、ペリカンは自分の血で子供を育てると思い込んだのでしょう。

関連事項

- 夢のペリカンはあなたが誰か、特に子供に向けている配慮を表しているのでは?
- 犠牲を払いすぎていると感じているのでは?

魚(Fish)

魚は永遠の生命のモチーフです。これは主に旧約聖書のヨナの話に由来します。ヨナは大魚にのみ込まれて胃の中で3日間過ごしますが、生きて岸に投げ出されます。この話はキリストが磔刑の後で埋葬される筋とも類似しており、死と再生を象徴しています。

キリストが使徒に「人間をとる漁師」になるだろうと告げたことから、魚はキリスト教的信仰のシンボルになっています。ギリシャ語で魚を意味する「icthus(ギリシャ語綴り=*icqus*)」という言葉は、「イエス・キリスト・神の・子・救世主」という語句の頭字語です。

アイルランドの英雄フィン・マックールは女神ボインのものであるハシバミの木から落ちた実を食べた鮭に触れ、即座に知識と知恵を授かります。鮭は流れに逆らって川の上流へ泳いでいき、生まれ故郷で産卵するため、力と決意を表します。半人半魚である人魚は岸と海の境界を移動します。人魚は数多くの神話で船乗りを誘惑して深い感情の淵にひきずりこみ、その人生に荒波を立てたとされます。

関連事項

- 魚はセクシュアリティと関連づけられます。ここから、夢に魚に類する生きものが出てきたら、あなたに影響を及ぼしている感情的または性的なことがらについて検討を。

サメ (Shark)

サメが完全に眠ることはありません。脳の半分をシャットダウンして短時間休ませ、そのあいだはもう半分の脳で活動します。そして脳が逆になってこの過程が繰り返されます。つまり獲物を探して休みなく海を徘徊しているわけです。サメは捕食動物であり、獰猛な攻撃ぶりで恐れられています。また、何でも食べてしまいます。サメの先祖は1億年以上前から海に生息していたため、生きた化石とも呼ばれます。

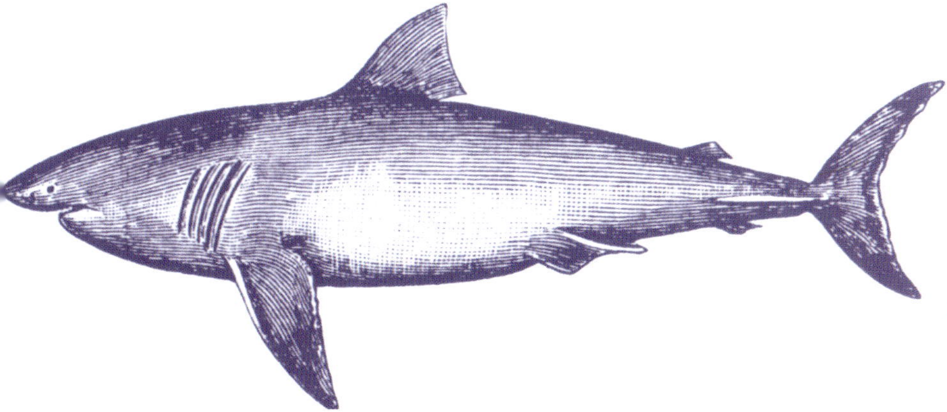

関連事項

- 英語で「loan shark」は、法外な利息でお金を貸す人のこと。
- 「サメ《shak》警報《bell》」――オーストアリアでは、このベルを鳴らして遊泳者やサーファーにサメの出現を知らせます。
- 夢のサメは用心深さや潜在的な脅威を表しているのでは？
- 誰かがあなたを「食いものにしようとしている」のを不安に思っているのでは？

イルカ（Dolphin）

英語でイルカを表す「dolphin」という言葉は、ギリシャ語で「子宮」を意味する「*delphinus*」という単語に由来します（参照→P.59）。ギリシャの骨壺に描かれたイルカは、あの世へと旅だって生まれ変わる魂を象徴していました。ケルトの伝統では、イルカが井戸に対する崇拝と水の力に関連づけられていました。

そのパワー・スピード・美しさ・優美さ・知性・社交性から、イルカは人間にとても愛されています。船と並んで泳ぎ、ジャンプしたり船首の前で遊んだりするさまにも人なつこさが表れています。現在は、心身を病んでいる人を助ける能力を持つことで重要視され、「イルカと泳ぐ」行為がヒーリングプロセスとして広く受け入れられています。海難事故に遭った人が安全なところまでイルカに導かれた話や、海でトラブルに巻き込まれた遊泳者が溺れないように助けたという報告も数多くあります。

反対方向を向いている2匹のイルカは性質の2面性を表します。こんな夢を見たら、あなたは1元的な存在ではなく、「ネガティブ」な性質も人間としての完全性に役立っているという暗示かもしれません。

関連事項

- 夢のイルカは、波の荒い海を乗り切るのを助けてくれているのでは？

クジラ (Whale)

クジラは地球上に現存する最大級の生きものです。夢では、クジラの大きさから、圧倒されて萎縮している思いに結びつけられます。クジラが住まう大海原は感情の世界を表しています。

クジラの腹は死と再生の両方を象徴します。旧約聖書の物語でヨナをのみ込んだ大魚（参照→P.296）はよくクジラであるとされるためです。イスラム教の伝説では、天国に入るのを許されている10種類の動物のひとつが鯨であるということになっています。ハーマン・メルヴィル作『白鯨』には、エイハブ船長と巨大な白鯨の戦いが描かれています。この物語は、ある意味、たとえ死に直結しようとも自然を支配下に置きたいという人間のプライドと願望を描いたものといえます。

クジラは代々イヌイット族の主食でした。またイヌイット族は鯨油を灯火の燃料やロウソクの原料に利用しています。ただ、海域によっては商業捕鯨のために絶滅の危機に瀕している種類もいます。

関連事項

- 英語でクジラは「ウェイル《whale》」といいます。クジラの夢は「嘆き悲しむ＝ウェイル《wail》」と関連があるのでは？
- 夢のクジラは環境問題への関心を暗示しているのでは？

第9章

創作欲とその能力は人間の脳にしっかり組み込まれています。創造性は、近年になって発掘された洞窟の壁画や彫刻物のほか、現在の芸術作品、生活様式を一変させた実用的デザインにも見て取れます。今いる場所を問わず、あたりを見回してみて下さい。電灯やシェード・電話・机・椅子・クッションや、ピッチャー・カップなどが目に入るでしょう。陶芸教室で作ったお皿や、はるか遠くで作られたラップトップ型コンピューターなど、どんなものであっても、それはものを作り生み出す人類の能力を表しているのです。

特に都市部では、技術社会の証があふれています。夢の中では人間が生まれながらに持つ創造性が働き、ものが人生で重要な事項を表すシンボルへと変容します。夢はものを使って理解しやすい形でメッセージを送り込んできます。人工物の夢も、夢があなたのために携えているシンボリズムの探究を手助けしてくれるでしょう。

人工物

人工物

にぎわう街中の交通島で知らない男性とセックスをしている夢を見ました。奇妙なことに、その交通島はブラックベリーとリンゴの大きなパイなのです。パイから1切れカットされていて、私たちはその隙間《ギャップ》で「行為をしていた」のでした。その後お腹がすいた私たちは、みんなが取り巻いて見ている中で交通島のパイを食べました。

この夢が露出癖を表しているかどうかはさておき、健康的な欲望を全てを満たす夢の好例であることは確かです。交通島は慌ただしい世界から切り離された場所を象徴します。交通島は休憩場所であり、道路と道路のあいだに設けられた安全地帯です。女性は夢でこの「(道路の)切れ目《ギャップ》」を利用し、思いのままに性欲と食欲を満たしています。

夢からは満足感や自分が必要とするものについての情報を得られます。夢

に耳を傾けてその豊かな言葉を理解すれば、自分自身のみならず、私たちが住んでいるこの複雑な世界をより深く知ることができるのです。

英国の精神分析学者であるエラ・フリーマン・シャープは著作『Dream Analysis』で、夢の内容に心身の活動が表れていることを記しています。彼女が担当する患者の1人に、こんな人がいました。数ヶ月のあいだずっと体調を崩していたその女性は、腕時計を見てもその文字盤が紙片ですっかりおおわれていて、何時かわからないという夢を見ました。結局不眠症と深刻な疲労状態が続き、その後しばらくして仕事を休まざるを得なくなりました。夢の腕時計《wrist watch》は「気をつけ《watch out》」なければならないこと、そして時間を管理できなくなっていることを象徴していたのです。当時は何時かもわからず、本来の生活リズムからずれ、心身をすっかり消耗してしまった状態でした。この女性は後に回復してから、明瞭に読める時計の夢を見たそうです。

右　夢の中では、この世界に対する視点や感じかたも根底から変わる。

住宅(House)

夢に登場する住宅は、人体の比喩ととらえることができます。シンボルとして以下の要素を検討してみて下さい。

屋根と屋根裏部屋──住宅の一番上の部分と屋根裏部屋は頭部・精神・脳、自我の知的・認識的側面を表しています。建物の一番上の部屋にいる夢を見たら、思いを巡らすべき対象がないかどうか自問してみましょう。

キッチン──キッチンは慈しみ・住まいの心臓部・炉の女神ヘスティアの場所を表します。また、消化の象徴でもあります。「料理人が多すぎるとスープができそこなう(「指図する人が多くてまとまらず、とんでもない方向に進んでしまうこと」の意)」「熱に耐えられなければキッチンに入るな(「きびしい試練に耐える力がなければ大事を引き受けるな」の意)」「嵐を起こすように料理する(「せっせと料理をする」の意)」ということわざやいい回しとの関連も考えてみて下さい。

地下室──これは基盤があるところです。地下室《basement》は文字通り地面の下に位置し、理性的な知識と意識の下にある潜在意識を象徴します。「base」は基本的な衝動や本能を表すか、必需品《basic needs》に関連しています。あなたにとって「本能」は卑しく価値がないものですか？夢の中には、「本能」を表す地下室を連想させる卑しい、または動物的な要素がありましたか？　英語で「abasement」といえば「屈辱的な」「面目を失墜させる」という意味です。そんなことがあなたに起こりましたか？　または誰かにそんな行為を行っていませんか？

廊下──廊下やホールは変移や別の戸口すなわちチャンスにつながる通路を表します。「権力の回廊《corridors of power》」は政府を象徴します。

配線──配線は神経系や血管、すなわち何らかのエネルギーを送るものを表している可能性があります。

寝室──寝室はセクシュアリティ・生殖・夢の劇場・瞑想を表します。

学校
(School)

校舎は学びの場所です。過去の子供時代の経験に結びつけられるか、学習や、現在の教育程度をさらに発展させる必要性を表している場合があります。生徒だった時のあまり思い出したくない体験の夢は、自分に決定権がなく、他人の判断に支配されていると感じている状態の反映かもしれません。

> 寄宿学校に初めて入った時、この夢を繰り返し見ました。母親、父親、弟と一緒に歩いていたのに、川で隔てられてしまうのです。対岸では家族が微笑んでいて、私は反対側でひとりしょんぼりしています。

この夢の場合直接学校は出てきませんが、その根底にあるのは少女が学校に送り出された際の別離です。当時、弟は両親と一緒に自宅に残っていました。成長し成人女性となった現在も、さびしくなるか孤独を感じるとやはりこの夢を見るそうです。

睡眠中に魂がスピリチュアルな次元の学校へと飛び、夢の教室がスピリチュアルな学びの場になると信じている人々もいます。

住宅 (House)

ホテルは一時的に宿を取るところであり、会合や中継の場所です。ホテルの一時性や匿名性には、変化への願望のほか、誰にも知られずに、または計画を邪魔されることなくあるところから別のところへ行きたいという望みが反映されている場合があります。また、ホテルは何かと世話をやいてもらい、家政の責任から解放される場所でもあります。

英語の「hotel」は、ラテン語で「hospice《ホスピス》」または「hospital《病院》」を意味する言葉に由来します。ホテルの夢を見たら、場所を変え、休息して贅沢な待遇で十分なケアを受ける環境が必要なのかもしれません。

ホステルもホテルと同じく宿泊施設ですが、施設やサービスがよりシンプルで宿泊費も安価なのが普通です。バックパッカーや収入が限られている人がよく使います。ここからも、ホステルは探索や出会い、交流の旅を表します。また、夢を見た本人が「自炊・不便な生活」をする覚悟ができていることも暗示します。現在、何か思い当たる節がありませんか？

関連事項

- 夢のホテルから連想される過去に宿泊したホテルがあるのでは？　その場合、そこで何があって、どう感じたかを思い出して下さい。現在の生活にそれがどんな影響をもたらしたか分析できますか？

教会(Church)

寺院やモスクと同様に、教会は同じ信仰を持つ人々と集って礼拝をする場所です。規則・厳格な生活規範・宗教儀式などと関連づけられますが、これらは個人の経験によって心地よさやきゅうくつさを感じたりします。教会の夢を見たら、それが通っている教会ではない、またはあなたが無宗教の場合、夢の教会があなたにとって何を象徴しているのか考えて下さい。もう時代遅れの複雑な儀礼を表してはいませんか? その場合、あなたの生きかたの一面を反映しているのでは?

教会は神の超越性と神聖さに関連づけられ、人々が安心と庇護を見いだせる聖別された場です。夢の教会は、安全にかくまってもらえる心の中の隠れ家なのでは?

教会の大きさや種類によっても、簡素なものから豪華なものまで程度は様々に変わってきます。格式張っているかどうかも同様です。大寺院や大聖堂は荘厳さを表しますし、つつましやかで飾り気のないメソジスト教会やクエーカー教徒の集会所は、簡潔さと単刀直入さを象徴します。

エラ・フリーマン・シャープは、担当患者の1人が見た「アイオナ修道院=アイオナカシードラル《Iona Cathedral》」の夢について記しています。これは「私は修道院を所有している=アイ・オウナ・カシードラル《I own a cathedral》」と見事なごろ合わせになっています。当時この女性は財産について心配していたのでした。

関連事項

- 教会の夢は、霊性を探究する、または探究をさらに深める必要性と関連があるのでは?

ターミナル(Terminal)

空港や電車の駅、バス停留所はどれも発着地点です。夢を見た本人が知っている実在の場所を表し、過去にした実際の旅やこれから出発する旅を暗示することがあります。そうでなければ、象徴的な意味を模索してみましょう。ある人間関係や古い友人関係から旅立ちつつあるのでは？　または、霊的または感情的な領域で新たな目的地へ向かっているのではありませんか？

ターミナルは公の場所なので、実生活における本人の境遇を示すこともあります。夢の中、または実生活でよい待遇を受けていれば、ターミナルはよい自尊心の表れですし、無視または冷遇されていたら、自分が不適格だという劣等感や疎外感の象徴と考えられます。

ターミナルでよくあるトラブルといえば、チケットや荷物をなくす・乗り換えの飛行機やバスに遅れる・言葉がわからない・適切な通貨がないなどがあります。これらを含むのは欲求不満や不安を表す典型的な夢です。実生活で悩まされている欲求不満について考えてみて下さい。

関連事項

- ターミナルは乗り換える場所。現在変化の中にあると感じているのでは？
- 「ターミナル」の夢は、「ターミナルケア」などの連想から、自分か誰か近しい人の健康に関する不安か、死の恐怖を表している場合も。

病院（Hospital）

病気と健康の関係は、夢と実生活の関係と同じであると気づきました——病気も夢も、忘れられたものを思い出させ、解決へと導く総括的な視点なのです。

カット・ダフ：『THE ALCHEMY OF ILLNESS』

夢にはよく本人の不安が反映されます。ただし、覚醒時はそんな不安の存在に気づいていないことも多いようです。英国のある女性は劇場に行って演劇に参加しようとする夢を見たのですが、なぜそんな夢を見たのか自分でもわかりませんでした。周囲が彼女に演技《act》をさせてくれず、不満に思うという内容でした。一緒に夢を検討したところ、女性は「劇場」が、これから受ける小手術を行う手術室を表していることに気づいたのです。夢は、これから起こることについて自分ではどうにもできない、「誰も自分に意志決定《act》させてくれない」という不安を表していたのでした。

ガン専門の大病院で化学療法を受けていたある女性患者は、ガンになる前、特に34歳という女盛りの健康体のころから嫌な夢をよく見ていました。ある夢では自分が四つんばいになって糞便《shit》を吐いており、ひどく不安に思ったそうです。その夢は、ガンと化学療法による「毒素《shit》」という、彼女の体を汚染している「不快なもの《shit》」を排除すべき必要性を象徴していたのです。女性は身体機能こそ維持していたものの、治療によって体力を失い、何もできない衰弱状態になっていました。

城 (Castle)

城は豪壮さ・力・防御に関連づけられます。攻撃を想定したこういう建物の奥には、人々をかくまう「本丸」という区画があり、敵が攻めてくると人々はこの安全地帯に引きこもりました。本丸の夢は、安心していられる守りを固めたところにこもりたいという願望を表している可能性があります。

城はおとぎ話にもよく登場します。「眠れる森の美女」はイバラの茂みに囲まれたお城で眠っていました。王子様はイバラをかきわけてお姫様を救いにいかねばなりませんでした。あなたも、お城に連れて行かれたり、誰かの手から救われたりするロマンチックな夢を抱いていませんか？

城壁の内側には、身を守りながら外を監視できる通路がよく設けられています。そんな風に見晴らしの利く場所の夢を見たら、それは状況を明確に把握しつつも身を守る必要性か、「敵」が何をしているかもっとよく見通すべきであることを象徴しているのかもしれません。

関連事項

- 「砂上の楼閣」とは、実現しそうにない希望や空想のこと。
- 「家はその人の城《a man's home is his castle》」誰も犯すことは許されない。夢の城は自宅を表している？

ドア (Door)

ドアはある場所への入り口であり、他人を閉め出す手段でもあります。そこを抜けて新たな場所に入るという点から、象徴的に新たな経験に乗り出す場所を表します。ドアが主要素となる夢を見たら、ドアが開いていたか、それとも閉まっていたか、薄っぺらだったか堅固な作りだったか、鍵がついていたか、内側と外側どちらにいたかを考えてみて下さい。

キャロルはとてもイライラする夢を見ました。

1人になれる場所を探すのですが、どのドアも半開きのままで締め切ることができません。落ち着ける場所がどうしても見つかりません。

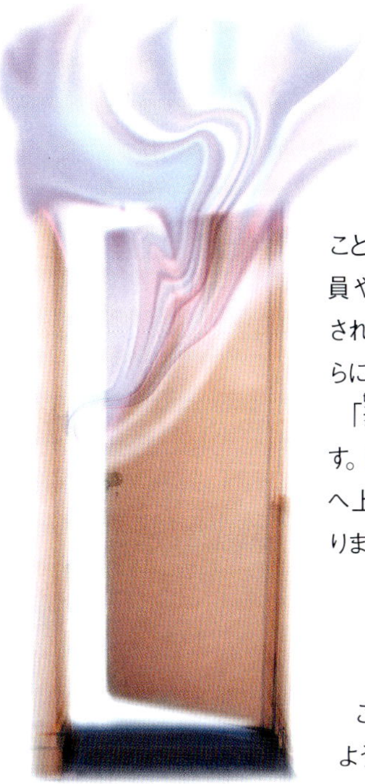

当時、彼女は実生活でもプライバシーが確保できず、夢と同様に苛立ちを募らせていました。

ドアは人生における始まり《opening》と終わり《closing》も示します。また、内側から外側、外側から内側への変移点を画する敷居部分でもあります。ローマ神話の神ヤヌスは2つの顔を持ち、同時に外側と内側を見ることができるとされ、境界を表します。現在、戸口は警備員や管理人、ガードマンのほかインターホンなどで防護されています。内外の境界がはっきり示されていると、さらに踏み込むか引き返すかを選ぶことになります。

「表口《front door》」は膣の、「裏口《back door》」は肛門の婉曲表現でもあります。誰かが息を引き取る際は、その魂が戸口を抜けて空へ上がっていけるようにドアを開けておく古来の習慣もあります。

私は淡いピンクのドレスを着ていました。何とかドアを見つけようとするのですが、どこにもありません。まるで狩り立てられているようでした。

この女性は、逃げ道のない状況に追い込まれているように感じていたのでした。

階段(Stairs)

階段の夢を見たら、上っていたか下りていたかを考えて下さい。上っていたら、成功を収めつつあるか、意識を広げつつある表れかもしれません。反対に下がっていたら、成功を望めない状態か、基本に戻って地に足をつける必要性を反映している可能性があります。

フロイトは、階段を上り下りする行為は性交のシンボルであるという説を述べています。

その種類を問わず、階段は霊的な事項、すなわち卑俗から離れ神聖さを深めることを表します。キリスト教では、イエス・キリストが地上から天に行くことを「キリスト昇天」といいます。

私はエレベーターの中にいます。エレベーターは速度をゆるめず、そのまま天井にぶつかってつぶれます。いつもようやく止まりはするのですが、私が通り抜けようとする空間はとても狭く、窒息しそうに感じます。

エレベーターは支えられ称賛されての出世か、見下され、社会的地位を引き下げられている状態を象徴するとも読み取れます。上っているか否かが現在の生活かキャリアの状態を物語っていることもあります。

関連事項

◎階段を下る夢は、自信喪失感か、最近経験した挫折や後退を反映しているのでは?

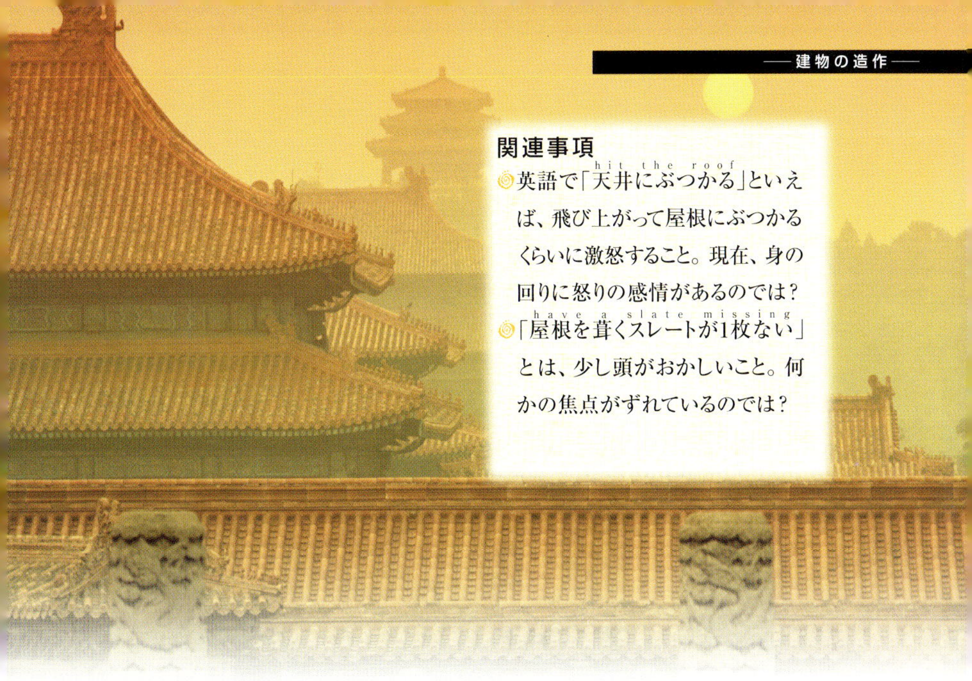

関連事項

◎英語で「天井にぶつかる《hit the roof》」といえば、飛び上がって屋根にぶつかるくらいに激怒すること。現在、身の回りに怒りの感情があるのでは？

◎「屋根を葺くスレートが1枚ない《have a slate missing》」とは、少し頭がおかしいこと。何かの焦点がずれているのでは？

屋根 (Roof)

屋根は上をおおうものを表します。風雨を防ぎますし、上にあがれば高い視点から辺りを見渡せます(参照→P.304)。夢に出てきた屋根の状態も考察してみましょう。破損も雨漏りもなく、完全な状態でしたか、それとも修繕が必要でしたか？　修繕が必要だったら、頭脳すなわち理性の言葉に耳を傾けるか、カンに頼ったり心の命ずるままに動くのではなく、じっくり思考を巡らす必要があるのでは？　雨漏りする屋根は、無意識的な気づきからゆっくりと有用な情報がしみ出している状態を表しているのかもしれません。

建築物、特に寺院や教会では天井が重要視されます。天井は天穹《てんきゅう》を表しているからです。

窓(Window)

窓は風雨を遮る一方で、光を取り入れ、建物や自動車の内と外、双方向からの視界を確保します。また開閉も可能ですし、カーテンやブラインドでおおってプライバシーを保つこともできます。窓の夢を見たら、それがどこに設けられていたか、またどんな建物にはめ込まれていたかを検討して下さい。住宅の窓なら家庭内の状況に、摩天楼の窓なら仕事か公の事項に関係している可能性があります。

窓ガラスは透明ではっきり見通せるものもありますし、半透明で視界が不鮮明になるものもあります。現在の状況に関するあなたの見通しに関連づけられませんか?　窓ガラスは英語で「ペイン《pane》」といいます。ここから、「痛み＝ペイン《pain》」を指す可能性も考えられます。何か問題に悩んでいないかどうか、そのことについてもっとしっかり判断力を働かせる必要がないかどうかを考えてみましょう。

窓をのぞき込むのは洞察の象徴です。ただし、他の人が室内で明るさと暖かさに恵まれているのに、自分は寒い屋外に閉め出されているという思いを暗示する場合もあります。窓から外を見るのはあなたの見通しや、自分の生きかたについてどう感じているかを表していることがあります。

時に目を「心の窓」と呼ぶこともあります。

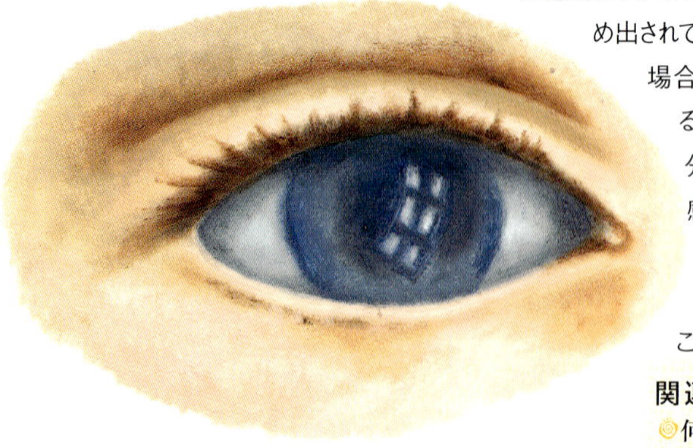

関連事項

- 何かについて「ペイン＝苦痛」を感じているのでは?
- 生活にもっと「光」が必要なのでは?

壁 (Walls)

普通、壁は境界を表します。壁はものを中に収め、人々と風雨をシャットアウトします。きちんと整備されていれば防護壁となりプライバシーを守りますが、いったん壊れれば、破られて人やものが入り放題になってしまいます。

エルサレムの「嘆きの壁」は世界中のユダヤ人にとって最も神聖な場所です。これはかつてのエルサレム神殿の遺構で、ユダヤ人はここで祈りを唱え、または紙片に祈りを書き記して壁石の割れ目に押し込みます。神殿は紀元70年に破壊されました。「嘆きの壁」と呼ばれるのは、これをユダヤの人々が悲しんで涙を流すからです。

壁は人生における障害物や障壁を象徴することもあります。「沈黙の壁《wall of silence》」はコミュニケーションの進行を妨げる黙秘のことで、特に何らかの調査が行われている最中に使われる言葉です。

「壁に耳あり」ということわざもあります。これは、秘密は誰が聞いているかわからず、とかく広まってしまうものだという意味です。秘密なのに漏れ聞こえてきた何らかの情報と関係がありませんか？

関連事項

- 大きな障壁にぶつかり、それ以上進めないと感じているのでは？
- 「レンガ壁に頭を打ちつけ《bang one's head against a brick wall》る」とは、どんなに努力しても報われないこと。らちがあかないと感じているのでは？

迷宮と迷路(Labyrinth and Maze)

迷宮は通路・トンネル・小部屋などからできていて、必ず中央にたどり着くようになっています。迷宮を歩くのは巡礼の代わりであり、瞑想を深める手段だったと主張する説もあります。昔、僧や尼僧は罪の贖いとして迷宮の中央(エルサレムと呼ばれることもありました)までひざまづいたまま進んだといいます。

ギリシャ神話には、ダイダロスがクレタ島に迷宮を作り、人身牛頭の怪物ミノタウロスを閉じ込めたという話があります。ミノタウロスは人間の肉を食べて生きていましたが、とうとう怪物を退治すべくテセウスが迷宮に送り込まれました。この続きではアリアドネが金の糸をテセウスに持たせ、迷宮から脱出する手助けをしたことになっています。

迷路は混乱のシンボルです。誤った道へ誘い込む入り口や、わざと惑わせる角があるからです。また、「糸口」や「筋」を見失って途方に暮れた状態をも表します。英語で迷路を表す「maze」という言葉は、「当惑する」を意味する古期英語に由来しています。

関連事項

◎迷宮や迷路の夢を見たら、逃げ道がないと感じる八方ふさがりの状況にないかどうか検討を。

◎身近で現在起こっていることに「びっくりしている《amazed》」のでは?

◎現在の悩みの核心をつかみたいのでは?

橋 (Bridge)

橋は川や道路を横断する場所であり、感情的・精神的な変移点を表すことがあります。

ゾロアスター教では、橋を渡って死後の世界へ行くことになっています。死ぬと1人残らず審判を受けます。善行が悪行より多ければ魂は天国へ行けます。ところが悪行が善行を上回ると、橋が剣の刃のように狭くなって魂は地獄へと滑り落ちていくのです。

あいだに入って取り持つ人のことを「橋渡し役」ともいいます。交渉者や仲裁者は意見を異にする当事者同士の「橋渡し」をしますし、カウンセラーやセラピストは人間の様々な面を結びつけ調和させることで自分や状況の理解を深める仲立ち役でもあります。

関連事項

- 英語で「橋を焼く《burn one's bridges》」とは、自分の首を絞めるような形で他者とのつながりを断つこと。
- 「橋に来た時に橋を渡る《cross a bridge when one come to it》」とは、取り越し苦労をせず、実際に問題が起こってから対処すること。

家具(Furniture)

夢に登場する家具には、あなたが属する文化や好みが反映されています。鍵を握るのは場面設定です。ホテルの家具と、書斎やマッサージパーラーの家具とでは、多少の共通点こそあれ大きく異なるものです。夢を解釈する場合は、主要素となっていたか、何らかの理由で関心を抱いた家具について検討を加えて下さい。

椅子——休息を取るところであり、腰を下ろされる《sat upon》ものでもあります。何らかの形で抑圧されていませんか？　自分の考えが「抑圧されている《sat upon》」のでは？

テーブル——食物を取り分ける場所で、文字通り、または象徴的に「パンを配る」ところです。「タイムテーブル」など、「テーブル」には表という意味もあります。

ソファ——ソファやカウチ《couch》は誰かとともに腰を下ろすところです。英語で「couch」といえば、受け入れやすい形でそれとなくほのめかすこと。何かの事実をあからさまに示すのではなく、間接的に伝えたいのでは？

家の夢を見た場合、備えつけてあった家具が解釈の手掛かりになります。戸棚やクローゼットは中にものをしまい、隠しておける「入れもの」です。秘密が守られている時は夢の戸棚も閉まっていて、秘密がしまい込まれていることを象徴します。秘密が露見したら戸棚は開いているでしょう。こういう戸棚やクローゼットのシンボリズムは「クローゼットから出る《come out of the closet》」すなわち同性愛者であると宣言することを意味するいい回しに反映されています。

関連事項

- 夢に出てきた部屋の中が家具で溢れていたら、過密なライフスタイルの象徴の場合も。

鍵(Key)

鍵は問題に対する答えの鍵の象徴であり、施錠された何かを開けるものです。施錠されたものは家かもしれませんし、箱や金庫、または象徴的に閉ざされたものならなんでも可能性があります。たとえば心の鍵は、愛情を花開かせる何かを表しています。

鍵穴はプライベートな空間をのぞき込む隙を与えます。本来なら隠されているものを見られるようにもしますし、自分自身ものぞき見される恐れが出てきます。そんな夢を見たら、プライバシーが侵害されていないか、あなた自身が他人のプライベートを詮索していないかどうか自問してみて下さい。

夫がドアを開けようとしていましたが、差し込んだ鍵が曲がってしまいました。私は自分の鍵を使ってドアを開けました。私は夫に、中に入りたいなら新しい鍵を作ってもらわなくちゃといいました。

女性の夫はこの夢を見るしばらく前に亡くなっていました。曲がった鍵は、2人が暮らしていた家にもう入れないことを表しています。女性は「夫は今、別の次元にいるから鍵が使えないのでしょう」と語りました。

関連事項

- 錆びた鍵は、省みなかった自分の中の才能を表すことも。

はしご(Ladder)

夢のはしごはペンキ塗りや電球の交換など住まいの雑用と結びつけられます。現実生活との関連を思いつかなければ、夢のはしごの目的を考えてみて下さい。どんな用途に使われていましたか？　階段やエレベーターと同様に、はしごは昇降を表します。ここから、進歩や停滞とも関係づけられます。

窓の清掃業者ははしごを使って窓ガラスを拭きますが、この行為は意味を明らかにしたり視界を明瞭にすることを象徴します。状況をはっきりさせる必要があるのでは？　より高い視点や専門家の意見を求めるべきなのではありませんか？

神話でいうとはしごは天と地を結ぶもので、横木は霊的な道程の様々な段階を表します。旧約聖書にも、天と地を結ぶはしごを、天使たちが列をなして上り下りしていたヤコブの夢が記されています。はしごの上から神はヤコブの子孫が全世界に広がるだろうと告げたのでした。

「はしごを上る《climb the ladder》」のは職場における昇進か社会的地位が上がることを表します。また、はしごの下を通るのは縁起が悪いとされています。

テント (Tent)

テントは一時的に設営され、キャンプやアウトドア活動に関連づけられる移動可能な住居なのが普通です。ここから、ちょうど行って来たばかりの、または計画しているレジャーを指していると考えられませんか？　自然に返り、テントに包まれて野外で眠り、大地に近づきたいのでは？

パオはモンゴルを発祥の地とするフェルト製のテントで、遊牧民はこの中に住みます。現在でも羊毛から手作りされ、寂寞とした風景に暖かさと美しさを添えています。

アラビアのテント村はエキゾチックかつ美しいたたずまいです。テントの中は布類と織り絨毯でところ狭しと飾られています。これらは昔から、場所を移しながら家畜を放牧する遊牧民、ベドウィンに結びつけられます。

関連事項

- 生活上の決まり切った作業を重荷に感じているのでは？　遊牧民のような生活にトライして変化を求めては？
- 夢の中でテントにいたら、「in tent」すなわち「意図《intent》」と結びつけられるのでは？　十分に検討していない「意図・目的《intention》」があるのでは？

旅行鞄(Luggage)

レジャーや、結婚式のような特別な機会で出かけなければならない時、必ずギリギリの時間になってからスーツケースに荷物を押し込んで出発し、飛行機に乗り損ねる夢を見ます。または旅行鞄がなくなるか、時間内に身支度ができなくて用事を果たせないとか。

挫折を表すこの種の夢は、忙しい生活の中で効率よく秩序立てて計画を組まなければならないプレッシャーを反映しています。他にはどんな原因が考えられるでしょうか。注意を払わねばならない対象が多すぎるのではありませんか？　何でも一手に引き受けてしまうはめにならないよう、優先順位を決めるべきなのでは？

旅行鞄や手荷物は、自宅を離れてのレジャーや旅行に必要なものを象徴するだけではありません。「決着していないことがら」、すなわち私たちを引き留める、未解決のままの感情的な問題も表します。英語で「感情の荷物《emotional baggage》」といえば、普通はネガティブなパターンにとらわれて、感情的な面で前進できないと感じている状態を意味します。

関連事項

- 夢の中で手荷物をなくしたら、それはあなたにとってよいことでしたか、悪いことでしたか？　新規まき直しをして、新たな個性を作り出す機会になるのでは？
- 必要なものが非常にすっきりとまとまった手荷物の夢は、どんな場合でも好印象を与えなければならないことを表しているのでは？

輪 (Wheel)

輪は移動を表しますが、人生のサイクルを象徴することもあります。さらに前進を暗示する場合もありますが、意味は輪の種類に大きく左右されます。たとえばハンドルは方向をコントロールする好機を、水車は自然界のパワーを巧みに利用することを意味するのかもしれません。ろくろは創造性と、土が実用的で美しい調度品へ変容することを象徴します。「運命の女神の紡ぎ車《wheel of fortune》」は幸運やチャンスを表します。

仏陀の教えはよく輪によって象徴されます。釈迦が初めてベナレスで行った説法を初転法輪といいます。これは法の輪が初めて転じられたという意味で、思惟や瞑想、仏陀の教えに基づく精神的修行などに関する四諦八正道という仏教体系が述べられています。

インドの国旗にも輪が描かれています。この旗は、法輪(または糸車)と世俗主義を表しています。

関連事項

- 進歩をとげつつあるのでは? または堂々巡りをしていませんか?
- 運命の輪の夢は、チャンスや幸運に頼りすぎている暗示の場合も。

財布 (Wallet)

札入れや財布、ハンドバッグなどは自我や素性を表します。パスポート・クレジットカード・運転免許証のほか、写真・自宅の鍵・メンバーカードなどの個人的な持ちものを中に入れて持ち歩くからです。これらはどれも、あなたの人となりや興味の傾向をうかがい知る糸口になります。

とても高価なブランドもののバッグの夢を見たら、もっと華やかなイメージを持たなければと感じている暗示でしょう。バッグに記されたブランド名は富と社会的地位のほか、自分のステータスを公に誇示したいという欲求の象徴です。

使い古した財布は憔悴や疲労、しょぼくれた感じを象徴している場合があります。自己イメージをリフレッシュして自分を磨き、外見も心も明るくする必要があるのでは？　修理が必要な財布が夢に出てきたら、手直しや変更をしなければ失うものはないかどうか自問してみて下さい。

自分の財布は、人には見せないプライベートな思いや欲望を象徴している場合があります。バッグをなくしたら、他の人があなたのことをあれこれと知り、弱い立場に立たされる暗示かもしれません。

関連事項

- 夢の財布は満杯でしたか、空っぽでしたか？　財布の状態が現在の経済状態を表していませんか？

鏡 (Mirror)

鏡は心のシンボルです。英語で「reflection」といえば反射の意味です。つまり熟考《reflection》や自分の真実の姿を直視する行為、さらには自分を別の角度から、または新たな観点から見つめることを表します。鏡を割ると、その後7年間不幸が続くという迷信もあります。

中世期には、鏡が世俗的享楽のはかなさの象徴でした。

こんな恐ろしい夢を見たことがあります——夢なのに、起きているように感じました。私は大きな鏡つき箱をのぞき込んでいます。ところが鏡を見ると、1人の年若い女性が殺される場面が写っているのです。映画のスクリーンを見ているようでした。おまけにその女性は、娘が20歳になったらきっとこんな風だという容姿をしています。私はそれ以上夢を見るのをやめました。

鏡を使えば多少の距離を置いてながめることができ、前記の女性は直視するに耐えないものに夢の中で向き合っています。彼女が目撃したのは娘の死という最悪の光景でした。この夢は、娘の身の安全を案じる隠れた不安を表したものでしょう。

関連事項

- 現在の悩みについてよく考える必要があるのでは？
- 鏡に映った自分の姿を見つめる夢を見た場合、その鏡像に満足できましたか？　どこかを変えたいと思いませんでしたか？

灯り(Lightening)

啓発《イルミネーション》は人としての成長と霊的な成長の両方に欠かせないものです。これは直観という内的な導きの光を象徴しています。灯りの夢を見たら、灯りがどんな様子だったかを検討して下さい。燃え上がる炎がともったキャンドルでしたか、灯りが電球のように包み込まれていましたか?

オリンピック競技の際のトーチのような、昔の旅人が掲げていたたいまつのごとく燃え立つ炎でしたか? 今にも消えそうな、チラチラと明滅するキャンドルの火に似ていましたか? その状態は現在の生活における何を表していると思いますか?

灯りは導きの象徴であることも多いものです。師や指導者が必要だと感じていませんか? 考えかたやライフスタイルが大きく変わる前に、一段と明るい強烈な光が現れたり、導く声を聞いたりする夢を見たという話もよく聞きます。

関連事項

「炎=フレア《flare》」を手に持っている夢は、何かの「素質=フレア《flair》」、すなわち生かしていない才能を現しているのでは? または「炎が燃え上がる」寸前、すなわち怒りが爆発しそうになっているのでは?

写真 (Photographs)

写真は一瞬を記録して残すもので、自分が送ってきた人生や人間関係が反映されています。写真の夢を見たら、写っていた人や場所が重要な意味を持ってきます。

夢の中で亡くなった人が写っている写真を見ていたら、その人から何らかの情報か助言を引き出せる暗示かもしれません。生前の性格や過去にくれたアドバイスの言葉を思いだし、現在の自分に役立つ要素がないかどうか考えてみて下さい。自分自身の過去の写真を見る夢ならば、当時どんな生活を送っていたかを検討してみましょう。かつてやり残し、改めて取り組まねばならないことがあるのでは？現在の生活に再び導入すべき資質を持っていたのでは？

カメラで写真を撮られると魂を抜かれると信じている文化もあります。

「カメラは嘘をつかない」とはかつてよくいわれた言葉です。しかしデジタル写真が登場し、コンピューター技術が発達した今、写真から誰かを消し、代わりに他の誰かを取り込むことも可能になりました。そんな夢を見たら、その理由や、消した人のどこが好きになれないのかを自問してみましょう。

関連事項

- 人生の特別なイベントを記録に留める必要があると感じているのでは？

本(Book)

本には知識が記されています。本は教養の糧や娯楽となり、はるか昔や未来の時代についても教えてくれます。物語ならば、はるか彼方の地のことや神秘的なできごとが書かれています。ピーター・アクロイド作の錬金術師が登場する物語、『The House of Doctor Dee』では、ディー博士が続けて本の夢を見ます。この夢は5回目で完結するのですが、博士はその夢をこんな風に語ります――「我が身を見下ろすと、体中が文字や単語だらけだった。私は自分が本になってしまったことを悟った・・・」。博士は知識を追い求めるあまり、自らが蝕まれてしまうのです。それとも博士は「開いた本《open book》」、すなわち偉大なる知識の源として、学究の徒たる矜持を感じていたでしょうか？

ノートには様々な量の情報・アイディア・覚えておくべきことが書き記されます。「情報を保持しておく入れもの」としてのノートは注意したり心に留めなければならないことがらを象徴します。また、夢でノートに目を通していたら、その内容を検討して下さい。把握しておく必要のある感情が示されていませんか？　起きている時は避けている問題に、あなたの注意を引こうとしているのでは？　ノートは予定をうまく立てたり詳細を記録する際も頼りになる存在です。夢のノートはあなたにとってどれくらい大切なものでしたか？　机の引き出しや箱に隠されていたノートを見つける夢は、実生活で何らかの情報がついに公になりつつあることを表している可能性があります。

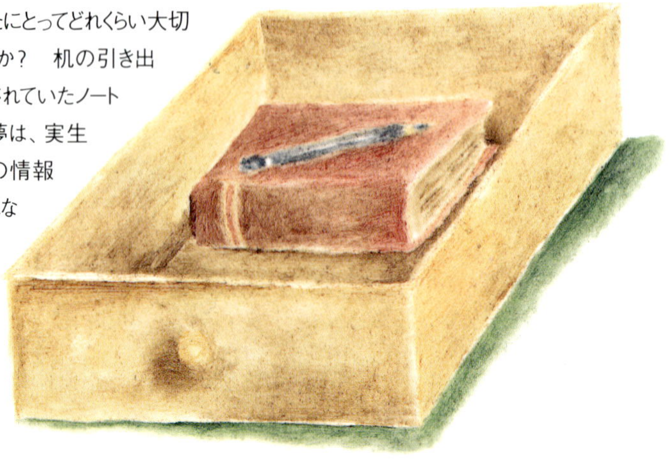

楽器(Musical Instruments)

ピアノ・ギター・バイオリン・ドラム、種類を問わず楽器はコミュニケーションと芸術性を表します。楽器を弾く人なら、楽器の夢は、眠りながらもテクニックを磨き続けているか、技術を高めるべく練習しているのでしょう。実生活で楽器を弾かないのなら、その楽器が自分にとって何を意味するのか考えてみて下さい。

音楽は感情と気魄を象徴し、私たちに強烈な影響をもたらすことができます。夢で流れた音楽の性質や楽器の種類、その音色が夢を解釈する手掛かりとなります。耳障りで調子はずれな音を出す楽器は、あなた自身かあなたを取り巻く人間関係における不協和音や不和を表している場合があります。夢にドラムが登場した場合、それはアフリカンドラムでしたか、スネアドラム、それともアイルランドのボズランでしたか？　ドラムの種類と起源は、夢を読み解く際のポイントを示しています。誰かがホンキートンクのピアノ(調律の狂った安っぽい音のピアノ)でブルースを引いている夢を見たら、憂うつ《ブルー》な気分か意気消沈状態と関連づけられます。

ポール・マッカートニー卿がビートルズの一員だった頃の話です。ある朝、彼は頭の中に流れるメロディとともに目を覚ましました。よく知っているメロディのような気がしたので、どこかで耳にしたものだろうと思いました。友人にそのメロディを弾いて聞かせてタイトルをたずねましたが、誰も知りません。その時彼は夢でメロディを作曲したことに気づいたのでした。後にこの曲はかの受賞曲『イエスタデイ』となりました。

テレビ (Television)

テレビはコミュニケーションを表すとともに、情報を伝え、娯楽を提供します。同時衛星通信のおかげで、地球の裏側で今起きていることをその場で知ることができます。テレビで見たことがきっかけで夢を見ることもあります。テレビを見ている夢を見たら、番組の内容と、内容をどんな風に受け止めたかを検討して下さい。現場から離れていて自分と直接関係がなければ、そのトピックに無関心なことを表します。メロドラマは他の人の架空の生活を演ずるもので、ドラマの背景となっている社会への関心を反映します。この手の連続ドラマの夢を見たら、登場人物の1人と自分を同一視しているか、ストーリーが自分の生活上のできごとと重なるためでしょう。

テレビに出演する夢は、注目を引きたいか、知名度を上げたいと思っている可能性があります。出演中の言動やどう感じたかが願望の本質を読み解く糸口になるでしょう。

関連事項

- 実生活でドラマのようなできごとがあり、第三者的な立場から見ているのでは？
- 世界中に向けて発信したいことがあるのでは？

コンピューター (Computer)

コンピューターは職場や自宅で使われますし、eメールやインターネットのチャットルームを介してコミュニケーションを取ったりもします。こういう即時的なコミュニケーションが夢に登場することもありますし、コミュニケーション形態には実生活でコンピューターをどう使っているかがよく反映されるものです。

コンピューターでゲームをすることもできます。夢の中でゲームをしていたら、リラクゼーションになったか、面白かったか、刺激的だったか、負けまいと躍起になっていたかを考えて下さい。結果はどうでしたか？　負け・引き分け・勝ち、どれでしたか？　ゲームには実生活での状況がよく反映されます。今のあなたにとって夢のゲームは何を表しているのかを考えてみて下さい。「ゲームは終わった《the game is over》」という言葉は何かが露見した場合にも使われ、それ以上偽り続けられないことを指します。

関連事項

◎コンピューターにトラブルが起きる夢は、コミュニケーションやテクノロジーの変化に関する不安を表しているのでは？

数 (Numbers)

数は神話や伝説、おとぎ話の中でとても重要な役割を担っています。カール・ユングが「ルートシンボル」と呼んだ、この古代からの結びつきは夢にも登場します。数は時間・日付・週・年などを指すほか、夢を見た本人にとっての重要な数を表します。年齢・家の番地・子供の人数・子供が生まれた順番もその例です。数が登場する夢を見たら、まずはその数から何を連想するか考えてみましょう。

「重複」についても注意して下さい。「二重」の夢をよく見ることはありませんか？　双子には不思議な力が備わっているとケルト人は信じていました。

昔から偶数は女性的、一方で奇数は男性的性質を持つとされます。数秘学は数の言葉を読み解く技術です。1《one》は数のほかに「一人称＝自分自身《oneself》」を表します。つまり1の夢を見たら、夢を見た本人であるあなたが象徴されているのでは？　2ならあなたとパートナー、またはあなたを含めた2人組を指しているのかもしれません。「3人では仲間割れ《three is a crowd》」といういい回しは、1人だけ余計な邪魔者がいることを表します。

関連事項

◎夢の「1」は自分自身か、あなたが知っているNo.1の人に関することを表しているのでは？

おもちゃ (Toys)

手作りの木製列車からコンピューター制御による最新式のおもちゃの車まで、玩具には実に様々な種類があります。おもちゃのタイプや古さ、自分の人生との関わりから、どんな意味を持っているかがわかります。

人形は、子供自身が支配権を握っていた子供時代の玩具を表します。「ベビードール」は文字通り赤ちゃんを模した人形のことですが、女性の衣服や、愛らしく従順な性的対象として振る舞う女性のことでもあります。夢に登場した人形の種類からも、意味を読み解く有力な糸口が得られます。バービーやケン(バービーの男性版)、GIジョーはそれぞれ異なる特性を表しますが、性器まで備えた人形は子供の性的虐待の究明と結びつけられることがあります。人形の特徴とその扱いも、意味を読み取る手掛かりとなります。アフリカのコーサ族はビーズをたくさんつけた人形を呪物に使っていました。

ボールは太陽や月を象徴する場合があり、球技は太陽と月の祭事に関連づけられます。「プレイ・ボール《play ball》」は「参加する」または「すべきことをする」という意味でもあります。睾丸の象徴としてのボールは力や勇気と結びつけられます。たとえば「奴はたまがない《he's got no balls》」といえば臆していることを意味します。古代の神話に登場する神々は空に天体を投げ上げて力を誇示しました。ワールドクラスのサッカー選手が偶像化されるのと何か関連があるかもしれません。

関連事項

- 夢のおもちゃは、生活の中でもっと遊びの時間を取るべきことを暗示しているのでは？

食物(Food)

食べ足りないのを埋め合わせるために食べものの夢を見ることがあります。食べものの種類が違えば関連事項も異なってきます。

パンは命の糧であり、あらゆる社会に浸透している主食です。「自分のパンを使う《use one's loaf》」とは、頭を使って状況や何をすべきかを考えよというい回しです。またパンは上へとふくらみます。ここから、立ち上がって挑戦すべきなのではありませんか? または何かを超越して感情のもつれをほどくか、大局を見る必要があるのでは? オーブンに入れられたパンがふくらむ夢は、受胎と妊娠に結びつけられます。これは子供の受胎かもしれませんし、新たな生活様式の確立を表す場合もあります。「オーブンの中にパンがある《bun in the oven》」といえば妊娠中であることを指しますし、「生焼け《half-baked》」は不完全または未開発な状態を表します。

ケーキは祝いの席の食べもので、儀式や通過儀礼に用いられます。バースデーケーキ、ウエディングケーキ、神または死者の魂への供物としてのケーキもその例です。夢のケーキは「ケーキを取っておきたいけれども食べたい《have one's cake and eat it too》」といういい回しに関係がありませんか? すなわち1度に2つの利益にあずかろうとするように、やや自己中心的で思慮に欠けるところがありませんか? 「ケーキウォーク《cake walk》」は簡単なことを表しますが、これが文字通りケーキの上や回りを歩く夢として現れるケースがあります。本当は簡単に対処できるのに不安を抱いていることがありませんか?

診療室など医療に関する環境で塩が登場する夢は、塩が何らかの形で健康状態に影響している可能性があります。「地 の 塩《salt of the earth》」は謙虚でつつましやかな人のことです。塩は食物の保存にも使われます。

関連事項

- 凍結道路の上に塩がまかれている夢は、問題を解決する楽な道を探している暗示の可能性が。

酒（Alcohol）

お酒は生活を楽しくもすれば、壊しもします。お酒が伝統文化に欠かせない要素となっているケースも数多く見られますし、宗教儀式では重要な役割を果たします。たとえば聖体拝領儀式では、ほとんどのキリスト教派で、ワインが人々のためにその身を捧げたキリストの血を象徴することになっています。

アルコールは祝賀の場を盛り上げますし、心臓の健康にも貢献します。1日1杯のワインを飲むように勧める専門家もいます。ただし判断力・運動能力・反応時間・視力を低下させて悲惨な結果を招く破壊的な一面もあります。たとえば飲酒運転が死亡事故の原因のトップとなっている地域もあります。アルコール中毒は飲酒が止められない病気で、人間関係やキャリアを台無しにし、患者の人生を破滅させてしまう恐れもあります。

夢の状況にも目を向けてみましょう。夢の中で、アルコール中毒にならないかと飲酒を不安に感じていましたか？　それともお酒によってその場がなごやかに盛り上がっていましたか？その夢は実生活でのお酒に対する態度とどう関係していますか？　お酒を飲むと気がゆるみ、うっかり本当のことを話してしまう人もいます。これがあなたの夢の象徴的意味ではありませんか？

関連事項

- 夢でワインが重要な要素だったら、実生活で「めそめそ愚痴をこぼす＝ワイン《whine》」傾向があると自覚すべきなのでは？

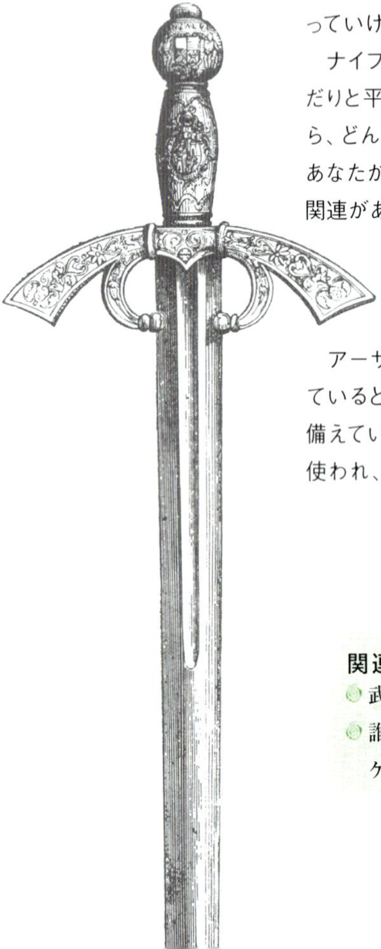

武器 (Weapon)

棍棒は攻撃性と力のシンボルです。英国のサーン・アバスの丘に刻まれた巨人、すなわちケルト神のダグダは棍棒を持ち、生と死を司る神としてのパワーを示しています。ケルト人が何より大切にしたのは美しい装飾を施した武器で、死後はあの世まで持っていけるようにと一緒に埋葬されるのが常でした。

ナイフは武器にもなりますが、枝を切ったり食材を刻んだりと平和で実用的な用途もあります。ナイフの夢を見たら、どんな風に使われていたかを考えて下さい。
あなたがシーク教徒ならば、キルパーン(短剣)には宗教的関連があるはずです。

ナイフをプレゼントすると「友情を断ち切る」、ナイフで何かをかき回すと「争いをかき立てる」という迷信もあります。

アーサー王の剣、エクスカリバーは、その鞘を身につけていると戦っても決して血を流すことがないという魔力を備えていました。英国ではナイト爵位を授ける際にも剣が使われ、君主が拝領者の肩に剣で触れて授与します。

関連事項

- 武器の夢は、戦闘モードにある現れでは?
- 誰が武器を振るっているか、誰または何がターゲットなのか考察を。

貨幣 (Money)

私たちは貨幣で必要品を買います。貨幣と引き替えに品物を手に入れるわけです。買いものをする夢を見たら、いくら使ったか、その買いものに満足したかを考えて下さい。必要以上に浪費する夢は、ふところ具合についての不安が反映されている場合があります。

夢に登場したのが紙幣やクレジットカードではなくて硬貨だったら、その金属の種類を検討してみましょう。金は高い価値がありますし、銀は直観またはサイキックパワーを象徴します。銅はヒーリングを暗示します。年輩者がリューマチの痛みをやわらげるために銅のブレスレットをつけているのをよく見かけるのはそのためです。

穴のあいた硬貨やエラー硬貨は縁起がよいとされます。「王国の硬貨《coin of the realm》」といえば法貨のことです。硬貨の夢を見たら、「荒稼ぎする《coin it in》」、すなわち大金を手に入れる暗示では？

銀行は貨幣を集め、再循環させる受託所です。これはエネルギーの取り込みと循環、すなわち体内の循環系を象徴しているとも受け取れます。銀行《bank》は信頼性のシンボルであり、「大丈夫・あてにできる《you can bank on it》」という言い回しにもそれが反映されています。

関連事項

◎銀行の夢は、自分の性格の依存的な面を反映しているのでは？

カレンダー (Calender)

カレンダーは時間の経過・季節の変化・日付を表します。カレンダーの夢は、誕生日や記念日などの重要な日が近づいている暗示かもしれません。夢の中でカレンダーを見ていた場合、あなたにとって大切な日にちを示していませんでしたか？　時間の経過についてどんなことが読みとれましたか？　あなたはどんなふうに生活を送っていますか？

暦には昔から様々な種類があります。ユリウス暦や英国で採用されているグレゴリオ暦（新暦）、聖遷が行われ、イスラム紀元が始まった西暦紀元622年の7月16日から起算するイスラム暦などもその例です。

三日月を表す「ヒラル」と星はイスラムのシンボルです。月はイスラム年が太陰暦に基づくことを、星は、クルアーン（コーラン）に記されているようにアラーが人を導く標《しるべ》として星を作ったことを思わせます。

関連事項

- カレンダーの夢は、忘れていた記念日や特別なイベントを思い出すよう促しているのでは？

船とボート
(Ship or boat)

船やボートは行程を表し、人生の航海の比喩となる場合があります。船が沈む危機にさらされる夢は、本人に迫っている重大な危険を暗示するケースもあります。「出航」は、新天地をめざして現在の場所や立場を去ることです。つまり前途に変化が控えていると考えられます。

聖書に登場する「箱船」はノアが建造した船で、この箱船のおかげでノアは地上全てをのみ込んだ洪水を生きのびることができました。つまり箱船は再生・保護・安全を表すと受け取れます。

オールは水上を移動する道程を象徴します。これを精神になぞらえると、無意識を進む道程ととらえられます。オールを水に差し入れると、オールが水面に分け入ることになります。これは自我の感情的側面への貫入を表しています。オールが1本しかなければ「ボート」は円を描いてしまい、前進できません。この場合、ペアを組むためのパートナーの必要性を表しているのかもしれません。

関連事項

- 英語で「船を捨てる《abandon ship》」とは、現状を救う望みがなくなった時に自分を優先させて助かること。船を見捨てる夢を見たら、手を放して前進する時期を見極めることが必要。
- 「船が港に入ったら《when one's ship comes in》」とは、前もって投資しておいたことにしかるべき見返りを受ける時のこと。

運河 (Canal)

世界中の各地域で運河は輸送網として機能しています。運河に溜められる水量は決まっていますし、水は感情を表すため、運河の夢は感情的な束縛感を表すとも読みとれます。また、生活や霊性に対する極めて因習的な態度をも表します。

キャナルボートは運河の就航専用に作られた平底の船で、荷物を運んだり、その中で生活したりします。英国では鮮やかな色に塗装されているのが普通です。したがって、キャナルボートの夢は明るい気持ちか快活な態度を表しているとも考えられます。レジャー用にキャナルボートを借りることもあります。ここから、慌ただしく周遊せず、ゆっくりと運航するボートで休暇に出かけるべきという意味だとも読みとれます。

> 母や姉妹といっしょに運河沿いを歩いていました。カーブに来ると、運河が火事になっていました。ここで、私たちはそろって運河を飛び越えました。

この女性は火という障壁を「飛び立って《take off》（参照→次ページ）」超えています。

関連事項

◎夢でキャナルボートは、感情を「収める」、または「自分を定義する」必要性を表しているのでは?

飛行機(Airplane)

私たちは飛行機に乗って世界のはるか遠くへと行くことができます。飛行機は「飛び立つ《take off》」必要性を象徴し、新たな冒険に乗り出す、全てから解放される、古い人生を脱ぎ捨てて新たにスタートすることを表していると読み解けます。

> 飛行機に乗っていましたが、墜落寸前でした。窓の外は真っ暗闇です。もう死ぬんだと思い、恐怖におびえました。ところが何がどうなったのかわかりませんが、墜落後も私は生きていました。

この夢はなす術もない難局に直面しそうだという本人の恐怖を表しています。実際は明らかに乗り越えることができるのですが、夢の意図は「暗闇」が何を意味するのか見極め、状況から目を背けて逃避するのではなく、地に足を着けて現実に直面すべきだという警告を発することにあります。

パラシュートの夢は、新たな状況に飛び出すにあたって安全策を講じるべきことを象徴することが多いものです。また、パラシュートは墜落のスピードをゆるめて着地のショックをやわらげます。ここから、悪い結果を防ぐためにペースを落とすべきだという暗示も読みとれます。「飛行機＝プレイン《plane》」は「プレイン《plain》」、すなわち地味で魅力のないものや人のごろ合わせかもしれません。ここに、自分の風貌についての思いが反映されていませんか？

関連事項

◎飛行機に乗って飛ぶ夢は、視点を高くして大局を見る必要性を象徴している可能性も。

車 (Vehicle)

車は公的機関として他の人と乗り合わせることもありますし、プライベートな用途に使うこともあります。バスの夢は公の自分を示し、一方で自家用車はプライベートな自分を表すのが普通です。車はどれも移動と前進を暗示しますが、何らかの形でこれが妨げられることもあります。車の状態、その車にしかない特徴、性能の程度について考えてみて下さい。

行きつけのナイトクラブの外で、オープンカーに乗っていました。夜通し騒いだ翌朝のことでした。友人が車に乗り込んできました。私がハンドルを握ると、車は街の上を飛び始めました。

車の夢を見たら、誰が運転席にいたかが必ず有用な検討ポイントになります。ある状況や人間関係の主導権を握っている人物を表していることが多いからです。走行中の車は行動と進歩への願望を表しますし、そのスピードとどんな道程をたどったかにはあなたの健闘ぶりがそのまま反映されています。

夢が警告を発することもあります。

交通事故で無惨にも亡くなる2週間ほど前、私たちの愛する息子は私にこういいました。「母さん、昨日の夜、とても鮮明な夢を見たよ。僕がオートバイに乗っていると何かが衝突してきたんだ。あとは何も思い出せない。この夢は警告かな？」

道路(Road)

道路は人生の行路を象徴することが多いようです。車に乗って前進するのは、目的地への到着、すなわちゴールの達成を暗示しています。以下の夢は霊性を示唆する場面を舞台にしたもので、夢を見た女性は、自分が正しい道を歩んでいると確信できたそうです。

> 夢の中で、グラストンベリー山のような小さい丘に気づきました。頂上まで続く道が螺旋状に刻まれています。道のあちらこちらには人々がいます。丘は黒っぽい赤茶色で、焼けたあとのように見えます。私がこれから歩くところはまだ誰も足を踏み入れていず、緑色ですがすがしい感じでした。

夢には小さな道路ではなくハイウェイ《highway》(本道)が登場することもあります。これは人生の道、すなわち「高い《high》道」――「最高の道《top way》」を表していると読みとれます。夢の十字《cross》路は決断の一般的なシンボルで、方向転換をも意味します。「負わねばならない十字架《cross to bear》」すなわち重荷や、「怒ってイライラする《cross and irritated》」といういい回しのように、怒りとも関連づけられます。1823年まで、英国では自殺した者は大通り、普通は十字路に埋めるべく法律で定められていました。昔、魔女や犯罪者として処刑された者の遺体も十字路に埋められていました。死者が霊となって出没するのを、キリストの印である十字が防ぐと信じられていたからです。

関連事項

◎現在、人生の十字路に立っていると感じているのでは?

衣類(Clothing)

衣類は夢を見た本人の表向きのペルソナ、他人に見せる表構えを表します。衣服は体がこごえないようにする保護層です。どのグループに自分が属しているかを表す手段でもあります。船員・警官・外科医・客室乗務員などの制服からはその職業が連想されます。兵士の夢を見たら、戦い続けなければという思いか、「平和維持軍」の必要性の暗示とも受け取れます。

新しい服は新たな始まりと新規まき直しを表します。服を繕っていたら、償いをしたいか、自分のイメージに受けた傷を修復したいと思っているのかもしれません。汚れた服は何らかの形で汚されたか傷つけられたという思いを表し、身ぎれいにするか、「泥を吐く《come clean》」必要性を暗示しています。夢の中で汚い格好をしていたら、自分が他の人の目にどう映っているかについての懸念を表している場合があります。

下着姿で公の場にいるのは、自己顕示か無防備さを表すと読みとれます。夢の中でどう感じたかで解釈は大きく異なります。裸身を隠そうとしていた場合、実生活で問題を隠そうとしているのではありませんか？

関連事項

- 夢の中で制服を着ていたら、さらなる規則や自制の必要性に関連づけられるのでは？

手袋 (Gloves)

羊毛または皮革製の手袋やミトンは寒さから手を守りますし、その素材・色・デザインからは身につけている本人の個性の一端が読みとれます。

防水性の手袋は洗いもの・掃除・一般的な家事のほか、避けられない汚れ仕事も意味することが多いようです。鍋つかみはオーブンやコンロから熱い鍋などを下ろす時に使います。ガーデニンググローブは植物への興味を表すと考えられますし、ボクシング用グローブはボクシングかリング以外での喧嘩と結びつけられます。夜会用手袋《イブニンググラブ》は手からひじまでおおいますし、シルクかサテンのような素材でできているのが普通です。ゴム手袋は外科医などの医師や実験を行う科学者が使います。インカの遺跡からは、副葬品として高度な装飾を施された黄金製手袋が見つかっています。墓の主が手を傷つけることなく冥界の旅を続けられるよう祈って供えられたものでしょう。

関連事項

- 長手袋を投げるのは挑戦の意志表示でした。また、決闘を申し込む際にも長手袋を投げました。「長手袋を投げる《throw down the gauntlet》」夢を見たら、誰かに何らかのことで挑むすべきだと感じているのでは？

帽子 (Hat)

帽子は飾りの意味もありますし、実用品でもあります。夢に登場する帽子は頭にかぶるものを表しますが、人生観や精神的な態度も象徴しています。夢の中で帽子を取り替えたら、考えかたや意見が変わった暗示と読み解けます。または自覚の変化を意味するのかもしれません。制服の交換と同じく、役割の交代を表すこともあります。

夢の中でかぶっていた帽子の種類からは自分が必要とする要素が読み取れます。たとえば山高帽は形式重視とロンドンのシティに結びつけられますし、野球帽は略式の力の抜けた状態やスポーツを表しているとも考えられます。また、米国を象徴する場合もあります。

結婚式の衣装のイメージが一般化する以前、ベールは暗闇と、神秘の世界、おそらくは自我の目覚めの道程を導く霊的なガイドを受け入れる謙遜の印でした。ベールは誰かわからないようにする一種のマスクでもあります。ターバンも帽子の一種で、宗教的所属関係を象徴すると考えられます。シーク教徒の男性は切らない髪をターバンで隠します。ネィティブアメリカンの衣服や羽冠についているフリンジは、砂漠地帯の生命の源である雨を象徴しています。

関連事項

- 夢の帽子はのどから手が出るほど望んでいる地位や仕事を表しているのでは?

ジュエリー (Jewelry)

ブローチ・ネックレス・ブレスレットなどの身を飾るものは、例外なく高い地位に結びつけられます。考古学者はエジプトやアイルランド、ペルー、フランスと、はるかに隔たった各地の遺跡でジュエリー類を発見しています。

真珠は月の女神の涙または悲しみの涙を象徴しますが、西欧社会では昔からとりわけクラシックでエレガントな装飾品とされてもいます。解釈の一番のヒントは夢に登場した真珠をどう思ったかです。糸でつながれた一連の真珠は正統性を象徴しますし、「ブタに真珠」は無益な行動を表します。

ブレスレットとバングルは飾ることを意味します。ただしシーク教徒が信仰の証として身につける鉄製の腕輪「カラー」の夢にはスピリチュアルな意味が読み取れるでしょう。

夢の指輪は全体性と連続性の象徴と考えられます。円はどの文化でも全体性と連続性の深遠なシンボルなのです。

関連事項

◎夢の指輪は愛着関係や結婚に関係があるのでは?

化粧品 (Cosmetics)

化粧品で外見を美しく整えたり、体からよい香りを漂わせたりするならわしは昔ながらのものです。古代エジプトでは、魚型の装飾ガラス瓶に化粧品を保管していました。また、古代エジプトには化粧をする人々の絵が数多く残っています。ここから、人間ははるか昔から自分が与える印象を気にしていたことがわかります。男性も女性も毎日の習慣としてオイル・香水・アイシャドウなどの化粧品を使っていました。化粧品は死者とともに埋葬する副葬品にも含まれていたのです。

ほお紅は軽率な行動などを恥じて顔を赤くし、ばつの悪い思いをしている暗示とも読み取れます。化粧品やヘアカラーを使ってイメージチェンジする、またはきれいに装う夢を見たら、自分の外見をどう変えたいのか考えてみて下さい。

関連事項

- すでに持っているものをさらに高めたり強化したいと感じているのでは？
- 表面的なレベルで変えようとしているのは何ですか？　もっと深くまで分け入れば、「本当の」自分を見い出せるのでは？

アミュレット
(Amulet)

アミュレットには小さな装身具や貝殻、高価な宝石など様々なものがあります。その形を問わず、アミュレットやチャームの目的は持ち主を邪な力から守ることです。

ケルトのアミュレットには、渦巻き模様が刻まれた先史時代のものがあります。これらは「絵文字《グリフ》」といい、聖地では数多く発見されています。

イーグルストーン──妊娠や安産のアミュレットとして最も珍重されているものがイーグルストーンでしょう。これは褐鉄鉱の塊で、内部が空洞になっており、普通は茶色の卵形をしています。中には砂か小石が入っています。ワシの巣で見つかるという伝説とともに、これがないとワシは繁殖できないとされます。イーグルストーンは流産を防ぎ、出産を助けると信じられています。

チャーム──チャーム(charm)はラテン語で「チャント《詠唱》」を意味する「*carmen*」が語源で、チャームや治療はもともと口ずさむ、おそらくは繰り返し呪文を唱えるものだったことがうかがえます。ただし、チャームはお守りや縁起物などの「もの」である場合もあります。穴のあいた石は目の痛みをやわらげるなど、ヒーリングチャームと考えられているものもあります。

関連事項

- アミュレットをもらう夢を見たら、身を守らねばならない対象がないか検討を。

錨（Anchor）

船員にとって錨は家のシンボルです。錨は接合と安定性、人生という荒海にしっかりと根づいているさまを象徴します。エジプトの「*ankh*」という言葉は生命のシンボルを指します。おそらく英語で錨を意味する「anchor」はこれに由来すると思われます。船が「錨を下ろして停泊」していれば、嵐を乗り切ることができます。予備大アンカー《sheet anchor》は大荒れの海にのみ使う一番大きい錨で、これを失うと悲劇的な結末が待っています。この「sheet」は古いオランダ語の「*shote*」が転化したもので、「投げられた」という意味です。古代ギリシャとローマ時代、予備大アンカーは神聖視され、神の名前がつけられていました。象徴的には最後の望みや奥の手を表します。

「錨を上げる」とは出帆または旅を始めることです。

バリの聖ニコラスは船員の守護聖人です。

関連事項

- 感情や現在のできごとに翻弄されていると感じているのでは？
- 夢の錨は安定の必要性を暗示しているのでは？

鐘 (Bell)　教会で使われる鐘は祈りの時間を告げ、礼拝に人々を呼び、結婚式や葬式が行われていることを知らせます。このように、鐘は情報や儀式に結びつけられます。アンジェラスの鐘は1日に3回鳴らされ、カソリック教徒はこれを聞いて祈りを捧げます。この名前はラテン語の「*angelus domini nuntiavit Mariae*」に由来するもので「主の天使がマリアに知らせを告げた」という意味です。鐘は夢を見た本人に新しい知らせがもたらされることを暗示するとも読み取れます。

　夢に登場したのが自宅についている訪問者用の呼び鈴なら、会いに来る予定の相手への思いか、誰かと一緒にいたいという願望の現れと考えられます。

　新年を迎えると「旧年を送り出し、新年を迎える《ring out the old and ring in the new》」ために鐘が鳴らされます。この場合は人生の一段階が終わり、別の段階が始まることを象徴します。

　仏教では鐘が「空《くう》」または知恵を表します。英語で「ベルのように鳴る《sound as a bell》」とは、申し分のない状態を指します。現在そんな心境ではありませんか？

　ヨーロッパ各地の山脈地帯では、ヤギやウシの首にベルをつけ、飼い主が居場所をわかるようにします。飼いネコも鈴をつけられることがあります。ネコがとびかかる前に小鳥が気づいて逃げられるようにするためです。「ネコの首に鈴をつける《bell the cat》」とは、危険な使命を引き受けるという意味です。

関連事項

飛び込んでくるニュースがある？　または伝えたいニュースがあるのでは？

大鎌 (Scythe)

大鎌には湾曲した刃があり、作物を刈り入れるのに使われます。しかし、ほとんどの人は大鎌といえば死を連想します。死神は人間の命を奪いに来る存在で、必ず大鎌を持った姿で描かれます。人間の命運が尽きた時に命を「刈り取って」収穫するのです。

大鎌の夢を見たら、死への恐怖か、何らかの形で「切り捨てられる」と感じている暗示かもしれません。こういう夢は自分にとって終わりを迎えているものが何かを見極めるのに役立ちます。それはもう卒業しなければならない人生の一段階かもしれませんし、前進するために断つべき愛着関係かもしれません。

中世の劇に登場する死神は、死を人格化した、骸骨が描かれている服とマスクをまとい、時間が尽きかけていると伝えるために砂時計を手にしていました。そして死は逃れる術がなく、いつ何どき死が襲ってくるかもしれない以上、魂と敬神についてよくよく考えるべきであると改めて聴衆に認識させたのでした。

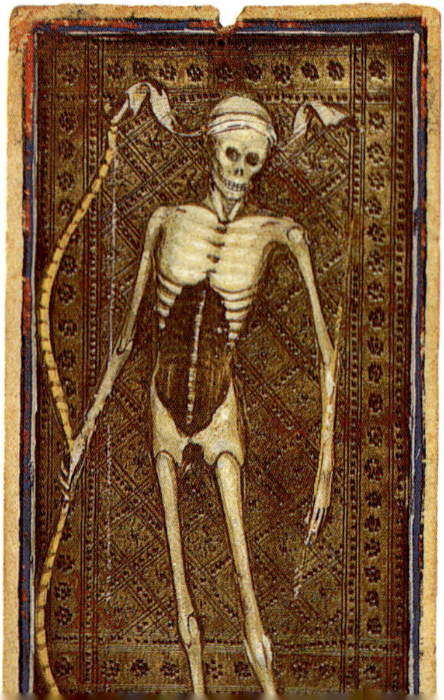

関連事項

- 孤立、他の人から切り離されていると感じている？

柩 (Coffin)

知っている相手の死がきっかけで柩《ひつぎ》が夢に登場することがあります。柩は遺骸を納める箱であり、埋葬されるか火葬されます。ここから、最終的結末と埋没、またはもはや機能しなくなったものを廃棄することに関連づけられます。人に限らず、すでに用を果たさなくなったアイディアや価値観も象徴します。

> 子供の頃、両親が亡くなる夢を見ました。私は両親の亡骸を剥製にし、ドアの両側に立てた柩に納めました。

夢の中で死の恐怖に直面する子供も多いものです。この子は夢の中でも両親への愛着を持ち続け、その死後もエジプトのミイラを思わせる形で自分の生活に参加させます。両親は戸口を警護し、それまで通り娘を保護しています。

ポールは告別式を執り行うべく教会に柩を運び込む際にかける大きな白い布です。キリスト教のバプテスマに用いる白い衣と重なる意味もあります。

夢の柩が墓所《grave》に置かれていたら、憂うつ《grave》または沈痛な気持ちになっているか、何か心配事があることの暗示かもしれません。粛然たる状況にありませんか？　重大で深刻《g r a v e》な決断をしなければならないのでは？　墓所を踏んだり、墓地の花を摘むのは縁起が悪いとされています。

第10章

夢を見る人あるところ夢を解釈する者ありで、夢の占い師ははるか昔から存在します。シベリアのシャーマン・古代ギリシャの託宣者・バビロニアのバル・アフリカや米国の呪医・各地の女性占い師などがその例です。世界中どこでも、夢の世界には霊性が大きな役割を果たしている事実に夢占い師は気づいていました。夢を見る時、私たちは感情的および精神的な可能性をあますところなく手に入れます。自我の検閲的部分の干渉がないため、新たな可能性やそれまでにない洞察、霊的な結びつきを抵抗なく受け入れられるようになります。創造性が驚くほど深みと広がりを増し、精神生活と実際の生活を統合できるようになるのです。

特に意味深く感じられる夢もあります。いつまでも忘れられない「スケールの大きい」夢、ユングが「ヌミノースな」または神聖な夢と読んだものです。潜在的な変容夢であるこの種の夢は、私たちを超えたより偉大なものとの架け橋となってくれます。そんな夢は、心と魂の最も貴重な宝石になる可能性も秘めています。時に霊的なシンボルは光に包まれた人影や、光り輝く存在、たとえば天使のような姿や長いローブをまとった人物などの形を取ります。この相手は、夢を見た本人に指針を与えたり真実を明かしたりするのが特徴です。キリスト教・イスラム教・仏教など多くの宗教のいい伝えでは、夢によって教義が再確認されたことになっています。

宗教・精神世界との関連

宗教・精神世界との関連

善男子善女人發阿耨多羅三藐三菩提者。當生如是心。我應滅度一切衆生。

（ここに求道者の道に進んだ者は次のような心を起こすべきだ。すなわち『私は生きとし生ける者を、汚れのない永遠の平安という境地に導き入れなければならない』。）

（中村　元・紀野一義訳注「般若心経・金剛般若経」（岩波文庫））
仏陀の言葉：世界で最も古い印刷本「金剛般若経」より

後漢の明帝が中央アジアに使者を送り（西暦67年）、中国に仏典を持ち帰らせたのは夢がきっかけだったとされます。夢の中で、その仏典によって霊性を高められると知ったのでした。

一般的に仏教徒は夢を記録し、メッセージを携えた霊の訪れを見逃さないように勧められます。また予知夢や、霊的問題を解決するとされる夢の存在も信じています。

カナダに住み、代々採集狩猟生活を送っているイヌイット族もその例ですが、多くの文化では、夢が現世と冥界の境界を超える手段であると考えられています。本人の体は家の中で安全に眠りつつ、夢の中ではるか彼方へと赴きます。人間界から動物界へと足を踏み入れ、しとめたい獲物とコンタクトすることもあれば、時間のはざまを移動して過去や未来を訪れることもあります。作家のヒュー・ブロディは著書『The Other Side of Eden』で「他の洞察方法や直観的方法に加え、ハンターは狩りをする場所やそこに行く時間、狩る獲物を決めるのに夢を役立てる」と記しています。旧約聖書にも、ファラオが見たウシの夢（参照→P.252）のような、古代エジプト人やユダヤ人が夢を重要視していた事実を示す物語が数多く記されています。

神と悪魔・死後の世界・霊的な導きの夢が持つ宗教的側面は、はるかにさかのぼった先人の時代と同様に、21世紀に暮らす私たちにとっても意味あるものなのです。信仰を持っていてもいなくても、夢は人類を結びつけるネットワークとのきずなを強め、人生の精神的・霊的な要素をよりよく理解できるように導いてくれるのです。

下　霊的な夢は世界中のあらゆる文化で見い出される。

キリスト教関連
(Christian Connections)

他の聖典と同じく、聖書には夢に言及した部分が数多くあります。

> 「私の床が私をなぐさめ、横たわれば嘆きも軽くなる」と私がいうとき、あなたは夢で私をおびやかし、幻で恐れさせる。それゆえ私の魂は息を奪われるよう願い、生よりも死を選ぶ。
>
> ヨブ記　7

ヨブのように、夢で目の前に立ちふさがるものをいとわしく思う場合もあります。しかし、それらが自らの進歩につながると気づくまで、何度でも姿を現すのです。

イエスの死後、12人の使徒は神の言葉をどうすればうまく広げられるかについて話し合っていました。その時、部屋は不意に「一陣の強風と分かれた炎の舌」でいっぱいになります。そして使徒らは聖霊に満たされ、他国の言葉を話せるようになり、あらゆる地で神の言葉を伝えられるようになったのでした。夢の中で抗しがたいスピリットの存在感に満たされるように感じると、本人に変容が起こり、実生活も変化する場合があります。ハトは聖霊を表す伝統的なシンボルです。ハトの夢を見たら、ハトが携える象徴的意味を考えてみて下さい(参照→P.286)。

> 私は世が終わる時まで、いつもあなたたちとともにある
>
> マタイ伝のイエスによる約束(マタイ伝28:20)

ヒンドゥー教関連 (Hindu Connections)

ヒンドゥー教では、実に様々な姿に変化し、それぞれの姿で崇拝を受ける1人の神を信じています。古代のヒンドゥー教の聖典、ブラフマーヴァイヴァールタ・プラーナは夢解釈の指南書です。たとえば「ブラフマナが誰かを戦車に乗せ、その者に夢で様々な天国の層を見せたならば、見た者はよりよき人生と富を得る」と記されています。この説明の「見た者」とは夢を見た者のことを指します。

ガネーシャはゾウの頭を持つヒンドゥー教の神であり、新たな始まりの神です。葬儀以外のあらゆる宗教的儀式を開始する際に、実りある礼拝ができるように加護を願います。ガネーシャは障害を取り除き、成功を与える神として広く知られています。ガネーシャかゾウの夢を見たら(参照→P.258)、引き受けた仕事の成功が保証される暗示かもしれません。

十字は多くの文化で大変象徴性が高いとされます。4本の腕をもつ十字はキリスト教の十字架や、古代ヒンドゥー教の聖なるスワスティカ(鉤十字)にも見い出されます。スワスティカは1930年代にドイツのナチスが党章にしてしまうまで、幸運と繁栄のシンボルでした。

ヒンドゥー教では流れる川が実在のシンボルです。川の水源から海に至り、再び水源へと戻るサイクルを表しているからです。伝統的な巡礼地ヴァラナシでは、ヒンドゥー教徒が信仰心の篤さの証としてガンジス川で水浴します。川で水浴する夢を見たら、儀式的浄化の必要性と結びつけられるかもしれません。

イスラム教関連
(Muslim Connections)

他の宗教の開祖と同じく、ムハンマドはある夢をきっかけにその霊的使命を果たすべく天啓を受けました。その夢でクルアーンの数章を啓示されてもいます。中世ペルシアの書物には、預言者ムハンマドの夢は、夢を見た者が長命を保ち恵まれた人生を送る暗示であると記されています。

アラビアの夢の本『ad-Dinawari』には膨大な夢の事例が記録されており、それらには10世紀のバグダッドにおける中世イスラム世界の文化的・宗教的・社会的生活が如実に反映されています。

「ミナレット(イスラム教寺院の尖塔)」は「火または光の場所」という意味で、広大な風景の中に点在する監視塔がその元型です。ここからイスラム教徒に祈りの時が告げられるほか、献身と服従のシンボルでもあります。夢にミナレットが登場したら、それは霊的なニュースか、スピリチュアルな成長への関心が急に高まっていることを象徴しているとも読み取れます。

熱心なイスラム教徒にとって、ラマダーン月の断食は13歳以上の全員が行うべき宗教的義務です。この時期、断食をしているイスラム教徒は、当然ながら補償手段として食物の夢を見る回数が増えます。断食やダイエット、手術の準備として食事制限を行っている人も食事の夢が増えるようです。

ユダヤ教関連 (Jweish Connections)

ユダヤ教は最も歴史の古い一神教です。ヤコブの祖父アブラハムはユダヤの祖でもあります。ある夜のこと、ヤコブは天使が天国にはしごで上っていく夢を見ました。そして、ヤコブが伏している地をヤコブと子孫に与え、子孫は各地に広がると約束する神の声を聞いたのです。そして長い年月が経った後、ヤコブは見知らぬ人物に出会います。その相手は自分は神の使いであると明かし、ヤコブに名前をイスラエルと変えるように告げます。イスラエルは「神に勝った者」という意味です。イスラエルの12部族はヤコブがもうけた12人の息子の子孫だとされます。ヤコブが夢に見た神の約束はこうして成就したのでした。

「タルムード」には夢について言及した部分が200ヶ所以上あり、「解釈されない夢は開封されない手紙と同じ」と述べられています。つまり、夢は重要なメッセージを携え、そのメッセージが明らかになるまで考え、つきつめるべき一種の書簡なのです。ただし、「タルムード」は夢の解釈には難しさがつきものであると強調しています。「小麦を収穫すれば必ず麦わらが出るように、夢には必ず不要なものがある」からです。これは、夢を解釈する場合は細心の注意を払い、歪曲部分や枝葉末節と、重要で啓示的な部分を分けるようにすべしという警告でもあります。

仏教関連 (Buddhist Connections)

仏陀である釈迦牟尼は続けて5つの夢を見、悟りへの道に導かれました。現在も仏教徒は夢を非常に重要視しています。

ガンジス谷は仏教徒にとってとりわけ重要な地域です。仏陀(本名をゴータマ・シッタルダといいます)の生誕地や悟りを得た地、初めて説法を行った地、入滅した地であるからです。川の夢は、望めばすぐに見つけられるスピリチュアルな資源を表すとも読み解けます。

インドのアショカ王(紀元前265-238)の在位中、仏陀の教えはシンボルで表されました。戸口に像が刻まれたほか、以下のものがあります。

法輪――これは8本の輻(スポーク)を備えた輪で、悟りに至る八正道を表す教えです。現世の規範のシンボルです。

ハス――無知から悟りに至る可能性を象徴します。ハスの根は泥の中にありますが、静かな水面上に清浄で白い花を咲かせます。

空の御座――これは仏陀が霊的な指導者であること、出家前の王家の出自を表します。

仏足跡――仏陀の足跡を記すことによって、仏陀が存在することを象徴しています。

仏教における4つの究極の心境、すなわち四無量心《しむりょうしん》は「慈無量心(思いやり)」「悲無量心(あわれみ)」「喜無量心(喜び)」「捨無量心(無執着)」です。たとえば動物を残酷に扱うなど夢で心ない行いをしたら、それはありとあらゆる生命と自分自身を尊重するという、人間としての務めに留意するよう促しているのかもしれません。

古代多神教関連 (Pagan Connections)

ケルト族は1つの国にまとまって生活していたわけではありません。したがって文化伝統も多岐に渡り、神々も色々な姿で夢に現れます。ケルト族は自然との調和を求め、高度に発達した芸術的技術を持ち、激しい戦いで忠義と勇猛さを示した者には褒美が与えられました。多くの多神教社会に共通するように、ケルト文化でも太陽は信仰の重要な要素でした。ジョン・マガハーンは小説『That They Might Face The Rising Sun』の中で、アイルランドでキリスト教信仰を強制された後も、ケルト的信仰の中に太陽を重要視するならわしが生き残った事実を描いています。「もたいぶった僧たち」は、教会の権威に服従する印として故人の遺体を教会に向けて埋葬させようとするのですが、アイルランドの人々は自然の偉大な力に対する敬意を表すために、あくまで遺体を「朝日に向けて」葬ろうとします。

ケルヌンノスはケルト神であり、その名は「角を持つもの」という意味です。動物の神で、伝説や民間伝承によく登場します。ケルヌンノスは初期の太陽神でもありました。角のある生きものか、生けにえとなる生きものの夢は、現在のメーデーやハロウィンなどの祭事に形を変えた、多神教の古い伝統と結びつけられます。多神教には神をなだめる目的で生けにえを捧げる供犠が数多く存在しました。「ウィッカー《ヤナギ》マン」もその一例です。これは古代ケルト時代に行われた、ヤナギの木を編んだ人型の中に人間を閉じ込めて火あぶりにする儀式です。捕らえられ、儀式的な罰の一環として焼かれる夢を見たら、浄化が必要だと感じている暗示かもしれません。

神 (God)

神は天主です。キリスト教・ユダヤ教・イスラム教など、多くの宗教では昔から神を全能の存在としてとらえていました。神はよく力強い老賢者として表されます。ローマのシスティナ聖堂にミケランジェロが描いた天井画もその一例です。ただし、計り知れない永遠の存在ということ以外、人間には神とは何かと定義することはできません。

「神の子羊」はキリスト教における贖罪の強力なシンボルです。現世の罪から救われ、天国に楽しむことを表します。第8章で述べたように、他の復活と再生のシンボルも動物の形を取るものが多いのです。神霊の夢を見たら、どんな指針や教えが与えられたかを考えてみて下さい。

宗教的な教えは夢の内容を大きく左右します。ある女性は、キリストがベッドの脇に座って語りかけてくる夢を繰り返し見たと語ってくれました。その夢は敬虔な教師の影響を受けていた時に見たそうです。

戦争や暴動が起こる、ギャングが登場するなどとても暴力的な状況の中で撃ち殺されながら、なおも意識がある夢を何度か見ました。死の瞬間を迎える度、私は自分の罪が許されるようにと必死で神に祈りました。

悪魔(Devil)

悪魔はあらゆる邪悪な力を象徴し、マスクをした怪物から小鬼まで様々な姿を取ります。サタン、ベールゼブブ、ルシファーなど悪魔には数多くの名前があります。「闇のプリンス」もその1つです。

キリスト教徒の哲学者マクロビウスは、4世紀に『スキピオの夢注解』を著しています。この本は極めて影響力が大きく、中世ヨーロッパにおける最も重要な夢の解説本となりました。マクロビウスは昔から伝えられる夢の知識を詳細に体系づけ、正邪の程度によって霊的な夢を等級づけしました。下層の夢は悪魔によって支配されるとし、彼はこの悪魔を「インキュビとスキュビ」と呼んでいます。

「インキュブス」は男の夢魔で、睡眠中の女性と性交を行うと信じられていました。「スキュブス」は女性の夢魔で、とりついた男性に淫らな行為を行うとされます。現在も、胸の上に座った魔物に性的危害を加えられそうになる悪夢を見たと語る人がたくさんいます。ゴヤやボス、ブリューゲルの絵画や、『ドラキュラ』などのホラー小説および映画によって広まった悪魔や空想上の魔物のイメージは数多くあります。前記の夢も、そういうイメージがきっかけになったと思われます。

夢に登場する悪魔は、障害と限界・ネガティブな思考・恐怖のほか、自らの直観や内なる知恵に耳を貸さないことを表すとも読み取れます。魔物の夢を見たら、実生活で何に悩まされていか、何に対して恐怖を抱いているか、とても力に逆らえないと感じている相手は誰かを考えてみて下さい。

> 私は遊園地にいますが、どこもかしこも真っ赤で、ひどい悪臭がします。悪魔が目の前で私をあざけっています。

赤は危険と情熱の色であり、この夢の場合、娯楽を目的とする公的な場所に危険を感じていることになります。悪臭は腐敗や毒性を意味します。

魂 (Soul)

夢は、魂の奥底へと続く隠れたドアである。

カール・ユング

ヒンドゥー教では、人は全て不滅の魂(アートマン)を持ち、姿を変えて何度となく繰り返し生まれ変わると信じられています。これは宇宙の道徳律、すなわちカルマの法則であり、魂がどんな姿で何度生まれ変わるかはカルマの法則によって決まることになっています。

古代エジプトでは人間の魂を「バア」と呼んでいました。バアは鳥か人頭の鳥の姿で表されます。これは死後、魂は鳥のように飛び立って先祖らのところへ行くという概念を象徴していました。ここから、あの世へ行った魂が行き来できるようにするため、墳墓には外まで続く狭い穴が通路として開けられていました。

時に私たちは問題を抱え、進むべき道がわからなくなったりします。スペインの神秘主義者、十字架の聖ヨハネはこの状態を「魂の闇夜」と述べています。そんな時、夢は曲がりくねった道の道しるべとなり、神や自分自身、他の人々を信じていれば、暗闇の後には夜明けの光が差すことを教えてくれます。

体外離脱体験は夢を見ている時に起こるとされます。

夢の中で私は体を抜け出し、別の場所へ移動しました。他の人々とも会いました。相手は私と同じく体を持っていませんでしたが、意志を伝え合うことができました。とても素晴らしい気分でした。

聖人(Saint)

聖人といえば、普通は神に仕え、人々を助けた善人です。聖人の夢はあなたの生きかたにおけるそんな資質を表していると解釈できます。ただし有名な聖人が現れたら、その聖人に特徴的な徳を考えてみて下さい。

アッシジの聖フランチェスコ——自然と動物に親しんだ聖人です。鳥がやってきて彼の説教に耳を傾けたといわれます。

聖ベネディクトゥス——ベネディクト修道会の創設者で、勉学と祈り、肉体作業に励む厳格な生活に身を捧げました。

聖カタリナ——ローマの迫害に抵抗し、釘を植えた車に縛りつけられる拷問を受けた後殉教しました。

聖ベルナデット——聖母マリアを幻視し、それをきっかけとしてフランスのルールドに巡礼地ができました。癒しを求めて今も数多くの人々が訪れています。

聖セバスティアヌス——木に縛りつけられ、矢で射られて殉教しました。弓の射手の守護聖人です。

聖ジェオルジウス——竜退治の逸話でよく知られています。邪悪に対するキリスト信仰の勝利を象徴します。英国の守護聖人でもあります。

数世紀ほど昔、ローマ教皇は単なる夢としては片づけられない夢を見ました。その夢を見たのは、新たな修道会を設立する許可を求めてアッシジのフランチェスコが謁見した後でした。教皇はこの願いを却下していました。ところが、夢には崩れかけている教会を必死で支える人物が現れたのです。教皇は夢の教会が教会組織を表していることに気づき、フランチェスコを召してフランシスコ会を創設する許可を与えたのでした。

聖職者(Ministers of Religion)

聖職者の主な務めの1つは、人々と神の仲介です。聖職者は教会と神を表します。キリスト教の伝統では、司祭がバプテスマ(洗礼・浸礼)や婚姻などのサクラメントを執り行います。サクラメントは「内的および霊的な神の恵みが外的に目に見える形で表れた印」とされます。バプテスマや婚姻に参加し、それを司祭が執り行う夢を見ることもあるでしょう。その場合、自分自身の霊性や神の恵みという点と関連づけて考えを巡らしてみて下さい。

修道僧は修道会と関連づけられます。夢に修道僧が現れたら、今まで修道僧に会った時のこと、それが自分にとって何を意味するかを考えてみましょう。ある女性は、修道僧といえば貞節と慈善の誓いと結びつけて考えていました。そのため、床についている時に死人のような顔をした修道僧が脅すようにのしかかってきた夢を見た時はとても驚いたそうです。彼女は「その後まもなく、夫が浮気をしている事実を知りました」と語ってくれました。その話を切り出す時の夫の顔は死人のように蒼白で、女性はすぐに夢を思い出したそうです。

> 柱に縛りつけられている私に、黒い服の修道僧が白熱した火かき棒を押しつけました。そして「こうするとあなたの中の罪悪が100パーセント焼き尽くされます」といいました。私は自分の体から抜け出して、体を見下ろしました。そこで目が覚めました。

修道僧は正統的な慣習に備わっている弾圧的な側面も表します。狂信的な権勢ゆえに数多くの人々が死を遂げた恐ろしい宗教裁判にもその一端が見て取れます。上記の夢は、方向を誤った偏狭な行為の恐ろしさを思い出させてくれます。

聖母(Madonna Figure)

中世時代、キリストの母であるマリアはどんな聖人にも増して崇拝されていました。聖母マリア崇拝には、地母神が信仰の中心であった古代多神教の流れが見て取れます。夏を迎えて最初の月、5月は聖母マリアの月となっています。キリスト降誕をめぐるできごとには、必ずといってよいほど夢が関わっています。ヨセフは夢の中でマリアの受胎を告げられます。その後もヨセフは、ヘロデが差し向けた兵士を避けるべくマリアとともにエジプトへ逃げるようにと夢で警告を受けます。

キリスト教では、マリアのイコン(よく幼子イエスとともに描かれます)を飾る習わしも多く見られます。「黒い聖母」がある英国ウォルシンガムも主要な巡礼地です。

タロット(特別なデザインのカードを使った占い)には女教皇が描かれたカードがあります。これは直観的認識を表し、聡明な女性・性欲のない愛・処女元型を象徴します。女教皇は知識と学識を追究し、勉学と霊的啓蒙、精神的成長と叡智を表します。そして魔術的なパワーをうまくコントロールして建設的な目的に導きます。女教皇または聖母の夢は、生きかたに変化をもたらす女性的パワーを象徴しています。

天使(Angel)

天使の役目は仲介で、神のメッセージを地上に届けます。英語の「angel」は、ギリシャ語の「*angelos*」(メッセンジャーの意)に由来します。

天使は「光の存在」とも呼ばれ、霊的な結びつきを象徴します。守護天使はその名の通り私たちを守ってくれるとされます。

イスラム文化では、誰でもキラム(キラムル・カティビン)という2人の天使がついていて、その人が生きているあいだは片時も離れずそばにいると信じられています。1人が善の思いと行動全てを、もう1人があらゆる悪行を記録します。アッラーの教えをムハンマドに啓示したのはジブリール(ガブリエル)という天使でした。その教えをまとめたのがクルアーンです。イスラム教の死の天使はアザレルと呼ばれ、「アザレルの翼」は死が近づいていることを意味します。

米国メリーランド州ボルティモアの美術館には、紀元前1000年に作られた6枚翼の天使のバスレリーフ(浅浮き彫り)があり、はるか昔から天使が宗教的イコンの主題として扱われたことを物語っています。天使は主に、ユダヤ教やキリスト教、イスラム教など天啓に基づく宗教に見い出すことができます。

天使は神の使いばかりではありません。神にはむかい、悪魔になった「堕天使」もいます。悪魔はもともと堕天使のルシファーなのです。

「科学が唯物論的になればなるほど、私は天使を描く」——これはラファエロ前派の画家エドワード・バーン＝ジョーンズ卿が展覧会の副題に用いた言葉です。彼は自らの作品を「夢、高貴な夢である」と語りました。

関連事項

- 天使の夢を見た時、神霊の訪れを感じたのでは？
- 天使は金言となるメッセージを携えていたのでは？

教導者と導師 (Guides and Gurus)

教導者と導師は人生という旅を支えてくれる存在です。仏道を究めようとしている女性が見た以下の夢のように、そんな人物が夢に現れることもあります。

> 私は城の中で、螺旋状の石階段を駆け下りています。背後に迫る危険を振り切りました。野原に来ると、明るい光に照らされた老人がいました。彼は頭上のアーク灯から差す光の輪の中で、科学的な装置に囲まれて座っています。どちらに行けばよいか、アドバイスをしてくれました。私と一緒に行くのは無理でも、アドバイスはできるのです。

この夢では老賢者という元型が現れ、女性が歩んでいる霊的な道は正しいこと、そのまま求道を続けてよいことを確信させてくれたのでした。

導師とは「悟りをもたらし、暗闇を一掃する霊的な師」という意味です。

シーク教を16世紀に創設したのはナーナク導師で、彼は5つの信仰のシンボルを定めました。これらは信仰を思い出すよう求める信号として夢に登場することがあります。5つのシンボルとは「ケシュ(髪を切らない)」「コンガー(櫛)」「カーラー(鉄の腕輪)」「キルパン(短剣)」「カッチャ(短パン状の下着)」です。

関連事項

- 生きかたの指針が必要なのでは？
- 夢の指導者は、実生活に生かせるアドバイスや賢明な勧告を与えているのでは？

神 (Gods)

夢には、あらゆる伝統宗教の神々があらゆる姿で現れます。一般に知られている関連事項を以下に述べますので、夢の解釈に利用して下さい。ただし夢の複雑な意味を詳細に分析する場合は、必ずあなた自身の考えや感じかたを取り入れて下さい。

トール――北欧神話の神で、伝説によるとハンマー(ミョルニール)で空をたたいて雷を起こします。キリスト教にとっての十字架のように、トールのハンマーは古代多神教を信じていたバイキングにとって重要なものでした。

ゼウス――ギリシャ神話に登場する神々の父親で、ローマ神話ではジュピターの名で知られます。

アポロ――太陽神であるアポロは癒しの神でもありました。また、古代ギリシャ人とローマ人にとっては預言を下す神でした。

マルス――ローマ神話に登場する戦いの神です。

マーキュリー――ローマ神話に登場する使者の神です。

キューピッド――ローマ神話の愛の神です。

プルートー ――ローマ神話の冥界の神で、セクシュアリティ・力・死・変容・再生を表します。

ダグダ――ケルト神話の父なる神で、ダーナ神族の守護神です。力と性欲のシンボルです。

シヴァとヴィシュヌ――ヒンドゥー教の神で、創造と破壊の永遠のダンスを踊っています。

オシリス――エジプト神話に登場する冥界の神で、母なる女神イシスの夫でもあります。

誰でも生まれ育った国の文化や伝統に影響を受けるため、夢には一番なじみ深い神々が現れる場合が多いようです。神の夢を見たら、その神に特徴的な要素と、現在の生活で何を象徴しているかについて考えてみて下さい。

女神（Goddesses） 育み慈しむ女神からひたすら破壊にいそしむ女神まで、女神は人間の様々な側面を表しています。女神の夢を見たら、その女神が自分の生活上のどんな要素を表しているか、自分に欠けていて、女神によって補われるような点がないかどうかを検討してみましょう。女神はあらゆる生命の源となる母的存在を表すこともあります。古代宗教が女神を信奉したのはそのためです。

シビラ——古代多神教時代の伝説的な預言者です。皮相の奥を見抜く女性の直観能力を表します。シビラの夢は、表面的な事象を超えて認識していること、すなわち「直観」がよく発達していることの現れとも考えられます。

アテナ——その名から分かるように、アテネの守護女神です。知恵を表すフクロウがシンボルで、アテナの色は黄色です。ホーマーは『オデュッセイア』で、ペネロペイアの夢にアテナが現れて悲しみをなぐさめ、夫のオデュッセウスがまもなく戻ると告げて安心させる場面を描いています。深い絶望の淵にある時にこういう夢を見ると元気が出ることでしょう。

ママ——バビロニアの夢の女神で、makhirとしても知られます。

エジプトのヒエログリフ文字の「アンク」は「生命」と「手鏡」の両方を意味し、母なる女神イシスの像に由来します。アンク十字は性的和合と神々の不死のシンボルとして知られるようになりました。アンクの輪は通常赤く塗られ、女性の血液を表します。一方、輪の下の白い十字は男根を意味します。アンクは永遠の生命を賜る証でもあります。

ミトラ(Mithras)

ペルシアの預言者ゾロアスターによって紀元前7世紀に創始されたゾロアスター教は、太陽崇拝が基盤となっています。古代ペルシアではミトラ(ミトラス)が最高神であり、世界の統治者でした。「ミトラ」という言葉は「友人」という意味で、ミトラ神も現世の人々を助け、死後の悪霊から守ります。

> 夢の中で、ミトラについて学べという声を聞きました。ミトラが何を意味するのかわからなかったので、夢の中でつづりを教えてもらいました。起きてすぐにそのつづりを書き留めました。

この夢を見た女性は自覚する限りゾロアスター教についての知識を全く持ち合わせていませんでしたが、あまりに夢が鮮明だったため、自分の生きかたに関してこの宗教がどんな意味を持つのか探究せずにいられなくなりました。

abracadabra《アブラカダブラ》は普通三角形に書かれます。これはミトラの別名の1つでもありました。この呪文は「死にまでも稲妻を投げつけよ」と訳せるヘブライ語の「*abreq ad habra*」という言葉に由来します。儀式には多くの特別な言葉がつきものですし、それらは呪文的な性質も持ち合わせています。ローマの祭祀「征服されざる太陽の誕生日」はミトラ神やその他の太陽神を祀るもので、現在クリスマスとして祝う時期に執り行われました。この祭祀は、力が尊ばれた雄ウシとも関係があります。イニシエーションを受ける者がいけにえにしたウシの血を浴びる儀式を行うと、その者は永遠の命を得ると信じられていました。

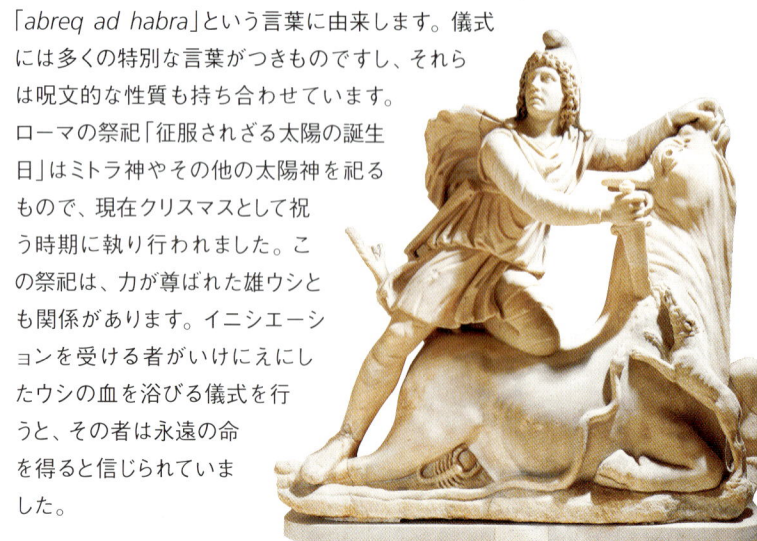

祭儀 (Rituals)

祭儀は誕生や結婚、死などの重要な人生の節目を示す儀式であり、国によって異なりますが、重なる部分が大きいのも事実です。

日本では特に神社に入る際、神道のしきたりが守られます。参拝者は外界と内側の聖域を隔てる門である鳥居をくぐります。次に流水をためてある水盤の水で手を洗い、口をすすぎます。こういう浄化儀式は他の多くの宗教にも見い出されますし、夢にも何らかの形で洗うという行為がよく登場します。

人の死に際しても、様々な儀式が執り行われます。中国では故人に持たせたいものの紙細工や、車・貨幣・食物などの絵を紙に描いたものを燃やし、死後の生活に携えていけるようにと願います。

> 長くて黒い地虫のような生きものの夢を見ました。年輩の女性からその虫の世話をし、大切に扱ってほしいといわれました。さもないと虫が私を襲うのです。虫が死んだら食べなければなりません。それも儀式の一部なのです。

この夢は生命のサイクルという概念に関係する、不快な摂理を表しています。死後、埋葬された遺体は地虫に食べられます。しかし夢の中では、本人が死んだ地虫を食べなければなりません。立場が逆転しているこの夢は、生と死が生きとし生けるもの全てに共通した営みであることを気づかせてくれます。

バプテスマ(baptism)

浄化とイニシエーションのシンボルであるバプテスマは、キリスト教における基本的な典礼です。水をかける所作は罪や不浄を洗い落とすことを象徴しています。浸水は出生前の胎内にある状態に戻ることを表します。そしてその後、志願者が水から引き上げられると新たな生まれ変わりが完了します。水中に沈められるか滝の下にいる夢は、何らかの再生や新しい始まりを表すとも考えられます。

夢の中のバプテスマは汚れを洗い落とす、または自分や他の人の身をきれいにしようとするなどの形で象徴されます。

「火による洗礼」、すなわち火に焼かれる夢は浄化――不要なものを焼き尽くすことを意味するとも読み取れます。またこういう夢は、本人が精神的成長における次の段階に進む前にくぐらなければならない試練を表すことがあります。

関連事項

- 夢に登場したバプテスマの儀式は、新たなプロジェクトに取りかかる、または生活を大きく変化させようとしていることを表すのでは？
- バプテスマの夢は、過去の過ちを後ろめたく思い、許されたいという気持ちに結びつけられるのでは？

祝福(Blessing)

祝福《blessing》は神の加護や力添えを授かるために捧げる祈りです。英語で「blessing」といえば、「彼女の父親は、彼に結婚を許可《blessing》した」というように許可の意味もあります。つまり祝福の夢はとてもよい夢です。

日本では「子供の日」になると両親が子供を連れて神社に参拝し、健やかな成長を祈ってお祓いを受けます。

夢は安らぎを運び、生命の根源との関わりを深く実感させてくれたりもするため、まるで祝福のように思えることがあります。エラ・フリーマン・シャープは著書『Dream Analysis』で81歳の女性が最後に見た夢を記しています。この女性はこの夢を見た3日後、希望と再生の実感に満たされて亡くなりました。

> 私の病気が全て寄り集まるのが見えました。そのまま眺めていると、病気はいつのまにかバラになっていました。私にはバラが根づき、育っていくことがわかりました。

私のクライアントの1人から、母親が亡くなった後に見たという夢の話を聞いたことがあります。この女性は夢の中で、母親が車に迎え入れられるところを2階の窓から見ていました。

> きちんとした身なりで髪もきれいに整えられている女性たちが車を降りました。「ようこそいらっしゃいました」か「彼の名において歓迎いたします」などという言葉が聞こえました。

女性は、これは母親が属していた宗派のメンバーによって天国へいざなわれたことを意味する夢だと感じたそうです。

キャンドルと香(Candle and Incense)

キャンドルの灯りは世界共通の浄化のシンボル、火を象徴します。キャンドルは女神の灯りと霊性を表します。ユダヤの祭祀ハヌカー祭では、メノラーという枝分かれした燭台に8本のキャンドルがともされます。キリスト教の伝統ではイエスが世界にもたらした光をキャンドルが象徴し、礼拝者は祈りを唱える前によくキャンドルに火をつけます。キャンドルを用いる宗教儀式は多く、悪魔払い《エクソシズム》もその一例です。悪魔払いを行う際は邪霊の闇に対抗すべくキャンドルをあかあかとともさねばなりません。

死期が迫っている者の家の近くには「人魂《corpse candles/lights》」が現れるという迷信があります。これはゆらめく光で、墓地へと葬列が進む途上に現れるといわれます。もちろん、これはツチボタル(光を発する幼虫などの総称)が原因で起こる現象だと思われますが、この類の光が登場する夢はあなたにとってどんな意味がありますか?

多くの宗教式典やスピリチュアルな儀式では香が焚かれます。中国の道教の伝統では、幾層にもなった特別な香炉が作られますが、これは神山の形をしている場合が多いようです。神山は聖地だからです。燃える香は敬虔な心を表します。

関連事項

- 生活をもっと明るくする象徴として、キャンドルに火をともす必要があるのでは?

神聖な光(Divine Light)

太陽が日々の暮らしに光を注ぐように、神の光は霊的に私たちを照らします。黒は光がないことを表し、光と真っ向から対立する闇の力を象徴します。英国の詩人であり夢想家でもあるウィリアム・ブレイクは『無心の歌』の中で黒を「光を奪われた」と称しています。ただし、暗い光景に明るい光が差す夢ならば、逆の意味の暗示です。この光輝は意識のブレークスルー、自分の生きかたと状況を新たに理解すること示すと読み取れます。

光輪は王冠にも似た光り輝く輪で、霊的に高度に発達している状態を表します。キリスト教の絵画や聖人のイコンにもよく描かれます。超自然的な力やエネルギー、創造主との霊的結びつきの象徴でもあります。私たちの体を取り巻く電磁場すなわちオーラが、体から放射される光として見える人もいます。

聖ルチアは光の守護聖人で、冬至にスウェーデンで行われる聖ルチアの祭典は、キャンドルのついた冠をかぶった「*lussibruden*《花嫁ルチア》」が主役となって祝います。これは闇の後に光を取り戻すことを象徴しています。

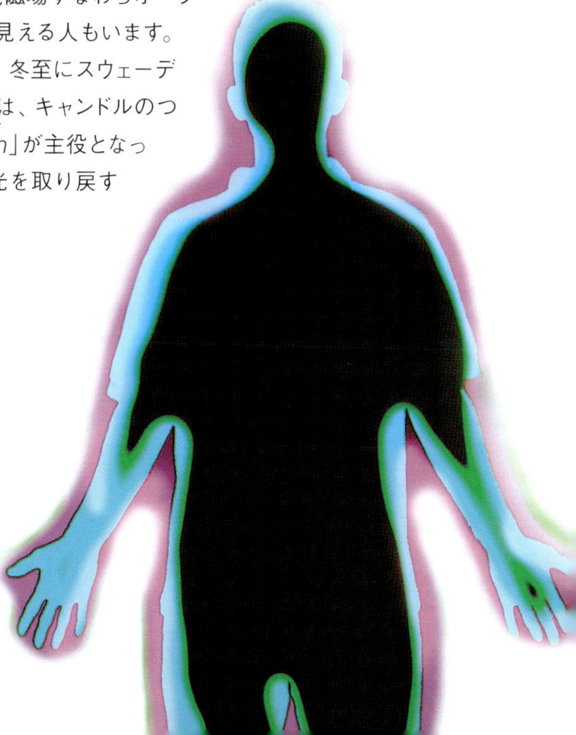

関連事項

- 何らかの神聖な光に遭遇する夢は、不安をやわらげる何らかの保証を必要としている現れかもしれません。

祭壇(Altar)

もともと祭壇は血のいけにえを捧げる場所でした。結婚式には本来のいけにえという行為の名残が見て取れます。花嫁となる女性は祭壇まで父親か男性の親戚に身廊を導かれ、「(花婿に)引き渡され」るのです。

古代の祭壇は、神霊視されていた祖先に供物を捧げる墓標だったと思われます。キリスト教徒はこの習慣を取り入れ、祭壇上に掘った浅いくぼみに聖人の遺物を置くようになりました。また共に飲食する、すなわち親交《communion》を行うテーブルでもありました。これは聖体を分かち合うキリスト教教会の儀式、聖餐《communion》に形を変えて再現されています。

教会や寺院に行くと、奉納供物を見かけることもよくあります。手や腕などの体の部分に似せて作った銀細工が供えられていることもあります。癒しを求める部分の代物として祭壇や聖堂に納めるのです。夢に切断された体の部分が出てきたら、その部分に特に注意すべきという暗示か、夢を見た本人が何らかの形で「分離または孤立している」という現れかもしれません。

関連事項

- 「祭壇＝オルター《altar》」の夢は生きかたを「変える＝オルター《alter》」べきという意味では?

神殿・寺院(Temple)

神殿や寺院は神に参拝を捧げるための場所で、英語の「temple」はラテン語で「開けた・聖別された空間」を意味する言葉に由来します。神殿や寺院には崇拝の対象である人物の像やシンボルが安置されています。

古代エジプトで最初に建築された神殿は、王のための霊安室でした。大ピラミッドは王の遺体を安置する部屋を備えた墓標であり、死せる王への供物をそなえる場所だったのです。ユダヤのエルサレム神殿はソロモン王が紀元前950年に建築したもので、ユダヤ教の律法を記した石版、すなわち十戒を納めた「約櫃」が安置されていました。夢に神殿が登場したら、大切に思うものを保管しておく安全な場所を見つける必要性を表しているのかもしれません。

神殿の夢はあなた自身の信仰と関係しているとも考えられますが、そうではなさそうな場合は神殿の環境について考えてみましょう。それまでに訪れたことのある特定の場所に結びつけられませんか?　神殿は、風景だけでも感動や気分の高揚を誘う風光明媚な場所に作られていることが多いものです。

巡礼（Pilgrimage）

霊的信仰の表現方法は数多くあります。聖堂や社を建設するか参拝に行く、巡礼に行くなどもその例です。巡礼はお礼参りの旅であり、救済を願う、または許しを乞うための旅でもあります。スペインのサンチアゴ・デ・コンポステラはキリスト教徒の有名な巡礼地で、現地の聖堂に着いたらまず祈りを唱えて供物を捧げるのがならわしです。巡礼をする夢はスピリチュアルな成長を遂げたいという願望の現れとも読み取れます。

インドの至聖の河、ガンジスは女神ガンガーであるとされます。ガンガーは「速く行く者」という意味です。女神ガンガーはガンジス河に浴した者全ての罪を洗い流す力を持ちます。ヒマラヤ山脈ふもとの丘陵にあるガンジス河水源地に多くのヒンドゥー教徒が巡礼（「ヤートラ」と呼ばれます）を行うのはそのためです。

巡礼が極めて重要視されるのがイスラム教です。健康な成人で経済的に余裕があるイスラム教徒は、一生に少なくとも1度、メッカに大巡礼（「ハッジ」といいます）をすべきとされています。

インドのアムリッツァーにあるハルマンダル寺院はシーク教徒の巡礼地です。使徒でもある聖ヤコブはキリスト教における巡礼の守護聖人で、ホタテ貝や杖、ヒョウタンがシンボルです。日本の天台宗の信徒は巡礼に赴く際、俗世の虚飾を捨て去った印として剃髪します。

関連事項

- 巡礼の夢は、時間を作ってスピリチュアルな道を探究する必要性を暗示しているのでは？

シャーマン(Shaman)

シャーマニズムは最古の霊的ヒーリング法です。シャーマンは「傷ついたヒーラー」であるのが普通です。シャーマンは体または精神を傷つけられていますが、通過儀礼やイニシエーション、スピリットガイドやトーテムアニマルとの出会いを通じてこの傷をよいエネルギーへと変容させるのです。シャーマンの夢は強力な原始的エネルギーの源や霊性との結びつきを表します。シベリアの荒涼たる雪原から北米の熱い平原まで、シャーマンは各地の文化に見い出すことができます。夢に登場したシャーマンの伝統文化について調べてみましょう。シャーマンからはどんな指針が得られますか?

ネィティブアメリカンの精神的な伝統は、全体性と環境および自分との融和が基礎になっています。この全体性という概念は「大いなる神秘《Great Mystery》」といわれ、万物の源とされています。シャーマニズム的な夢は、普通の夢でも体外離脱体験であっても、自分自身とつながる方法であると考えられます。様々なシャーマニズム的テクニックと同じく、夢は「実質的に全ての知識を処理する知識」をもたらすのです。

人体が他の生物と合体している夢を見たら、その生物に関連する性質について考えてみて下さい。ライオンの頭は力と権力を意味し、ロバの頭なら頑固さと結びつけられるでしょう。

両性具有になった夢や、性転換した夢を見たら、それはあなたの中の男女両方の側面を融和し、バランスを取る必要性の暗示とも読み取れます。民俗学では、男装または女装が多産を願う儀式と結びつけられ、私たちに備わっている力強く男性的な面とやさしく女性的な面の統合を象徴することになっています。

神官・神託所（Oracle）

英語で「oracle」といえば、預言を受けたり真実を明かしたりする人や場所のことを指します。「oracle」はラテン語で「乞う」という意味の「*orare*」に由来します。はるか昔、助力を求めたり指針を授かったりする目的で人々が訪れる神殿がありました。一番有名だったのはギリシャのデルフォイにある「アポロの神託所」で、これはもともと地母神ガイアに捧げられたものでした。女性はオカルトと結びつくとされていたため、神懸かりの答えは必ず女性が受けました。

神託所を現在でいえば、相談センターやセラピールーム、占いの小部屋を足したようなものと考えればよいでしょう。神託所の夢は、本人が指針の必要性を感じている暗示かもしれません。

夢には他の形で神託が現れることもあります。易経やルーンもそうですし、エジプトを発祥の地とし、トト神から名を取った占いであるタロットもその例です。タロットカードに描かれているイメージは極めて象徴性が高いので、夢にタロットの絵が登場したらその意味を探ってみるとよいでしょう。たとえば「星」は明るい希望と新たな方向を表しますが、逆位置では喪失と放棄を象徴します。「正義」のカードは真実と誠実を意味し、逆位置では大きな失望を指します。

関連事項

- 現在、何らかの望みや疑問で頭がいっぱいなのでは？　もしそうなら、夢のインキュベーションテクニック（参照→P.25）を用いて解決法や答えを得る手掛かりにしてみては？

生まれ変わり(Reincarnation)

死は長い生命の中間地点。

ケルトのことわざ

ドルイド僧とケルト人は死後も魂が存在し続け、別の体に転生すると信じていました。このような不死信仰からは勇猛果敢な戦士が生まれることになりました。死を恐れる理由がなかったからです。

古代エジプトでは死者の手に小麦や大麦を置き、復活の際に芽吹くようにと水をかけました。地母神・死と再生・大地の豊穣は、必ずといってよいほど小麦で象徴されます。また、古代エジプトでは死からよみがえるオシリス神を表すのに小麦を用いました。ここから小麦は生まれ変わりの象徴となったのです。生まれ変わりの夢を見たことがないのなら、そんな夢の経験者の話が参考になるでしょう。リジーは自分が死んで肉体から抜け出たという夢を何度も見ています。以下は彼女が語った夢の一例です。

私はふわふわと浮きながら難なく壁を通り抜けました。すると水平線に太陽が沈む、それは美しい光景が目に飛び込んできました。言葉につくせないほどの素晴らしさで、思わず涙が流れました。私は何よりも自分の夢によって生まれ変わりを信じる気になっています。8歳か9歳の時、ヴィクトリア時代の家庭で少年から成年に成長する夢を続けて見ました。別の夢は15世紀のドイツが舞台で、年若い魔女の私が森の中で追われています。村人たちは私に追いつくと、ナイフで十字を描くように切りつけました。私は後に、これが魔女のパワーを封じる方法の1つだと知りました。

天国 (Heaven)

それぞれの悪徳を互いに許すこと
それが楽園への門

ウィリアム・ブレイク:『楽園の門』

天国には様々な形態がありますし、夢の中では形も決まっていません。夢に満ちる安らぎと歓喜の雰囲気で楽園の夢だったことを知るわけです。天国には実に様々な名があります。

ティル・ナ・ノーグ──アイルランド神話に登場する常若の国です。アイルランドに昔から伝わる楽園です。

アスガルド──北欧神話の神々の住まうところで、最も重要な殿堂、ヴァルハラがあります。ヴァルハラは北欧の最高神オーディンが設けたものです。アスガルドに来るには、天と地を結ぶ橋である虹を渡らなければなりません。

エデンの園──アダムとイヴが外界に送り出される「堕落」の前にいた楽園がエデンの園でした。

涅槃──仏教における最終的な到達地点は、完璧な智慧と安らぎを得た状態である涅槃です。仏陀は悟りの木(菩提樹)の下で涅槃の境地に達しました。

異界──ケルト族は、神々が楽園として住まい、人々が自らの勇猛さを証明するために行く場所が異界であると信じていました。

関連事項

- 夢の天国は、不遇の時期を補償するものでは?
- 夢に現れた楽園は、知っている場所で、リラックスしたり思い切り楽しめるところと結びつけられるのでは? そこをたずねる時間を作れますか?

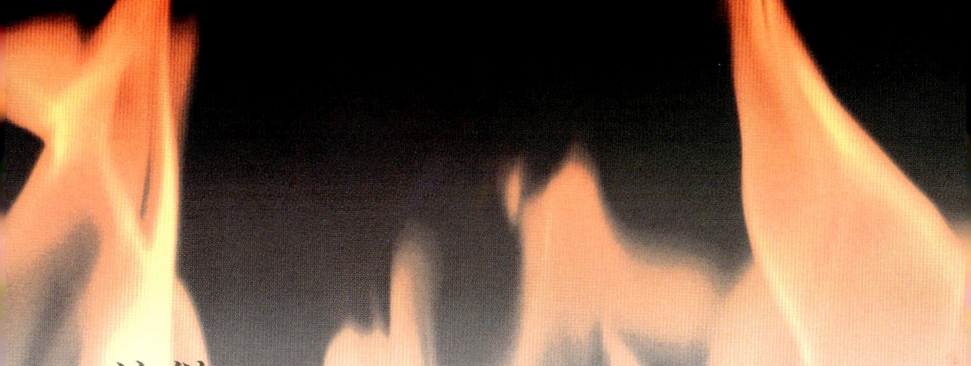

地獄 (Hell)

英語で地獄を意味する「hell」は、チュートン語で「隠す」または「おおう」の意の「*hel*」という言葉に由来します。多くの宗教では、地獄は地下にあって罪を犯した者を火でさいなむところであると考えられています。ユダヤ教では「シェオール」と呼ばれ、死者が行く黄泉の国とされています。古代ギリシャでは地獄を「ゲヘナ」と呼び、生存中に邪な行為を行った者を罰する場所と見なしていました。地獄を責め苦の場所とするキリスト教の概念はここから生まれました。

地獄は苦悶の場所であり、心理学用語で「地獄《hell》」といえば、懊悩や見捨てられたと感じる心の状態を指します。地獄にいる夢を見たら、後ろめたさまたは罰を受ける不安感の表れとも読み解けます。「罪を犯した」・何らかの規範を破った・友人を裏切った・信頼を寄せてくれる誰かを傷つけたと感じているか、もっと深刻に犯罪を犯したと考えているのかもしれません。地獄の夢は良心のとがめを指すと考えられます。

関連事項

- 自分以外の誰かが地獄にいる夢を見たら、実生活でその相手に「失せろ《go to hell》」といいたいのでは？

Sources of Reference

Ackroyd, Peter. *The House of Doctor Dee.* Penguin, 1994.

Artemidorus. *The Interpretation of Dreams.* Translated by Robert J. White. Banton Press, 1991.

Auden, W.H. "Thanksgiving For A Habitat." In *The Oxford Book of Dreams*, edited by Stephen Brook. Oxford Paperbacks, 2002.

Bhattacharyya, Pandit Ramesh Chandra, ed. *Interpretation of Dreams According to the Brahmavaivarta Purana* P.B.Roy. Prabaratk Printing and Halftone, Calcutta, India, 1970.

Blake, William, *A Poison Tree* (poem, 1793).

Brody, Hugh. *The Other Side of Eden.* Faber and Faber, 2000.

Bullen, J.B. "Burne-Jones's Dream Work." In *Modern Painters* (winter 1998): 92–94.

Bosma, Harry. "Sleep and Sleep Disorders." *http://www.xs4all.nl/~hbosma/healing_dreams/sleep.html*

Bosma, Harry. "Vivid dreams and nightmares." *http://www.xs4all.nl/~hbosma/healing_dreams/nightmare.html*

Boss, Medard. *The Analysis of Dreams.* Rider & Co., 1957.

Brook, Stephen, ed. *The Oxford Book of Dreams.* Oxford Paperbacks, 2002.

Bulkeley, Kelly. *Spiritual Dreaming: A Cross-cultural and Historical Journey.* Paulist Press, 1962.

Bulkeley, Kelly. *Transforming Dreams.* John Wiley & Sons, 2000.

Carrington, Leonora. *The Stone Door.* St. Martin's Press, 1977.

Campbell, Joseph. *The Hero With A Thousand Faces.* Fontana, 1993.

Circot, J.E. *A Dictionary of Symbols.* Translated by Jack Sage. Routledge & Kegan Paul, 1962

Clarke, Peter B., ed. *The World's Religions: Understanding the Living Faiths.* Reader's Digest Association Ltd, 1993.

Dante, Alighieri. *The Divine Comedy.*

Duff, Kat. *Alchemy of Illness.* Virago, 1994.

Estes, Clarissa Pinkola. *Women Who Run With The Wolves: Myths and stories of the Wild Woman Archetype.* Rider, 1992.

Faraday, Ann. *The Dream Game.* HarperPaperbacks, 1990.

Fletcher, Alan. *The Art of Looking Sideways.* Phaidon Press, 2001.

Freud, Sigmund. *The Interpretation of Dreams.* Edited by James Strachey. Barnes & Noble, 1976.

Gardner, John and John Maier, trans. *Gilgamesh.* Vintage Books, 1984.

Garfield, Patricia. *The Healing Power of Dreams.* Simon & Schuster, 1992.

Gifford, Jane. *The Celtic Wisdom of Trees.* Godsfield Press, 2000.

Goodenough, Simon, *Celtic Mythology.* Tiger Books International, 1997.

Guiley, Rosemary Ellen. *The Encyclopedia of Dreams.* Berkley Books, 1995.

Heller, Joseph. *Something Happened.* Random House, 1974.

Iyer, Pico. *The Global Soul: Jet Lag, Shopping Malls and the Search for Home.* Vintage Press, 2000.

Jung, C.J. *Man and his Symbols.* Aldus Books, 1964.

Krippner, Stanley. Paper to *Association for the Study of Dreams (ASD)* annual conference, Santa Cruz, California, 1999. (Quote, p.6.)

Lambton, Lucinda. *Woman's Hour,* BBC Radio 4, September 23, 2000.

Lewis, James R. *The Dream Encyclopedia.* Visible Ink Press, 1995.

Macrobius. *Commentary on "The Dream of Scipio."* Translated by William Harris Stahl. Columbia University Press, 1952.

Mallon, Brenda. *Dreams, Counseling and Healing.* Gill & MacMillan, 2000.

Mallon, Brenda. *Venus Dreaming: A Guide to Women's Dreams & Nightmares.* Gill & MacMillan, 2001.

Mallon, Brenda. *The Illustrated Guide To Dreams.* Godsfield Press, 2000.

Mallon, Brenda. *Children Dreaming.* Penguin, 1989.

Mallon, Brenda. *Creative Visualization With Color.* Element, 1999.

Mallon, Brenda. *Women Dreaming.* Fontana, 1987.

McGahern, John. *That They May Face The Rising Sun.* Faber and Faber, 2002.

Morgan, Lucien. *Dreams & Symbols.* Tiger Books International, 1996.

Nordenskjold, Otto and Gunnar Andersonn. "Antartica." In *Conflict and Dream,* W.H. Rivers. op.cit., 1905.

O'Flaherty, Wendy Doniger. *Dreams, Illusion and Other Realities.* University of Chicago Press, 1986.

Opie, Iona and Moira Tatem. *A Dictionary of Superstitions.* Oxford University Press, 1989.

Rivers, Capt. W.H.R. *Conflict and Dream.* Kegan Paul, 1923.

Rose, Suzanna. "Psychological trauma: a historical perspective." In *Counseling* (May 1999): 139-42.

Siegel, Bernie S. *Love, Medicine and Miracles.* Arrow Books, 1988.

Sharpe, Ella Freeman. *Dream Analysis.* Hogarth Press,1937.

Stewart, William. *Dictionary of Images and Symbols in Counseling.* Jessica Kingsley Publishers, 1998.

Van de Castle, Robert. *Our Dreaming Mind.* Ballantine Books, 1994.

von Franz, Maria-Louise. *Creation Myths.* Shambhala Publications, 1995.

Walker, Barbara G. *A Woman's Dictionary of Symbols and Sacred Objects.* HarperSanFrancisco, 1988.

Whitman, Walt. "Old War Dream 1985–86." In *The Oxford Book of Dreams,* edited by Stephen Brook. Oxford Paperbacks, 2002.

Winget, C. and E. Kapp. "The Relationship of the Manifest Contents of Dreams to the Duration of Childbirth in Prima Gravidae." In *Psychosomatic Medicine* 34, no. 2 (1972): 313-20.

Wood, Juliet. *The Celtic Book of Living and Dying.* Duncan Baird Publishers, 2000.

Woodman, Marion. *Bone: Dying Into Life.* Penguin, 2000.

索引

あ

か

さ

た

な

は

ま

や

ら

わ

Acknowledgments

The author would like to thank the publishers of the books and works listed in the Sources of Reference on pages 388–389, with particular thanks to those publishers from whose works quotes are reproduced.

Picture Credits

Bridgewater Books would like to thank the following for the permission to reproduce copyright material: Corbis pp.9 (Kevin Fleming), 25 (Hans Georg Roth), 28 (Françoise de Mulder), 33 (Philip Harvey), 43 (Mimmo Jodice), 46 (José Luis Pelaez), 57 (Howard Sochurek), 59 (Anna Palma), 60 (Christie's Images), 65 (Steve Thornton), 74 (Peter Turnley), 86 (Robert Essel), 91 (The Purcell Team), 104/105 (Lawrence Manning), 116 (Craig Lovell), 120 (Jon Feingersch), 130 (Rick Gayle Studio Inc.), 144 (Michael S. Yamashita), 150/151 (Françoise de Mulder), 179 (Raymond Gehman), 220 (Robert Maass), 224 (LWA-JDC), 225 (main picture: Martin B. Withers/Frank Lane Picture Agency), 225 (inset: Roger Tidman), 228 (Archivo Iconografico S.A.), 250 (Koopman), 255 (Niall Benuie), 269 (Arvind Garg), 286 (John Heseltine), 301 & 330/331 (Henry Blackham), 305 (Stephanie Maze), 321 (Christie's Images), 322 (JFPI Studios, Inc.), 323 (Gunther Marx), 353 (Sean Sexton Collection), 359 (Ric Ergenbright), 368 (Gail Mooney), 374 (Archivo Iconografico S.A.), 382 (Danny Lehman); Getty pp.21 (Joseph Van Os), 176 (David Woodfall), 184 (Alex Williams), 387 (Claire Hayden); Sarah Howerd pp.44, 61, 71, 158, 262; The Hutchison Picture Library p.13; Johnstons-Press pp.202 (Sussex Express). Tarot card on p.365 reproduced by permission of U.S. Games Systems Inc., Stamford, CT 06902 U.S.A.

産調出版の本

レイキと瞑想

本体価格2,700円

ヒーリングと瞑想のための実用ガイド

タンマヤ・ホナヴォグト 著

レイキと瞑想は相性抜群。あわせて実践すれば互いの効果を高め合い、瞑想はレイキをレイキは瞑想をより深く体験させてくれる。レイキは瞑想状態を導く手段として最適である。

快眠百科

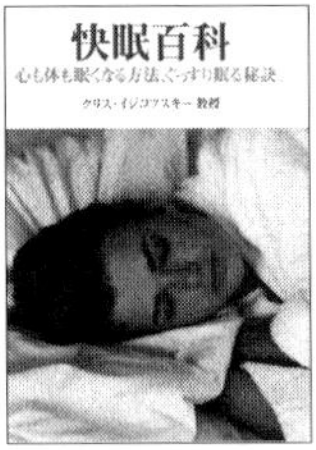

本体価格2,200円

入眠と熟睡のためのガイドブック

クリス・イジコフスキー 著

不眠症、悪夢、いびき、子どもの睡眠困難など睡眠の問題への対処法。瞑想、マッサージ、薬草学、アロマセラピーなど、より深く安らかな眠りのための自然療法。風水でよりよい眠りの環境を整える。

チャクラヒーリング

本体価格2,800円

自分自身の超自然的エネルギーの渦を知り心と体をコントロール

リズ・シンプソン 著

チャクラは身体で渦巻くエネルギーの中心点。肉体、精神、情緒、魂のバランスを維持する大切なところ。チャクラに働きかけることで、心と体と魂を癒し、自己開発を行える。

THE DREAM BIBLE

夢バイブル

発　行　2004年7月5日
本体価格　2,600円
発行者　平野　陽三
発行所　産調出版株式会社
〒169-0074 東京都新宿区北新宿3-14-8
ご注文　TEL.03(3366)1748　FAX.03(3366)3503
問合せ　TEL.03(3363)9221　FAX.03(3366)3503
http://www.gaiajapan.co.jp

Copyright SUNCHOH SHUPPAN INC. JAPAN2004
ISBN 4-88282-369-1 C0011

落丁本・乱丁本はお取り替えいたします。
本書を許可なく複製することは、かたくお断わりします。
Printed and bound in China

著　者：ブレンダ・マロン(Brenda Mallon)
ドリームセラピスト。創造性や夢、ヒーリングについてのワークショップを各国で開いている。“An Illustrated Guide to Dreams”、“Dreams Counseling and Healing”、“Dream Time with Children”の著作もある。

翻訳者：鈴木 宏子（すずき ひろこ）
東北学院大学文学部英文学科卒業。訳書に『レイキと瞑想』『カラーセラピー』『ハンドリフレクソロジー』(いずれも産調出版)など。